U0153668

思想的・睿智的・獨見的

經典名著文庫

學術評議

丘為君　吳惠林　宋鎮照　林玉体　邱燮友
洪漢鼎　孫效智　秦夢群　高明士　高宣揚
張光宇　張炳陽　陳秀蓉　陳思賢　陳清秀
陳鼓應　曾永義　黃光國　黃光雄　黃昆輝
黃政傑　楊維哲　葉海煙　葉國良　廖達琪
劉滄龍　黎建球　盧美貴　薛化元　謝宗林
簡成熙　顏厥安（以姓氏筆畫排序）

策劃 楊榮川

五南圖書出版公司 印行

經典名著文庫

學術評議者簡介（依姓氏筆畫排序）

- 丘為君　美國俄亥俄州立大學歷史研究所博士
- 吳惠林　美國芝加哥大學經濟系訪問研究、臺灣大學經濟系博士
- 宋鎮照　美國佛羅里達大學社會學博士
- 林玉体　美國愛荷華大學哲學博士
- 邱燮友　國立臺灣師範大學國文研究所文學碩士
- 洪漢鼎　德國杜塞爾多夫大學榮譽博士
- 孫效智　德國慕尼黑哲學院哲學博士
- 秦夢群　美國麥迪遜威斯康辛大學博士
- 高明士　日本東京大學歷史學博士
- 高宣揚　巴黎第一大學哲學系博士
- 張光宇　美國加州大學柏克萊校區語言學博士
- 張炳陽　國立臺灣大學哲學研究所博士
- 陳秀蓉　國立臺灣大學理學院心理學研究所臨床心理學組博士
- 陳思賢　美國約翰霍普金斯大學政治學博士
- 陳清秀　美國喬治城大學訪問研究、臺灣大學法學博士
- 陳鼓應　國立臺灣大學哲學研究所
- 曾永義　國家文學博士、中央研究院院士
- 黃光國　美國夏威夷大學社會心理學博士
- 黃光雄　國家教育學博士
- 黃昆輝　美國北科羅拉多州立大學博士
- 黃政傑　美國麥迪遜威斯康辛大學博士
- 楊維哲　美國普林斯頓大學數學博士
- 葉海煙　私立輔仁大學哲學研究所博士
- 葉國良　國立臺灣大學中文所博士
- 廖達琪　美國密西根大學政治學博士
- 劉滄龍　德國柏林洪堡大學哲學博士
- 黎建球　私立輔仁大學哲學研究所博士
- 盧美貴　國立臺灣師範大學教育學博士
- 薛化元　國立臺灣大學歷史學系博士
- 謝宗林　美國聖路易華盛頓大學經濟研究所博士候選人
- 簡成熙　國立高雄師範大學教育研究所博士
- 顏厥安　德國慕尼黑大學法學博士

經典名著文庫038

柏拉圖文藝對話集

Plato's Dialogues on Literature and Arts

〔古希臘〕柏拉圖 著
（Plato）
朱光潛 譯
張炳陽 導讀

經典永恆・名著常在

五十週年的獻禮・「經典名著文庫」出版緣起

總策劃 楊榮川

五南，五十年了。半個世紀，人生旅程的一大半，我們走過來了。不敢說有多大成就，至少沒有凋零。

五南忝爲學術出版的一員，在大專教材、學術專著、知識讀本出版已逾壹萬參仟種之後，面對著當今圖書界媚俗的追逐、淺碟化的內容以及碎片化的資訊圖景當中，我們思索著：邁向百年的未來歷程裡，我們能爲知識界、文化學術界做些什麼？在速食文化的生態下，有什麼值得讓人雋永品味的？

歷代經典．當今名著，經過時間的洗禮，千錘百鍊，流傳至今，光芒耀人；不僅使我們能領悟前人的智慧，同時也增深我們思考的深度與視野。十九世紀唯意志論開創者叔本華，在其〈論閱讀和書籍〉文中指出：「對任何時代所謂的暢銷書要持謹慎的態度。」他覺得讀書應該精挑細選，把時間用來閱讀那些「古今中外的偉大人物的著作」，閱讀那些「站在人類之巔的著作及享受不朽聲譽的人們的作品」。閱讀就要「讀原著」，是他的體悟。他甚至認爲，閱讀經典原著，勝過於親炙教誨。他說：

「一個人的著作是這個人的思想菁華。所以，儘管一個人具有偉大的思想能力，但閱讀這個人的著作總會比與這個人的交往獲得更多的內容。就最重要的方面而言，閱讀這些著作的確可以取代，甚至遠遠超過與這個人的近身交往。」

爲什麼？原因正在於這些著作正是他思想的完整呈現，是他所有的思考、研究和學習的結果；而與這個人的交往卻是片斷的、支離的、隨機的。何況，想與之交談，如今時空，只能徒呼負負，空留神往而已。

三十歲就當芝加哥大學校長、四十六歲榮任名譽校長的赫欽斯（Robert M. Hutchins, 1899-1977），是力倡人文教育的大師。「教育要教眞理」，是其名言，強調「經典就是人文教育最佳的方式」。他認爲：

「西方學術思想傳遞下來的永恆學識，即那些不因時代變遷而有所減損其價值的古代經典及現代名著，乃是眞正的文化菁華所在。」

這些經典在一定程度上代表西方文明發展的軌跡，故而他爲大學擬訂了從柏拉圖的《理想國》，以至愛因斯坦的《相對論》，構成著名的「大學百本經典名著課程」。成爲大學通識教育課程的典範。

歷代經典．當今名著，超越了時空，價值永恆。五南跟業界一樣，過去已偶有引進，但都未系統化的完整舖陳。我們決心投入巨資，有計畫的系統梳選，成立「經典名著文庫」，希望收入古今中外思想性的、充滿睿智與獨見的經典、名著，包括：

- 歷經千百年的時間洗禮，依然耀明的著作。遠溯二千三百年前，亞里斯多德的《尼各馬科倫理學》、柏拉圖的《理想國》，還有奧古斯丁的《懺悔錄》。
- 聲震寰宇、澤流遐裔的著作。西方哲學不用說，東方哲學中，我國的孔孟、老莊哲學，古印度毗耶娑（Vyāsa）的《薄伽梵歌》、日本鈴木大拙的《禪與心理分析》，都不缺漏。
- 成就一家之言，獨領風騷之名著。諸如伽森狄（Pierre Gassendi）與笛卡兒論戰的《對笛卡兒沉思錄的詰難》、達爾文（Darwin）的《物種起源》、米塞斯（Mises）的《人的行爲》，以至當今印度獲得諾貝爾經濟學獎阿馬蒂亞．

森（Amartya Sen）的《貧困與饑荒》，及法國當代的哲學家及漢學家余蓮（François Jullien）的《功效論》。

梳選的書目已超過七百種，初期計劃首爲三百種。先從思想性的經典開始，漸次及於專業性的論著。「江山代有才人出，各領風騷數百年」，這是一項理想性的、永續性的巨大出版工程。不在意讀者的眾寡，只考慮它的學術價值，力求完整展現先哲思想的軌跡。雖然不符合商業經營模式的考量，但只要能爲知識界開啟一片智慧之窗，營造一座百花綻放的世界文明公園，任君遨遊、取菁吸蜜、嘉惠學子，於願足矣！

最後，要感謝學界的支持與熱心參與。擔任「學術評議」的專家，義務的提供建言；各書「導讀」的撰寫者，不計代價地導引讀者進入堂奧；而著譯者日以繼夜，伏案疾書，更是辛苦，感謝你們。也期待熱心文化傳承的智者參與耕耘，共同經營這座「世界文明公園」。如能得到廣大讀者的共鳴與滋潤，那麼經典永恆，名著常在。就不是夢想了！

二〇一七年八月一日　於

五南圖書出版公司

導讀

柏拉圖美學思想與愛之辯證

國立臺北教育大學語文與創作學系教授　張炳陽

一、喜歡作詩的少年

柏拉圖（Plato, 429-347 B.C.）是古希臘的雅典人，父母親都是貴族後裔，年少時便喜歡作詩，雖然後來放棄成為詩人而從事哲學，但他的哲學作品《對話錄》裡除了幾篇較為抽象的對話之外，大部分的對話錄都充滿著文采，甚至有戲劇化的傾向。柏拉圖早年曾經跟隨流變學派哲學家赫拉克利特（Heraclitus, 535-475 B.C.）的弟子克拉提洛斯（Cratylus）學習，大約二十歲時成為蘇格拉底（Socrates, 469-399 B.C.）的學生，就在蘇格拉底一生的最後八年期間，柏拉圖受到老師的思想和人格很大的影響，從此決定了他一生的志業，走向從事哲學研究的道路。

在蘇格拉底被雅典人控告不信希臘的神明、設立新神、蠱惑青年等罪名被判死刑而飲鴆自盡之後，柏拉圖對雅典的民主政治徹底絕望，開始了他離開雅典的漫遊時期。首先到雅典鄰邊的美加拉（Megara），這裡是所謂小蘇格拉底學派中的一支「美加拉學派」（Megaric School）的發源地，創立者是蘇格拉底的另外一位學生歐幾里德（Euclid），這個學派結合了伊利亞學派（Eleatics）的「存有」（being）和蘇格拉底的「善」（the good）的思想兩者，柏拉圖在此因而對伊利亞學派的思想有所認識。之後，柏拉圖四處遊歷，到過埃及、義大利、西西里，期間接觸到畢達哥拉斯學派（Pythagoreans）的思想。在西西里時，柏拉圖因得罪了敘拉古斯（Syracuse）的僭主（tyrant）戴奧尼修斯（Dionysius）差一點被販賣爲奴隸，後因朋友的拯救得以回到雅典。這趟漫遊前後大約歷經有十年之久。

回到雅典之後，大約四十歲左右的柏拉圖在一個名爲阿卡德米雅（Akademeia）的體育場聚眾講學，從事哲學教育和哲學著述，期間亦短暫離開雅典第二次前往西西里，目的是作爲其哲學中「理想國」的試驗場，也就是結合政治與哲學的「哲學王」的實踐。但最終亦無功而返，回到雅典後柏拉圖就不再過問政治，專心哲學講學著述直至八十二高齡過世爲止。

二、承繼重要哲學家思想之大成

柏拉圖是蘇格拉底的學生，一般以爲他的哲學就只繼承並發揮蘇格拉底的思想而已。其實，在哲學史上柏拉圖是集在他之前重要哲學家思想之大成者，其中主要有流變學派、存有學派、畢達哥拉斯學派和蘇格拉底的思想四個來源。

第一，赫拉克利特的流變學派主張「一切皆變」，萬物或一切現象都不斷變化，像流水一樣川流不息，沒有永恆不變的存有，這一點很像佛教「諸行無常」的主張，一切存在是剎那生滅，我們看到的現象只是假象而已。流變學派認爲，人只有透過道或理性（logos）才能擁有現象界的知識，流變學派這一部分的繼承，構成哲學史中對柏拉圖哲學所理解的兩個世界之一的所謂「現象世界」的稱謂。

第二，伊利亞巴門尼德（Parmenides）的存有學派則主張存有（being）是宇宙的實在和本質，而且它永不變化。柏拉圖在美加拉學派中已經看到伊利亞的存有學派的存有與蘇格拉底的善思想的結合，這個結合不只是存有與善兩者量的相加或混合，而是兩者在質上的同一性，存有與善是二而一的，存有是作爲宇宙的本原（archē）。根據亞里斯多德對本原的一個經典定義：「一切存在的東西都由它而存在，最初由它生成，消滅時又回歸於它。」（《形上學》，983b11）因此，本源就是萬物的創始，也是萬物的歸宿。「本原」這個詞的希臘文的動詞詞源是“archō”，這個動詞除了有「開始」（begin）的含意之外，也有「統治」（rule）之意，因此，作爲本原的存有和善兼具始末和統治的含意。

第三，蘇格拉底的影響。在存有學派或伊利亞學派裡對存有的理解有突顯「一」（整體）的概念，卻欠缺了「善」的概念，「善」是蘇格拉底哲學的核心概念，蘇格拉底認爲，德行即知識，無知即惡，善即對知識的實踐。這一點柏拉圖在蘇格拉底的門下學習受到極深的影響。除了「善」之外，蘇格拉底的另外一個教導也影響了柏拉圖，就是「類」（eidos）概念的探討，也就是尋找事物的普遍性，蘇格拉底從具體事物尋找一普遍事物之本質，這具有歸納法和對事物下定義的特質，而對柏拉圖而言，卻是對他的「理型」（idea）和「理型論」（idealism）哲學的建立有很大的影響，對這一部分的繼承，構成哲學史中對柏拉圖哲學所理解的兩個世界中所謂「理型世界」的稱謂。

第四，畢達哥拉斯學派的影響。這個學派主要是個宗教神祕團體，由宗教而擴及對數學、科學、哲學和道德的研究，畢達哥拉斯學派在宗教上接受某種輪迴學說，認爲人的身體是靈魂的牢籠和墳墓，因此認爲靈魂從身體的解脫人才能獲得眞正的自由。蘇格拉底認爲人在先天就擁有一切的知識，也就是一切知識是人心靈之中所固有，不假外求，人可以透過回憶過程讓這固有的知識被啓發出來，這也是蘇格拉底的啓發式教育方法。柏拉圖將蘇格拉底這種透過心靈的內在回憶以擁有先天的知識，視之爲心靈掙脫身體牢籠的過程，柏拉圖認爲因爲靈魂由理型世界降入塵世肉體之中，因此喪失了理型世界的知識的清明性質而變得模糊，而教育就是要擺脫身體的感覺干擾，回溯到理型世界才能擁有眞知識。柏拉圖在這一方面的論述往往帶有濃厚的神話性質，也使柏拉圖哲學中帶有神祕主義的色彩。

三、眞、善、美、聖的辯證與地位

在西方哲學史中柏拉圖是第一位集大成者，但是他的《對話錄》絕大部分文字並非用很嚴謹的哲學概念分析和邏輯論證，他的思想表達和文字風格仍然處於文哲之間，這對柏拉圖哲學本身表達的精確性造成某種程度的傷害，同時也對讀者造成理解上的誤差，當然這是對所謂的哲學家詩人或詩人哲學家必然的結果。即使柏拉圖的哲學具有文學特質糾纏其中，但是他的思想體系和規模仍然有跡可循，他依然是個系統哲學家，在形上學、知識論、倫理學、政治哲學和美學等都成爲他這個系統哲學中的有機部分，因此唯有理解他的整個系統哲學，他的美學思想方可得到眞正的理解。以下舉出柏拉圖系統哲學的三個重要思想特徵。

第一，柏拉圖是理型論的創始者，當然柏拉圖並沒有使用「理型論」這一類的語詞，這個語詞在後世的哲學發展中逐漸爲一些哲學家創造並使用，這個外文在漢字世界有不同的譯名，例如「唯心論」、「觀念論」和「理想主義」等等，哲學史最有名和最深刻的觀念論哲學流派是德國觀念論（German idealism）。柏拉圖的理型論和一般哲學史的觀念論或唯心論大相逕庭，柏拉圖所謂的「理型」是客觀的實在，而非主觀的創造或想像，因此柏拉圖的理型論更接近實在論（realism），或者稱之爲「理型的實在論」（ideal-realism），因爲柏拉圖的理型是客觀實在的。

第二，柏拉圖的思想很明顯有二元論的傾向，也就是區分爲理型界和現象界，而且以前者爲眞實的，後者爲不眞實的，然而哲學研究就是要引導人從不眞實的世界上升到眞實的世界，從對假象的猜測上升到實物的相信，然後再上升到對數學知識的認知，最後達到最高的、善的理型的理解。這種追求眞理的進程可以稱爲辯證法，也就是從最片面的知識發展爲完整的知識的發展過程。蘇格拉底透過對話，使無知者透過心靈的回憶過程，將潛藏在心靈深處的固有知識挖掘出來，而哲學活動就是介於無知和有知之間的對話或辯證過程。對柏拉圖而言，辯證法就是連結從現象界爬升到理型界的階梯。在柏拉圖的美學作品中，《會飲》（Symposium）這篇是以辯證法連結現象界和理型界的典範。

第三，理型界的最終實在包含了眞善美聖的整體性，這個實在可以統稱為「最高的善」，這個最高的善不只是善，而且是眞、是美、是聖，在最高的善裡包含了眞、善、美、聖於其一身。因此這最高的善是萬物創造的開始，也應是萬物最終的歸宿，它是「存有」，是「一」（整體），也就是作為萬物的本原。這個最高的善幾乎可以說是基督教的上帝了，這個「它」如果予以宗教的神聖化應該稱之為「祂」了，無怪乎柏拉圖的這個思想透過新柏拉圖主義和基督教信仰結合成為基督教神學的重要成分。

我們稱哲學（philosophia）是愛智之學，實質上，"philosophia"即是以愛為動力去追求智慧，愛是一種渴望、欲望的能力，渴望把凡是美好的都歸自己所有的動力，這個動力推動人去追求眞、善、美、聖，並使之永遠歸自己所有，而這個擁有的歷程是以階段性的提升、辯證方式進行的，這更可在柏拉圖的美學對話錄中清楚看到，而柏拉圖關於美的思想和地位也應該放在這個脈絡來理解。

四、「愛與美的階梯」由低而高的追求

朱光潛所翻譯集結的這本《柏拉圖文藝對話集》其中有四篇對話錄是全譯：《伊安》、《斐德羅》（*Phaedrus*）、《大希庇亞斯》和《會飲》（*Symposium*），有三篇是節譯：《理想國》、《斐利布斯》和《法律》。在這些對話錄中，有一部分柏拉圖批評了城邦執政者的教育措施，也批評了詩人，認為他們偏離了文藝的正道，沒有說眞話，這些批評的根據

是基於柏拉圖的理型論哲學，文藝創作者沒有表現眞理，反而與眞理隔了三層，描繪假象世界的種種。這種對城邦文藝教育的批評觀點很接近儒家的文藝觀：「文以載道」、「文以明道」，凡是不符合「儒家之道」的文藝創作都是沒價值的，都不應該存在。當然，柏拉圖對文藝的批評背後有他的一套系統哲學，也就是理型論作爲基礎，而非泛道德論而已。柏拉圖關於美學的對話錄的重要部分和對後世的影響，茲舉下面幾項略微闡述。

《大希庇亞斯》篇主題是討論「美是什麼?」，本篇是柏拉圖唯一整篇都在談「美」的對話錄。在本篇中蘇格拉底首先揭示出他要問的問題是：「什麼是美?」而不是：「什麼東西是美的?」上述顯示出，蘇格拉底區別出「美」和「美的東西」是不同的，「什麼東西是美的?」表示「美」是附著在「東西」上而能成爲「美的東西」（即下面所說的「美之實例」）而造成的提問；「什麼是美?」則抽離了「東西」或「實例」而只提問「美」本身。「美本身」和「美之實例」之間的關係是：「美」一字可以應用在「美之實例」上，而後者有權使用「美」一字。至此我們可以知道蘇格拉底是著重在「美本身」的探討，也就是使一切「美的東西」成爲「美的東西」的那個作爲類概念的「美自身」。美的事物可以有：「美的母馬」、「美的豎琴」和「美的罐子」等。蘇格拉底在這裡目的並不是在陳述一種分析語句的「同語重複」（tautology）性質，即：「美的母馬是美的」、「美的豎琴是美的」和「美的罐子是美的」，蘇格拉底在這裡舉出這些美的事物主要是揭示出「美的事物都是相對性的」，因此「美的事物同時也是醜的事物」。

在《伊安》篇中主要是談文藝創中的靈感與技藝（art）的問題，這篇對話錄的基本預設是：靈感和技藝的關係是不並存的，即「非此即彼」，也就是說如果詩創作不是根據技藝，那麼它就是根據靈感。因爲技藝必須（可以）根據法則、知識，因此也是可以透過學習獲得的，而靈感卻與法則、知識無關，因此是無法透過學習獲得的。柏拉圖在此認爲靈感不是一種知識，所以不能學習，當然在詩創作中也就沒有所謂的「教學」活動。我們不能透過「作詩指南」之類的書或「詩習作」的課程學到如何作詩。「靈感」（enthousiasmos）一詞在希臘文中源於"entheos"一字，"en"大約相當於英文的"in"，而"theos"是「神」，"entheos"是「在神之中」，意即「入神」或「通神」，我們通常所說的詩人和哲學家往往陷於「出神」、「恍惚」的狀況，其實也是一種「迷狂」，柏拉圖在《斐德羅》中很有名的一句話：「愛情是神聖的迷狂（theia mania）。」，這迷狂是與愛神的愛情有關，也與酒神的狂醉有關。在《會飲》這篇對話錄中，悲劇詩人阿伽通說過：「愛神是一位卓越的詩人，一切詩人之所以成爲詩人，都由於受到愛神的啓發。一個人不管對詩多麼外行，只要被愛神掌握住了，他馬上成爲詩人。」這裡我們可以看到，詩神、愛神和酒神的三者的密切關聯了。

《會飲》這篇對話錄最完整的表現了柏拉圖理型論的整體系統哲學，在哲學的形式和內容都有機地整合在一起。這篇對話錄從形式上看可以稱之爲「愛之辯證」，而從實質內容看卻是貫穿眞、善、美、聖的最高的善的追求。在對話錄中，除了蘇格拉底之外，本篇中對愛情發表高見的有斐德羅（Phaedrus）、保薩尼亞斯（Pausanias）、厄里什馬克（Eryximachus）、阿里斯托芬（Aristophanes）、阿伽頌（Agathon）和第俄提瑪（Diotima），前後的發言者的觀點由淺入深、層層深入，斐德羅的觀點最膚淺，而第俄提瑪的觀點最深刻，後者實際上是代表柏拉圖對愛情的觀點。不同對愛情的觀點都有他們的理由，所以都言之成理，只是這些觀點一加以比較即可看出境界的高低，後者都高（豐富）於前者。對愛的理解也從庸俗的觀點發展成神聖的觀點，尤其到阿伽通的談話時，「美」才作為「愛」不可分離的對象出現，到第俄提瑪（代表柏拉圖）的談論時，「眞」、「善」、「美」、「聖」四者成爲密不可分的整體。

理解《會飲》這篇對話錄應以辯證發展的運動觀點（辯證法）來看待這幾位談話者所提出的愛情觀點，同時也應以愛情之對象的發展和擴大來思考愛情的意義。

在本篇對話錄中的第俄提瑪而非蘇格拉底代表柏拉圖，這篇對話錄是柏拉圖哲學和美學的最佳入門篇章。茲舉第俄提瑪（柏拉圖）在本篇中對愛情與眞、善、美、聖結合的論述，以見出其中思想的深刻：「愛情就是一種欲望，想把凡是好的永遠歸自己所有。」、「追求不朽必然是愛情的一個目的。」、「男女的結合其實就是生殖」、「靠著生殖，生命成爲不朽。」、「只有在美中才有神聖的結合（調和）」、「美是主宰生育的命運女神和助產女神。」、「愛情的目的並不在美。」因此，「愛情就是在美中孕育生殖。」而且「是憑藉身體和心靈。」第俄提瑪（即柏拉圖）在此提到愛情的目的是追求不朽，而不是對美的追求。

而不朽只能透過生殖（生育）來達成，一種是身體（肉體）的生殖，另一種是心靈（精神）的生殖。美並不是愛情和生殖的目的，而是媒介。實際上第俄提瑪認爲「有些人在心靈方面比在身體方面更富於生殖力」，其中最高最美的思想智慧是「用於齊家治國的，它的特質通常叫做明智和正義。」精神的不朽是高於身體的不朽。我們可以比較一下：中國儒家所謂的「不孝有三，無後爲大」是要求肉體的不朽、族群的繁殖；而古代所謂的「三不朽：立功、立德、立言」是追求精神的不朽。第俄提瑪認爲戰士、英雄都是追求精神的不朽，詩人和藝術家、政治家和立法家也是如此。最後第俄提瑪（柏拉圖）提出了他的總結，也就是「愛與美的階梯」由低而高的追求：首先從感官出發愛慕一個美的身體，隨後追求超越個體的形相上的美和所有美的身體，視心靈美比身體美更珍貴，熱愛各種知識美和學問美，最後洞見美本身。

五、開啓後世對「美」做分析的先河

柏拉圖的這些美學作品對後世的美學和文藝理論有很深遠的影響，例如他的靈感說探討文藝創作的非理性和神祕的部分，西方在文學史和藝術史上，是非常強調靈感這種狀況對創作的影響，浪漫主義即是一顯著的表現，《伊安》篇或許可以說是西方浪漫主義的根源，當然柏拉圖仍有其他篇章也同樣可以作爲這個根源。《伊安》這篇對話錄固然對「美是什麼？」沒有得到結論，但它的論述方式開了後世對「美」做分析的先河，無論是康德的「美的分析」或者是二十世紀的「分析美學」都受到相當程度的啓發，雖然他們的目的各自不同，卻都是「分析」的。

其次，文藝創作中的美與愛的關係在柏拉圖的對話錄《會飲》和《斐德羅》中有很緊密的連結和闡述，除了愛與美的女神維納斯作爲這個連結的表徵之外，也與酒神的激情狂熱有關，後世的哲學家和文學家叔本華（Schopenhauer）、尼采（Nietzsche）、佛洛伊德（Freud）和勞倫斯（D. H. Lawrence）等人很明顯受到這兩篇對話錄的影響。

張炳陽

目 錄*

導 讀 柏拉圖美學思想與愛之辯證／張炳陽

伊安篇——論詩的靈感 …… 1

理想國（卷二至卷三）——統治者的文學音樂教育 …… 27

理想國（卷十）——詩人的罪狀 …… 87

斐德羅篇——論修辭術 …… 119

大希庇亞斯篇——論美 …… 213

會飲篇——論愛美與哲學修養 …… 251

斐利布斯篇——論美感 …… 335

---

* 各篇次第略依性質，不依寫作年代；副標題是譯者所加；每篇的題解也是譯者撰寫的。

法律篇——論文藝教育 345
譯後記——柏拉圖的美學思想 363
人名索引 399
柏拉圖年表 405

伊安篇

——論詩的靈感

對話人：蘇格拉底
　　　　伊安

蘇　伊安，歡迎你。你從哪裡來？從你的家鄉以弗所[1]嗎？

伊　不是，蘇格拉底。我從厄庇道洛斯[2]來。那裡舉行埃斯庫勒普神的祭典，我參加了。

蘇　厄庇道洛斯人在祭典中舉行了誦詩競賽來紀念醫神嗎？

伊　是，不只誦詩，還有各種文藝競賽。

蘇　你參加了競賽嗎？結果怎樣？

伊　哈，我全得了頭獎，蘇格拉底。

蘇　好極了，我希望你參加我們的雅典娜神的祭典[3]，也得到同樣的成功。

伊　若是老天保佑，我也一定成功。

蘇　我時常羨慕你們誦詩人的這一行業，伊安。因爲要做你們的這一行業，就得穿漂亮衣

1　以弗所是小亞細亞的一個城邦。在柏拉圖時代，它還受雅典統治。
2　厄庇道格斯是希臘南部薩若尼克海灣（今埃吉納灣）上一個鎮市，有醫神埃斯庫勒普的廟，他的祭典很隆重，在夏天舉行，每四年一次。
3　雅典娜是雅典的護衛神，傳說她是宙斯的女兒，智勇兼全。她的祭典是雅典人的大事，每年舉行時全國人參加，有戲劇及各種技藝的競賽。

服，盡量打扮得漂亮。而且你們不得不時常接觸到許多偉大詩人，尤其是荷馬。荷馬眞是一位最偉大，最神聖的詩人，你不但要熟讀他的辭句，而且還要徹底了解他的思想，這眞值得羨慕！因爲誦詩人要把詩人的意思說出來，讓聽衆了解，要讓人家了解，自己就得先了解；所以一個人若是不了解詩人的意思，就不能做一個誦詩人。這了解和解說的本領都是很值得羨慕的。

伊 你說的對，蘇格拉底。就我來說，我在頌詩技藝上就費過很多的心力。談到解說荷馬，我敢說誰也趕不上我。蘭普薩庫人邁特羅多魯斯也好，塔索斯人斯忒新勃羅托斯[4]也好，格勞孔也好，無論是誰，都比不上我對荷馬有那樣多的好見解。

蘇 我聽起來很高興，伊安。我知道你肯把你的那些好見解談給我聽聽。

伊 當然，蘇格拉底，你也應該聽我怎樣憑藝術來美化荷馬，我敢說，凡是荷馬的信徒都得用金冠來酬勞我。

蘇 下一回我再找機會聽你朗誦荷馬，現在且只問你一個問題：你只會朗誦荷馬呢？還是對於赫西俄德和阿爾基羅庫斯[5]，也同樣朗誦得好？

---

4 這三人都是當時有名的誦詩人。希臘人稱呼人的習慣往往冠上「某某人的兒子」或「某某地方的人」。蘭普薩庫是小亞細亞的一個重要城市，塔索斯是愛琴海北部的一個島。

5 希臘最大的詩人當然是荷馬，在古代和他齊名的是赫西俄德。他的《工作與日子》寫一年四季的各種工作，摻雜

伊　我只會朗誦荷馬。我看這就很夠啦。

蘇　荷馬和赫西俄德在某些題材上是否說的相同呢？

伊　是，我看他們說的有許多相同。

蘇　在這些相同的題材上，哪一個詩人的話你解說得比較好，荷馬的，還是赫西俄德的？

伊　若是他們說的相同，我對他們就能同樣解說的好。

蘇　在他們說的不相同的那些題材上怎樣呢？比如說占卜，荷馬說過，赫西俄德也說過，是不是？

伊　是。

蘇　假如要你和一位占卜家來解說這兩位詩人說到占卜的話，無論他們說的同不同，誰解說的比較好呢？

伊　占卜家會解說的比較好。

蘇　若是你就是一個占卜家，無論他們說的同不同，你也會對他們都一樣能解說吧？

伊　當然。

蘇　你有本領解說荷馬，卻沒有本領解說赫西俄德或其他詩人，這是什麼緣故？荷馬所用的題材和一般詩人所用的題材不是一樣麼？他所敘述的主要不是戰爭麼？他不是在談人類

一些實際生活的經驗教訓，《神譜》敘世界創始及諸神起源。阿爾基羅庫斯是一位抒情詩人和諷刺詩人。

關係——好人和壞人以及能人和無能人的關係——神與神的關係、神與人的關係、天上和地下有些什麼事情發生，以及神和英雄們的由來麼？荷馬所歌詠的不是這些題材麼？

伊 你說的很對，蘇格拉底。

蘇 其他詩人所歌詠的不也正是這些題材麼？

伊 不錯，蘇格拉底。但是他們的方式和荷馬的不同。

蘇 你是說，荷馬的方式比其他詩人的要好些？

伊 好的多，不可比較。

蘇 再請問一句，親愛的伊安，如果有許多人在討論算學，其中某一位說的最好，我們能不能判別出來？

伊 能。

蘇 能判別誰說的好，也就能判別誰說的不好？

伊 是。

蘇 這樣的人一定是一位算學家吧？

伊 不錯。

蘇 再說，如果有許多人在討論食品的營養價值，其中某一位說的最好，一個人既能判別誰說的好，也就能判別誰說的壞，是不是？

伊 是，那是很顯然的。

蘇 這能一樣判別好壞的人是誰呢？

伊 他是醫生。

蘇 那麼，一般說來，無論討論什麼，只要題目相同，說話的人儘管多，一個人能判別誰說的好，也就能判別誰說的壞；不能判別誰說的壞，也就不能判別誰說的好？

伊 當然。

蘇 依你說，荷馬和其他詩人們——例如赫西俄德和阿爾基羅庫斯——所用的題材都是一樣，不過方式有好壞之別，荷馬好些，其他詩人要壞些？

伊 我說過這樣的話，我說的話是對的。

蘇 如果你能判別誰說的好，你也就能判別誰說的壞？

伊 顯然是這樣。

蘇 那麼，親愛的伊安，我說伊安既會解說荷馬，也就會解說其他詩人，而且會解說的一樣熟練，難道我說錯了嗎？因爲這位伊安親自承認了兩點：一，只要題材相同，能判別好的也就能判別壞；二，凡是詩人所用的題材都是一樣的。

伊 但是事實上人們談到其他詩人時，我都不能專心靜聽，要打瞌睡，簡直沒有什麼見解，可是一談到荷馬，我就馬上醒過來，專心致志地聽，意思也源源而來。這是什麼緣故？

蘇 朋友，那很容易解釋，很顯然地，你解說荷馬，並非憑技藝[6]知識。如果你能憑技藝的規矩去解說荷馬，你也當然就能憑技藝的規矩去解說其他詩人，因爲既然是詩，就有它的共同一致性。

伊 你說的對。

蘇 其他技藝也是一樣，一個人把一種技藝看成一個有共同一致性的東西，就會對它同樣判別好壞。伊安，我這話是否要加解釋？

伊 我希望你解釋，蘇格拉底，聽你們哲人們談話對我是一件樂事。

蘇 哲人不是我，是你們，伊安，是你們誦詩人、演戲人，和你們所誦所演的作家們；我只是一個平常人，只會說老實話。你看我剛才說的話是多麼平凡，誰也會懂，我說的是：如果一個人把一種技藝當作全體來看，判別好和判別壞就是一回事。你看這話多平凡！舉例來說，圖畫是不是一種有共同一致性的技藝？

伊 它是的。

6 Tekhne一字通常譯為「藝術」，指文學音樂圖畫之類，它的原義卻較廣，凡是「人為」的不是「自然」或「天生」的都是Tekhne。醫藥、耕種、騎射、木作、畜牧之類凡是可憑專門知識來學會的工作都叫作Tekhne。在柏拉圖的著作裡，就其為Tekhne來說，做詩與做桌子做鞋是同屬一類的。所以這字譯為「技藝」較合當時的用法。近代把「藝術」和「技藝」分開，強分尊卑，是一個不很健康的看法。

蘇 畫家也有好壞之別吧？

伊 也有。

蘇 你遇見過這樣一個人沒有？他只長於判別阿格勞芬的兒子波呂格諾特[7]的好壞，不會判別其他畫家的好壞；讓他看其他畫家的作品，他就要打瞌睡，茫然無見解，可是要他批判波格諾特（或是任意舉一個畫家的名字），他就醒過來，專心致志，意思源源而來。

伊 我倒沒有遇見過這樣一個人。

蘇 再說雕刻，你遇見過這樣一個人沒有？他只長於鑒定墨提安的兒子代達洛斯，潘諾普斯的兒子厄庇俄斯，薩摩人西奧多羅斯[8]之類雕刻家的優點；可是拿其他雕刻家的作品給他看，他就要打瞌睡，茫然無話可說。

伊 我從來也沒有見過這樣的人。

蘇 我想在笛師、琴師、豎琴歌人和誦詩人之中，你也沒有遇見過一個人，只會批評奧林巴斯、塔密里斯、奧菲斯或伊塔刻的誦詩人斐繆斯[9]，可是談到以弗所的誦詩人伊安先生，他就簡直不能判別好壞。

---

7 波呂格諾特是西元前五世紀希臘大畫家。

8 代達洛斯在希臘原文中本義為「精巧的藝人」，他是傳說中的雕刻家的祖師。以下兩人都是雕刻家。

9 這幾個人都是希臘的音樂家或詩人，都是傳說中的。

伊 我不能否認，蘇格拉底。可是我自覺解說荷馬比誰都強，可說的意思也比誰都要多，輿論也是這樣看。對於其他詩人，我就不能解說得那樣好。請問這是什麼緣故？

蘇 這緣故我懂得，伊安，讓我來告訴你。你這副長於解說荷馬的本領並不是一種技藝，而是一種靈感，像我已經說過的。有一種神力在驅遣你，像歐里庇得斯所說的磁石，就是一般人所謂。赫剌克勒斯石[10]。磁石不僅能吸引鐵環本身，而且把吸引力傳給那些鐵環，使它們也像磁石一樣，能吸引其他鐵環。有時你看到許多個鐵環互相吸引著，掛成一條長鎖鍊，這些全從一塊磁石得到懸在一起的力量。詩神就像這塊磁石，她首先給人靈感，得到這靈感的人們又把它傳遞給旁人，讓旁人接上他們，懸成一條鎖鍊。凡是高明的詩人，無論在史詩或抒情詩方面，都不是憑技藝來做成他們的優美的詩歌，而是因為他們得到靈感，有神力憑附著。科里班特巫師們[11]在舞蹈時，心理都受一種迷狂支配；抒情詩人們在作詩時也是如此。他們一旦受到音樂和韻節力量的支配，就感到酒神的狂歡，由於這種靈感的影響，他們正如酒神的女信徒們受酒神憑附，可以從河水中汲取乳蜜，這是她們在神志清醒時所不能做的事。抒情詩人的心靈也正像這樣，他們自己也說他們像釀蜜，飛到詩神的園裡，從流蜜的泉源吸取精英，來釀成他們的詩歌。他們

10 歐里庇得斯是希臘的第三個大悲劇家。「赫剌克勒斯石」就是吸鐵石。參看第二三六頁註10。

11 科里班特巫師們掌酒神祭，祭時擊鼓狂舞。

這番話是不錯的，因爲詩人是一種輕飄的長著羽翼的神明的東西，不得到靈感，不失去平常理智而陷入迷狂，就沒有能力創造，就不能作詩或代神說話。詩人們對於他們所寫的那些題材，說出那樣多的優美辭句，像你自己解說荷馬那樣，並非憑技藝的規矩，而是依詩神的驅遣。因爲詩人製作都是憑神力而不是憑技藝，他們各隨所長，專作某一類詩，例如激昂的酒神歌、頌神詩、合唱歌、史詩或短長格詩[12]，長於某一種體裁的不一定長於他種體裁。假如詩人可以憑技藝的規矩去製作，這種情形就不會有，他就會遇到任何題目都一樣能做。神對於詩人們像對於占卜家和預言家一樣，奪去他們的平常理智，用他們做代言人，正因爲要使聽衆知道，詩人並非藉自己的力量在無知無覺中說出那些珍貴的辭句，而是由神憑附著來向人說話。卡爾喀斯人廷尼科斯[13]是一個著例，可以證明我的話。他平生只寫了一首著名的《謝神歌》，那是人人歌唱的，此外就不曾寫過什麼值得記憶的作品。這首《謝神歌》倒眞是一首最美的抒情詩，不愧爲「詩神的作品」，像他自己稱呼它的。神好像用這個實例來告訴我們，讓我們不用懷疑，這類優美的詩歌本質上不是人的而是神的，不是人的製作而是神的詔語；詩人只是神的代言人，由神憑附著。最平庸的詩人也有時唱出最美妙的詩歌，神不是有意藉此教訓這個道理

12　這些都是希臘詩的各種體裁，短長格以先短後長成音步，常用於詩劇。
13　廷尼科斯不可考。

嗎？伊安，我的話對不對？

伊 對，蘇格拉底，我覺得你對。你的話說服了我，我現在好像明白了大詩人們都是受到靈感的神的代言人。

蘇 而你們誦詩人又是詩人的代言人？

伊 這也不錯。

蘇 那麼，你們是代言人的代言人？

伊 的確。

蘇 請你坦白答覆一個問題：每逢你朗誦一些有名的段落——例如俄底修斯闖進他的宮廷，他的妻子的求婚者們認識了他，他把箭放在腳旁；[14]或是阿喀琉斯猛追赫克托[15]；或是安德洛馬克、赫卡柏、普里阿摩斯諸人的悲痛[16]之類——當你朗誦那些段落而大受喝彩

---

14 故事見荷馬史詩《奧德賽》卷二十二。俄底修斯參加了希臘軍徵特洛亞，二十年後回國時，許多人正坐在他家裡向他妻子求婚，他突然喬裝歸家，用箭把他們射死。

15 故事見荷馬史詩《伊利亞特》卷二十二。特洛亞戰爭中，阿喀琉斯和赫克托是希臘和特洛亞兩方面最勇猛的英雄。阿喀琉斯因爭女俘事生氣，拒絕參戰。直到他的愛友帕特洛克羅斯被赫克托殺死，才肯出來為愛友報仇，打退了特洛亞軍，在特洛亞城下窮追赫克托繞城三匝，終於把他殺死。

16 安德洛馬克是赫克托的妻子。赫卡柏是他的母親，普里阿摩斯是他的父親。赫克托死後，安德洛馬克、赫卡柏、普里阿摩斯悲慟欲絕。《伊利亞特》記此事，甚沉痛。

的時候，你是否神志清醒呢？你是否失去自主，陷入迷狂，好像身臨詩所說的境界，伊塔克、特洛亞[17]或是旁的地方？

伊 你說的頂對，蘇格拉底，我在朗誦哀憐事蹟時，就滿眼是淚；在朗誦恐怖事蹟時，就毛骨悚然，心也跳動。

蘇 請問你，伊安，一個人身臨祭典或歡宴場所，穿著美服，戴著金冠，並沒有人要掠奪他的這些好東西，或是要傷害他，而他對著兩萬多待他友好的聽衆哭泣，或是渾身都表現恐懼，他的神志是否清醒呢？

伊 我該說他的神志不清醒，蘇格拉底。

蘇 你對多數聽衆也產生這樣效果，你明白麼？

伊 我明白，因為我從臺上望他們，望見在我朗誦時，他們的面孔上都表現哀憐、驚奇、嚴厲種種不同的神情。我不能不注意他們，因為如果我惹他們哭，我得了賞錢就會笑，如果我惹他們笑，我失了賞錢就得哭。

蘇 聽衆是最後的一環，像我剛才所說的，這些環都從一塊原始磁石得到力量；你們誦詩人和演戲人是些中間環，而詩人是最初的一環，你知道不？通過這些環，神驅遣人心朝神

17 伊塔克是希臘的一小國，歸俄底修斯統治，就是俄底修斯射殺求婚者們的地方。特洛亞國在小亞細亞，荷馬所歌詠的特洛亞戰爭的場所。

意要他們走的那個方向走，使人們一個接著一個懸在一起。此外還有一長串舞蹈者，和大小樂師們斜懸在由詩神吸引的那些環上。每個詩人都各依他的特性，懸在他所特屬的詩神身上，由那詩神憑附著——憑附和懸掛原來是一件事的兩種說法。詩人是最初環，旁人都懸在這上面，有人從奧菲斯或繆賽俄斯。[18]得到靈感，但是多數人是由荷馬憑附著、感發著，伊安，你就是其中之一。聽人說到其他詩人的作品，你就打瞌睡，沒有話可說；但是聽人說到荷馬的作品，你馬上就醒過來，意思源源而來，有許多話可說。這就是因為你解說荷馬，不是憑技藝知識，而是憑靈感或神靈憑附；正如巫師們聽到憑附自己的那種神所特別享用的樂調，就覺得很親切，歌和舞也就自然隨之而來了；遇見其他樂調，卻好像聽而不聞。你也是如此，伊安，一聽到荷馬，話就多的很，聽到其他詩人，就無話可說。原因在你宣揚荷馬，不是憑技藝而是憑神的靈感。這就是我對你的問題的答覆。

伊 答覆的很好，蘇格拉底。可是我還很懷疑你是否能說服我，使我相信我在解說荷馬時，神志不清醒，由神憑附著。若是你親自聽到我朗誦，你就不會這樣想。

蘇 我很願意聽，現在先請答覆一個問題：你朗誦荷馬，對哪些部分題材最拿手呢？當然不

---

18 奧菲斯是傳說中荷馬以前的希臘最大詩人。參看第八頁註9。繆賽俄斯是傳說中的古希臘詩人，據說是奧菲斯的學生。

是全部吧？

伊 沒有哪一部分題材不拿手，我敢說。

蘇 荷馬說的東西若是你不知道的，你也能朗誦的好嗎？

伊 荷馬說過什麼東西我不知道？

蘇 荷馬不是常談到各種技藝嗎？例如駕御的技藝，可惜我記不得那段詩，否則我就背誦給你聽。

伊 我記得，讓我來背誦。

蘇 請你背誦涅斯托[19]告訴他的兒子安提羅科斯，在紀念帕特洛克羅斯的賽車禮中，怎樣當心轉折那一段話。

伊 （背誦）在那華美的馬車裡，輕輕地轉向馬左邊靠著車，用刺棒敲右邊馬，呼喊一聲，就放鬆韁子。到了目標的時候，讓左邊馬靠近標石，讓輪軸接觸目標好像只擦到似的。當心不要碰著那石頭。[20]

蘇 夠了，伊安，請問你，要評判這段詩是否妥帖，誰會做得比較好，一個御車人還是一個醫生呢？

---

19 涅斯托是荷馬的《伊利亞特》中希臘方面的老謀臣。

20 見《伊利亞特》卷二十三。帕特洛克羅斯死後，阿喀琉斯替他舉行大祭，其中有跑馬競賽。

伊　當然是御車人。

蘇　是不是因爲御車是他的專行技藝？還是因爲旁的理由？

伊　由於他的專行技藝，沒有旁的。

蘇　每種技藝都必有它的特殊知識，我們能不能憑醫生的技藝，去知道只有駕御的技藝所能使我們知道的？

伊　當然不能。

蘇　我們也不能憑木匠的技藝，來知道醫生的技藝吧？

伊　當然也不能。

蘇　凡是技藝都如此。我們不能憑某一技藝來知道某另一技藝。再請問你：你是否承認各種技藝彼此不同？

伊　我承認它們不同。

蘇　你的看法和我的一致：知識題材不同，技藝也就不同。

伊　不錯。

蘇　對的，如果各種技藝都用同樣知識題材，就不能說它們彼此不同。比如這是五個手指，我知道你也知道。你我知道這個事實不是都憑算學的知識嗎？

伊　是的。

蘇　那麼，請回答剛才那個問題，同樣技藝必憑同樣知識，另樣技藝必憑另樣知識，這是不是一條普遍的眞理？

伊 我也以爲它是普遍的眞理，蘇格拉底。

蘇 那麼，若是一個人對於某一種技藝沒有知識，他對於那種技藝的語言和作爲，就不能做正確的判斷了。

伊 當然不能。

蘇 關於你剛才背誦的那段荷馬詩，要你和一個御車人來評判，誰會評判的比較正確呢？

伊 御車人。

蘇 對呀，因爲你是一個誦詩人而不是一個御車人，而誦詩的技藝和御車的技藝本來不同，是不是？

伊 是。

蘇 如果這兩種技藝不同，它們的知識題材也就不同。

伊 不錯。

蘇 你記得荷馬描寫涅斯托的妾，赫卡墨得，拿酒乳給受傷的馬卡翁那段詩麼？他說：

> 用普拉諾酒做的；她用亮晃晃的刀把羊酪切成細片，還放了一個蔥頭在他身邊，供

> 他下酒。[21]

要評判這段詩，最好是憑誦詩人的技藝，還是憑醫生的技藝呢？

伊　憑醫生的技藝比較好。

蘇　再如荷馬的這段話：

> 她像牛角裝了鉛，沒入海底，給貪食的魚們送死。[22]

要評判它，最好是憑漁人的技藝，還是憑誦詩人的技藝呢？

伊　顯然要憑漁人的技藝。

蘇　假如你問我：蘇格拉底，你既然能把荷馬的各段詩，都配上與它們相關的技藝，你能否指出哪段詩須請預言家憑預言的技藝來評判它們呢？我就馬上可以回答你：這樣的詩很多，尤其是在《奧德賽》裡，例如墨蘭普斯的預言家忒俄克呂墨諾斯向求婚者們說的那一段話：

21　見《伊利亞特》卷十一。

22　見《伊利亞特》卷二十四。

你們這些可憐蟲！你們在遭遇什麼？你們的頭、臉、手、腳全讓黑夜像壽衣似的裹著；突然一陣號哭聲，你們滿臉是淚、走廊裡全是鬼魂，院子裡也全是鬼魂，都走到陰間去；太陽在天上消失了，災霧布滿了世界。[23]

《伊利亞特》裡也有許多同樣的段落，例如描寫城堡附近戰事的那一段，荷馬說：

他們正急於要越過那條壕溝，就來了一個預兆：一只鷹高飛掠過隊伍的左邊，鷹爪抓住一條血紅的大蛇。那條蛇還活著在喘氣，還在掙扎，扭轉身來向抓住它的那只鳥的頸項咬了一口，那只鳥被咬痛了，把蛇放下，讓它落到隊伍的中央，於是叫了一聲，就乘風飛去了。[24]

我敢說，像這類題材應該由預言家來評判。

伊 你說的對，蘇格拉底。

蘇 對，伊安，你也說的對。我已經替你從《伊利亞特》和《奧德賽》兩部詩裡，選出一些

---

23 見《奧德賽》卷二十。

24 見《伊利亞特》卷十二。

描寫預言、打魚和行醫的段落了。你對荷馬比我熟的多，現在請你替我選出一些關於誦詩人和誦詩技藝的段落，就是說，誦詩人比任何人較善於評判的段落。

伊 我應該說，全部荷馬詩都有有關誦詩人和誦詩的技藝。

蘇 當然不能是全部，伊安，你忘記你所說的話嗎？一個誦詩人的記性應該比較好一點。

伊 我忘記了什麼話？

蘇 你說過誦詩人的技藝和御車人的技藝不同，記得不？

伊 還記得。

蘇 你也承認過，它們既然不同，就有不同的知識題材。

伊 對。

蘇 那麼，根據你自己的話，誦詩人不能對所有的事情都知道，誦詩的技藝也不能包括一切知識。

伊 我敢說，可能有些例外，蘇格拉底。

蘇 你的意思是說，誦詩人對其他技藝的題材不全知道，既然不全知道，知道的究竟是哪些呢？

伊 他會知道男人和女人、自由人和奴隸、統治者和被統治者，在怎樣身分，該說怎樣話。

蘇 你是否說，一個誦詩人會比一位駕駛人，對於一個船長在海浪顛簸時所應該說的話，知道得更清楚？

伊　不是，駕駛人知道最清楚。

蘇　誦詩人是否比醫生還更能知道診病人所應該說的話？

伊　不能。

蘇　但是他會知道奴隸所應該說的話？

伊　他會知道。

蘇　假如那奴隸是一個牧牛人，在設法馴服發狂的牛時，他應該說什麼話？誦詩人是否比牧牛人知道得更清楚呢？

伊　他不能比牧牛人知道更清楚。

蘇　他知道一個紡織婦關於紡織羊毛所應該說的話麼？

伊　他不知道。

蘇　但是他知道一個將官勸導兵士所應該說的話？

伊　是，那類事情是誦詩人知道的。

蘇　那麼，誦詩人的技藝就是將官的技藝嗎？

伊　我知道一個將官該說的話，這一點我卻有把握。

蘇　是，伊安，也許你知道將官的技藝，也許除掉彈豎琴的技藝之外，你還知道騎馬的技藝。若是這樣，你就會能判別馬騎的好壞。但是請問你，伊安，你能判別馬騎的好壞，是憑你的騎馬的技藝，還是憑你的彈豎琴的技藝呢？

伊 我該說，憑騎馬的技藝。

蘇 如果你評判豎琴的彈奏者，你是站在豎琴彈奏者的身分，而不是站在騎馬者的身分，來評判他們？

伊 我承認。

蘇 在評判將官的技藝時，你是站在將官的身分，還是站在誦詩人的身分，來評判它呢？

伊 在我看，那並沒有什麼分別。

蘇 這話怎樣講？你說誦詩人的技藝和將官的技藝是一樣？

伊 對，完全一樣。

蘇 那麼，一個高明的誦詩人同時也就是一個高明的將官？

伊 當然是那樣，蘇格拉底。

蘇 一個高明的將官同時也就是一個高明的誦詩人？

伊 不，我倒沒有那樣說。

蘇 但是你說高明的誦詩人同時就是高明的將官？

伊 不錯。

蘇 你是希臘的最高明的誦詩人吧？

伊 首屈一指，蘇格拉底。

蘇 你也是希臘的最高明的將官麼？

伊　當然，蘇格拉底；荷馬就是我的老師。

蘇　那麼，伊安，你既然不僅是希臘的最好的誦詩人，而且也是希臘的最好的將官，可是你在希臘走來走去，總是誦詩，不當將官，這是什麼緣故？你以爲希臘只需要戴金冠的誦詩人，而不需要將官嗎？

伊　理由很簡單。蘇格拉底：我們以弗所人是你們雅典人的僕從和兵卒[25]，不需要將官，而你們雅典和斯巴達也不會請我去當將官，因爲你們自信有足夠的將官。

蘇　好伊安，你沒有聽說過奎卒庫[26]人亞波羅多柔嗎？

伊　你說的是誰？

蘇　他雖是一個外國人，卻屢次被雅典選爲將官。此外還有安竺若人法諾特尼斯、克拉左彌尼人赫剌克利第，雖然也都是外國人，因爲才能卓著，也都被雅典任命，統領過軍隊，還任過其他官職。[27]如果以弗所人伊安先生有本領，雅典人不也會選他做將官，拿尊貴的職位給他嗎？以弗所人本來不就是雅典人，而他們的城邦不也很不平凡嗎？你說你宣

25　參看第二頁註1。
26　奎卒庫是小亞細亞海島之一，雅典的殖民地。
27　安竺若是愛琴悔中一大島，克拉左彌尼在小亞細亞。亞波羅多柔，法諾特尼斯，赫剌克利第等三個外國人在雅典當將官的，都無確鑿史跡可考。

揚荷馬是憑技藝知識，如果這話是眞的，你就不免欺哄我了。你在我面前自誇對於荷馬知道許多珍貴的東西，而且允許我領教，可是到我再三懇求你的時候，你不但不肯顯你的本領，而且不肯說你究竟擅長哪些題材，你這不是欺哄我嗎？你眞像普洛透斯[28]，會變許多形狀；你左變右變、彎來扭去，變成各色各樣的人物，到最後，你裝成一個將官！你想溜脫了我的手掌心，不顯出你朗誦荷馬的本領，像我剛才所說的，若是你對荷馬眞有技藝的知識，允許我領教，口惠而實不至，你就眞是在欺哄我。不過你如果並沒有技藝的知識，對荷馬能說出那些優美的辭句，是不由意識的，憑荷馬靈感的，像我所想的那樣，我就不能怪你不誠實了。不誠實呢？受靈感支配呢？你究竟願居哪一項？

伊 這兩項差別倒很大，受靈感支配總比不誠實要好的多。

蘇 那麼，伊安，我也就朝好的一邊想，認爲你的宣揚荷馬的本領不是憑技藝的知識，而是憑靈感。

根據Louis Mèridier參照Shelley譯

28 普洛透斯是「海上老人」，善變形，又善預言。

題解

伊安是一個職業的誦詩人。古希臘的文學類型是史詩，悲劇和抒情詩。悲劇由演員在劇場裡表演，史詩和抒情詩由誦詩人在祭典和宴樂場合朗誦。朗誦之外他還可以自出心裁演述，有如中國的「說書」。伊安的拿手詩是荷馬的兩部大史詩：《伊利亞特》和《奧德賽》。

《伊安》是柏拉圖的一篇較早的最短的對話。討論的主題是：詩歌的創作是憑專門技藝知識還是憑靈感？答案是它只憑靈感。若論專門技藝知識，詩人和誦詩人在談駕馬車時比不上車夫，在談打魚時比不上漁夫。至於誦詩本身是怎樣一種專門技藝，伊安始終說不出，可見詩歌並不是一種專門技藝。儘管荷馬歌詠的是戰爭，談到軍事，荷馬所給的知識並不能使人當將官帶兵。藝術既不靠某一種專門知識，也就不能給與人某一種專門知識。

這是一篇最古的談藝術靈感的文獻。靈感說在希臘並不通行，當時通行的是模仿說，以為文藝是現實世界的仿本。靈感說無疑地夾雜有原始社會的迷信，但是它之所以起來，是由於認識清楚了文藝不能如法炮製，它的心理活動不是通常的理智，它的來源不是技藝知識。近代德國浪漫派作家們著重「天才」，天才說實在伏根於靈感說。篇中用磁石吸鐵比喻詩人，誦詩人和群眾的關係，也頗近似托爾斯泰的「藝術傳染」說。當時心理學還沒有很發達，靈感的「迷狂狀態」也可以說就是藝術創造時的潛意識的醞釀，以及興高采烈時情感和想像的白熱化。柏拉圖意識到這些現象對於藝術創作的重要性，只是他的解釋是不科學的。當時神話的勢力還很大，少有人不相信「詩神」，靈感說只是詩神信仰的一個必然結果。

靈感說在柏拉圖的思想裡始終盤踞著，他後來的許多對話都常提到它，尤其是在《斐德羅》裡。

理想國（卷二至卷三）[1]

——統治者的文學音樂教育

1 卷二選譯376D至383C。卷三選譯386A至403C。

對話人：蘇格拉底
阿狄曼圖
格羅康

蘇 我們且來放任想像，從從容容地談一個故事——我們的城邦的保衛者們的教育。

阿 我很贊成。

蘇 我們的教育制度應該怎樣呢？我們一向對於身體用體育，對於心靈用音樂。現在想改進許多年代傳下來的制度，恐怕不是一件易事吧？我們好不好先從音樂開始，然後再談體育？

阿 很好。

蘇 你是否把文學包括在音樂裡面？

阿 我看音樂包含文學在內。

蘇 文學是不是有兩種。寫眞的和虛構的？

阿 不錯。

蘇 我們的教育要包括這兩種，但是先從虛構的文學開始。

阿 我不懂你的意思。

蘇 你不知道我們教兒童，先給他們講故事嗎？這些故事雖也有些眞理，在大體上卻是虛構的。我們先給兒童講故事，後來才教他們體育。

阿 對的。

蘇 我原先說文學應該在體育之前，就是爲著這個緣故。

阿 你說的有道理。

蘇 一切事都是開頭最關重要，尤其是對於年幼的，你明白吧？因爲在年幼的時候，性格正在形成，任何印象都留下深刻的影響。

阿 一點也不錯。

蘇 那麼，我們是否應該隨便准許我們的兒童去聽任何人說的任何故事，把一些觀念印在心裡，而這些觀念大部分和我們以爲他們到成人時應該有的觀念相反呢？

阿 我們當然不能准許那樣。

蘇 所以我以爲我們首先應該審查做故事的人們，做的好，我們就選擇；做的壞，我們就拋棄。我們要勸保姆們和母親們拿入選的故事給兒童講。讓她們用故事來形成兒童的心靈，比起用手來形成他們的身體，還要費更多的心血。但是她們現在所講的那些故事大部分都應該拋開。

阿 你指的是哪些故事？

蘇 從大故事可以見小故事，因爲無論大小，形式相同，效果也相同。你看對不對？

阿 對，但是我不明白你所謂大故事指什麼。

蘇 我指的是赫西俄德、荷馬和其他詩人所做的，他們做了一些虛構的故事，過去講給人聽，現在還講給人聽。

阿 但是你指的究竟是哪些？你看出它們的什麼毛病？

蘇 應該指責的最嚴重的毛病是說謊，而且謊還說得不好。

阿 你指的是什麼呢？

蘇 我指的是把神和英雄的性格描寫得不正確，像畫家把所想畫的東西完全畫得不像。

阿 這種情形倒是應該指責的，但是你究竟指哪些故事？

蘇 第一個就是赫西俄德所講的烏剌諾斯所幹的事，以及他的兒子克洛諾斯報復他的情形[2]這就是詩人對於一位最高的尊神說了一個最大的謊，而且就謊來說，也說得不好。關於烏剌諾斯的行爲以及他從他兒子那方面所得到的禍害，縱然是眞的，我以爲也不應該拿來講給理智還沒有發達的兒童聽。最好是不講，假如必得要講，就得在一個嚴肅的宗教儀式中講，聽衆愈少愈好，而且要他們在儀式中獻一個犧牲，不是宰一口豬就行，須是極珍貴極難得的東西，像這樣，聽的人就會很少。

---

2 見赫西俄德的《神譜》一五四至一八一以及四五〇行等。烏剌諾斯是天神，配了地神，生下十八個孩子，一說生下六男六女，克洛諾斯是其中之一。天神厭恨子女，一生下來就把他們投到地牢裡囚禁。為了報復，克洛諾斯把他父親推翻了，並且割去了他的生殖器，自己做了天神。後來克洛諾斯又被他的兒子宙斯推翻了。

阿 那些故事的確有害處。

蘇 這類故事在我們的城邦裡就必須禁止。我們絕對不能讓年輕人聽到說，犯最凶惡的罪也不足爲奇，若是父親做了壞事，兒子就用最殘酷的手段來報復，也不過是照最早的而且最高的尊神的榜樣去做。

阿 的確，我也以爲這類故事不宜於講。

蘇 我們還要嚴格禁止神和神戰爭、神和神搏鬥、神謀害神之類的故事。它們根本不是眞的，而且我們的城邦的保衛者們必須把隨便就相爭相鬥看成最大的恥辱。巨人們的搏鬥，以及神和英雄們與他們的親友們爭吵之類的故事都不准講，也不准繪繡。如果我們能找到一些故事使他們相信同在一城邦的人們向來不曾互相仇恨過，這種仇恨是罪過，老年人們就應該拿這類故事給兒童們講。到他們長大的時候，我們就應該強迫詩人們替他們做這樣性質的故事。但是赫拉被兒子捆綁，赫淮斯托斯被父親從天上抛下來，因爲他母親挨打，他設法護衛她[3]之類的故事，以及荷馬所說的神與神打仗的故事，無論它們是不是寓言的，都一律不准進我們的城邦來。因爲兒童沒有能力辨別寓言的和不是寓言的，他們在年幼時所聽到的東西容易留下永久不滅的印象。因爲這些緣故，我們必須

3 見《伊利亞特》卷一。赫拉是天后，和天神宙斯有時吵嘴，宙斯往往打她或是叫人捆吊她。赫淮斯托斯是火神，常站在母親方面，宙斯把他從天上抛下，所以他跌跛了腿。

盡力使兒童最初所聽到的故事要做得頂好，可以培養品德。

阿 你的話是對的，但是如果有人問哪些是這樣的故事，請舉出例子來，我們怎樣回答呢？

蘇 阿狄曼圖，你和我現在都不是詩人，而是一個城邦的建立者。建立城邦的人們應該知道詩人說故事所當遵守而不准破壞的規範；他們自己並不必去做故事。

阿 很對，但是關於神的故事當有什麼規範，這正是我想知道的。

蘇 規範是這樣：無論寫的是史詩、抒情詩、還是悲劇，神本來是什麼樣，就應該描寫成什麼樣。

阿 這是一定的。

蘇 神在本質上不是善的嗎？他是否就應該描寫成善的？

阿 那是毫無疑問的。

蘇 凡是善的都不是有害的，是不是？

阿 照我看，善的就沒有害。

蘇 不是有害的東西是否做有害的事呢？

阿 當然不會。

蘇 不做害事的東西是否生禍呢？

阿 不。

蘇 不生禍的東西會是禍的因麼？

阿 那怎麼可能呢！

蘇 那麼，凡是善的都是有益的？

阿 對。

蘇 它是福的因？

阿 對。

蘇 照這樣說。善不是一切事物的因，它只是善的事物的因，而不是惡的事物的因，只是福的因而不是禍的因。

阿 這是不可辯駁的。

蘇 神既是善的，他就不能像多數人所說的，爲一切事物的因。人所碰到的事情之中只有少數是由神造因，多數都不是的，因爲人生中好的事情少而惡的事情多，好的只有歸原於神，惡的須另找原因，不能由於神。

阿 我看你說的頂對。

蘇 那麼，我們就不能聽荷馬或其他詩人說這樣謾神的話：

宙斯官門前擺著兩個大桶，
一桶裝著福，一桶裝著禍；

宙斯把這種命運混在一起分配給人，

那人有時碰到福，有時碰到禍，

但是有人只從宙斯得到禍。

飢餓驅逐他在豐足的地面上到處流亡；[4]

我們也不能相信這樣的話：

宙斯是禍與福的分配者。[5]

如果有詩人說，希臘人和特洛亞人背棄休戰誓約是由於宙斯和雅典娜所慫恿的——這

4 以上這幾句詩見《伊利亞特》卷二十四。

5 出處不詳。

本來是由潘達洛斯[6]——或是說，忒彌斯和宙斯釀成神與神的紛爭[7]，我們就不能讚許他。我們也不能准允年輕人聽埃斯庫羅斯[8]說這樣的話：

神要想把一家人滅絕，
先在那人家種下禍根。

如果一個詩人要用尼俄柏的災禍——像上面兩行詩所自出的那部悲劇——珀羅普斯家族，特洛亞戰爭之類故事為題材[9]，我們不能准許他說這些災禍都是神做的事。如果他這樣說，他也應該說明一個理由，像我們現在所要找的。他必須說，神所做的只有好的、公正的，懲罰對於承受的人們是有益的。我們不能准許詩人說，受懲罰的人們是悲

6 見《伊利亞特》卷四。希臘人和特洛亞人立約休戰，宙斯聽了赫拉的話，遣雅典娜去特洛亞軍營，喬裝為凡人，慫恿潘達洛斯放暗箭射傷希臘將領墨涅拉俄斯（海倫的原夫），於是戰爭又起來了。

7 見《伊利亞特》卷二十。神分成兩派，一派幫助希臘，一派幫助特洛亞，都參加了戰爭。

8 埃斯庫羅斯是希臘三大悲劇家中最早的一位。引的兩行詩大約是從《尼俄柏》悲劇中摘來的，這部悲劇已不存在。尼俄柏是忒拜的王后，篤愛子女，很驕傲，自以為比阿波羅的母親子女更多，遭神譴，子女全被射死，自己化成流淚石。

9 珀羅普斯據說是宙斯的曾孫，他的後裔最著名的是阿伽門農和墨涅拉俄斯，荷馬史詩中的重要角色；阿伽門農是埃斯庫羅斯的一部悲劇的主角。特洛亞戰爭是荷馬史詩的主題。

苦的，而造成他們的悲苦的是神。他可以說，壞人是悲苦的，因爲他們需要懲罰，從神得了懲罰，他們就得到了益處。我們要盡力駁倒神既是善的而又造禍於人那種話；如果我們的城邦想政治修明，任何人就不能說這種話，任何人也就不能聽這種話，無論老少，無論說的是詩還是散文。因爲說這種話就是大不敬，對人無益，而且也不能自圓其說。

阿 這條法律我看很好，我贊成把它規定下來。

蘇 那麼，關於神的第一條法律和規範要人或詩人們遵守的就是：神不是一切事物的因，只是好的事物的因。

阿 那就夠了。

蘇 第二條法律怎樣定呢？在你看，神是不是一個魔術家？他是不是故意要在不同的時候現不同的形狀，時而現他的原形，時而拋開原形來變成許多不同的形狀，時而用這類變形來欺哄我們，使我們認假成眞呢？還是純然一體，常住不變呢？

阿 我不能馬上回答這個問題。

蘇 那麼，就請回答這個問題：如果一件事物改變它的原來形狀，這改變不是只有兩種可能，不是由自變，就是由他變麼？

阿 不錯。

蘇 最完善的東西就最不容易受外來影響的變動。舉例來說，身體最強健的人不容易受飲食或勞作的影響，最茁壯的草木也不容易受風日之類影響。你看是不是？

阿 當然。

蘇 那麼，最勇最智的心靈不是最不容易受外來影響的擾動麼？

阿 不錯。

蘇 這個原則也可以應用到人工製作的東西，例如器具、房屋、衣服之類。質良工精的就最不容易受時間之類影響的變動。

阿 的確如此。

蘇 那麼，一切事物，無論是天生的還是人爲的，若是它本身完善，就最不容易受外來影響的改變。

阿 當然。

蘇 可是神以及一切有神性的東西都是最完善的？

阿 不錯。

蘇 所以最不容易受外來影響而改變形狀的就是神？

阿 的確。

蘇 神是否自動地要改變自己呢？

阿 如果他改變，就只有由自變。

蘇 如果他由自變，想變好變美，還是想變壞變醜呢？

阿 如果他要變，一定不免變壞。因爲我們絕不能說，神在善或美方面還有欠缺。

蘇 你說的對極了。既然如此，阿狄曼圖，你想神或人會故意把自己變得比原來壞嗎？

阿 那是不可能的。

蘇 那麼，神要自動地改變自己，也就不可能；因爲他既是盡善盡美的，自然就永遠使自己的形狀純一不變。

阿 我看這是必然的。

蘇 那麼，我的好朋友，就不要讓任何詩人告訴我們說：

> 神們喬裝異方的遊客，
> 取各種形狀周遊城市。[10]

也不要讓他對普洛透斯和忒提斯[11]說許多謊，或在悲劇裡或別種詩裡把赫拉天後寫成一個喬裝的女道士化緣：

---

10 見《奧德賽》卷十七。

11 普洛透斯見第二三三頁註28；忒提斯是女海神，嫁了凡人，生了阿喀琉斯，她也善變形。

為著阿耳戈斯的河——伊那科斯[12]——的賦予生命的女兒們。

我們不能再有這類的謊話。我們不能讓母親們受詩人的影響，拿些壞故事來嚇唬兒童，說有些神喬裝許多異方人的形狀，在黑夜裡到處遊行。講這樣的故事，她們就不但瀆犯了神，也使兒童們變怯懦了。

阿 那是不能允許的。

蘇 神們本來不變，是否要用魔術來欺哄我們，以各種形狀出現，要使我們信以爲眞呢？

阿 也很可能。

蘇 那麼，你以爲神願意在言語上或行爲上撒謊嗎？他不用本來面目而要用變形來出現？

阿 我不知道。

蘇 你知不知道凡是神和人都厭惡眞謊——如果我們可以用這樣一個名詞？

阿 什麼叫作眞謊？

蘇 眞謊就是在自己性格中最高貴的那方面，對於最重大的事情所撒的謊，我以爲沒有人肯故意撒這種謊。每個人都最怕在這方面撒謊。

阿 我還是不大懂。

---

12 伊那科斯本是河名。希臘有一部諷刺劇以此為主題，作者和書均已失傳。

蘇　那是因爲你以爲我在說什麼神祕的話。我的意思只是說，在他的心靈方面，對於事物的本質或則說眞實體，甘心受迷惑，處在蒙昧無知的情況，人在心靈裡對於眞理藏著一個謊，那是任何人都最厭惡的事。

阿　你說的頂對。

蘇　所以凡是受迷惑的人在心靈裡的蒙昧無知，就恰是我所謂眞謊。言語上的謊是這種心靈狀態的仿本或影像，起來較後，而且不是完全純粹的謊。你看對不對？

阿　很對。

蘇　這種眞謊是不是神和人所同厭惡的？

阿　我看是這樣。

蘇　言語上的謊怎樣呢？它是否有時對於某種人頗有用，所以不是可厭惡的？對付敵人它是很有用的，而且就連我們稱爲朋友的人們，由於瘋狂或愚蠢的緣故，或許動念要做一件壞事，說謊話打消他們的念頭，還是一種救藥的方法。再比如說，我們剛才所提到的那些故事，我們對於這類古代事的眞相既然不知道，就盡量把假的說得合乎眞理，也還是很有用處。你看對不對？

阿　那當然是對的。

蘇　你看是爲著這些理由中哪一層，謊對於神有用呢？他把謊話粉飾成眞話，因爲他對古代事不知道嗎？

阿 那樣說是很可笑的。

蘇 那麼神就不能看成一個撒謊的詩人了？

阿 我想不能。

蘇 他怕敵人才撒謊嗎？

阿 不會有那樣事。

蘇 由於他的朋友們瘋狂或愚蠢嗎？

阿 不，沒有愚人或瘋子是神的朋友。

蘇 那麼，神就沒有什麼理由要撒謊了？

阿 沒有。

蘇 那麼，神，以及一切有神性的，完全不可能說謊了？

阿 絕對不可能。

蘇 所以神在本性上是純一的，在言語和行爲上是眞實的，他並不改變自己；他也不欺哄旁人，無論是用形象，用語言，還是在醒時或夢中用徵兆，來欺哄。是不是？

阿 聽過你這番話之後，我也是這樣想。

蘇 那麼，你就要贊成規定一切詩文描寫到神的第二條法律了，就是神們不是一些魔術家，不變化他們的形狀，也不在言語或行動上撒謊來欺哄我們。

阿 我贊成。

蘇　那麼，我們雖然讚賞荷馬的許多東西，卻不能讚賞他所講的宙斯在阿伽門農睡中托夢的故事[13]，也不能讚賞埃斯庫羅斯所寫的忒提斯追述阿波羅在她的婚禮中唱歌的那一段詩：

> 預告了她做母親的幸福，許她生些兒女，都無災無恙，長命到老；預告了我一生的命運都受著神們的保佑，我聽到不禁衷心歡喜。我原來願望從他神明的口出來的既是預言，就不會有謊言。可是唱這歌的歌者，這位參加過我的婚筵的上賓，就是他殺了我的兒子。[14]

一個詩人對於神說出這樣的話，我們就應該激起義憤了，就不能給他一個合唱隊來表演他的劇本了[15]，我們也不能准許教師們用他的詩來教育年輕人，如果我們希望我們的城邦的保衛者能盡人所能爲的去敬神，求和神一樣。

13　見《伊利亞特》卷二。宙斯要害希臘人，遣夢神告阿伽門農趕快出兵，結果希臘人打了敗仗。
14　這個劇本已失傳。
15　希臘戲劇的合唱隊和演員團體是分開的，合唱隊由城邦當局供給，但也要由詩人導演。

阿 我完全贊成這些規範，願意把它們定成法律。[16]

蘇 關於神學的原則，大致就像上面所說的。我們像已決定了我們的兒童該聽哪些故事，不該聽哪些故事，用意是要他們長大成人時知道敬神敬父母，並且互相友愛。

阿 我們的決定是合理的。

蘇 現在我們要考慮另一個問題，如果我們要他們勇敢，是不是應該讓他們聽一些故事使他們盡量不怕死呢？你想一想，一個人心裡怕死，還會勇敢嗎？

阿 當然不會。

蘇 一個人若是相信陰間以及陰間可怕的情形，他會不怕死嗎？打起仗來，他會寧願死不願敗，不願做奴隸嗎？

阿 絕不會。

蘇 那麼，我們就應該監督說這類故事的詩人們，告訴他們講到陰間時，不要一味咒罵它，像他們所常做的那樣，最好是把它寫得好看一點；他們原先講的那些故事既不眞實，對於預備做戰士的人們也不合宜。

阿 我們應該這樣辦。

蘇 那麼，我們應該勾銷像以下這幾段那一類詩，先從這一段起：

16 原文卷二在此終結。

我寧願活在人間做奴隸，
或是跟貧苦無地的人當雇工，
也不願丟開生命到陰間，
在死人叢中擺皇帝的威風。[17]

和這一段：

閻王望這陰森鬼閴的地方，
——連神們也會厭惡它骯髒——可朽者和不朽者都來瞻仰。[18]

和這一段：

哎，我們死後到了閻王的世界，

17 見《奧德賽》卷十一。
18 見《伊利亞特》卷二十。

只剩下一片魂影，沒有感覺。[19]

和這一段：

只有忒瑞西阿斯還像生前聰明，
其餘的全是些倏忽去來的陰影。[20]

和這一段：

他的靈魂脫體後就向陰間逃奔，
哀嘆他的命運，夭折在青春。[21]

和這一段：

19 見《伊利亞特》卷二十三。
20 見《奧德賽》卷十。忒瑞西阿斯是瞎子預言家，死後還保留感覺力。
21 見《伊利亞特》卷十六。

他的靈魂發了一聲長嘆，
就像一陣輕霧落到下界消散。[22]

和這一段：

像幽靈憑依的空崖洞裡蝙蝠，
中間一個從崖壁上掉下亂捕，
一個抓著一個四處唧唧飛奔，
這些鬼魂們成群地飛奔哀哭。[23]

我們要請荷馬和其他詩人們不必生氣，如果我們勾銷去這些以及類似的段落，這倒不是因爲它們是壞詩，也不是因爲它們不能悅一般人的耳，而是因爲它們愈美，就愈不宜於講給要自由，寧死不做奴隸的青年人和成年人聽。

阿 理應如此。

22 見《伊利亞特》卷二十三。
23 見《奧德賽》卷二十四。

蘇 我們也應該取消一些令人毛骨悚然的字樣，像「嗚咽河」，「恨河」[24]，「泉下鬼」，「枯魂」之類，聽到這些字樣的聲音就夠叫人打寒顫。它們也許有別的用處，但是對於我們的城邦的保衛者們，我怕它們所引起的寒慄會使他們的勇氣消沉。

阿 你這種顧慮是對的。

蘇 我們可否把這類字樣勾銷？

阿 應該。

蘇 我們在詩文裡是否應該用和這些相反的聲調？

阿 當然。

蘇 詩人常讓偉大人物們痛哭哀號，這些當然也應勾銷去了？

阿 它們理應一律勾銷。

蘇 想一想勾銷有沒有理由。我們認爲一個好人不會以爲死對於另一個好人——他的朋友——有什麼可怕。

阿 我們是這樣看。

蘇 那麼，他就不會因爲那個朋友死了就痛哭，好像那個朋友遭了什麼可怕的災禍。

阿 他不會哭。

---

24 「嗚咽河」和「恨河」都是圍繞地獄的河。

蘇　我們還可以說，這樣一個人最能夠單憑他自己去把生活弄得美滿，比起一般人來，他最無須倚賴旁人。

阿　的確。

蘇　所以丟了一個兒子或弟兄，或是丟了財產之類，對於這樣一個人絕對沒有什麼可怕的。

阿　當然。

蘇　他遭遇到這類災禍，就不像旁人那樣哭哭啼啼的，會處之泰然。

阿　這是一定的。

蘇　那麼，我們就有理由把著名英雄的痛哭勾銷，把這種痛哭交給女人們，交給凡庸的女人們和儒夫們，使我們培養起來保衛城邦的人們知道這種弱點是可恥的。

阿　很對。

蘇　我們就要再請荷馬和其他詩人把阿喀琉斯，一個女神的兒子，不描寫成：

輾轉反側，時而面朝天，時而面朝地；[25]

時而站起沿空海岸行走，哀慟得像要發狂；時而用雙手抓一把黑灰撒在頭上；時而痛哭

25 見《伊利亞特》卷二十四。

流涕，像荷馬多次描寫的。[26]他們也不能把普里阿摩斯，一位血統和神很近的國王，描寫成：

在灰土裡打滾，一個個叫名字，
哀求他的所有的戰士。[27]

我們要更鄭重地請求他們不要在詩裡讓神們這樣痛哭：

哎呀！我真不幸，做了一個英雄的母親。[28]

如果他們要提到神們，他們不應冒昧地把最偉大的神描寫得失去本來面目，使他說出這樣的話：

26 見《伊利亞特》卷十八。
27 見《伊利亞特》卷二十二。普里阿摩斯是特洛亞的老國王，傳說是宙斯的七世孫。
28 見《伊利亞特》卷十八。阿喀琉斯因愛友戰死悲慟，他的母親忒提斯這樣哭他。

哎呀，我親眼看見我心愛的英雄，
被人驅逐著繞著城牆逃跑，心裡真痛。[29]

以及：

哎呀，薩珀冬在人類中是我最鍾愛的，
老天命定他要死在帕特洛克羅斯的手裡。[30]

親愛的阿狄曼圖，如果我們的年輕人認眞聽這類話，不把這些弱點看成不是神們所能有的而嘲笑它們，我們就很難使他們相信這些弱點是他們自己所不應該有的，因爲他們究竟不過是凡人；我們也很難希望他們碰到自己做這種事說這種話時，知道責備自己。他們就會既不知羞恥，又沒有勇氣，遇到很微細的災禍也要痛哭流涕了。

阿 你說的一點不錯。

蘇 這種情形是必須防止的，我們已經說出了我們的理由，除非旁人拿出一個更好的理由

29 見《伊利亞特》卷二十二。特洛亞大將赫克托被阿喀琉斯戰敗，繞城逃跑。宙斯望見，發這個嘆息。
30 見《伊利亞特》卷十六。薩珀冬是特洛亞的猛將，被帕特洛克羅斯戰敗身死。宙斯預知他要戰死，發這個嘆息。

來，我們不能放棄它。

阿 是的，那必須防止。

蘇 我們的保衛者也不應該動不動就笑，因爲暴烈的笑總不免就有同樣暴烈的心理反響跟著來。

阿 我也是這樣想。

蘇 所以我們不准詩人把一個好人寫成輕易就發笑，尤其不能把神們寫成這樣。

阿 當然。

蘇 我們就不能准許荷馬這樣形容神們：

> 神們都哄堂大笑不止，
> 看見火神在宴會廳裡跛來跛去。[31]

依你的理由，這是不能准許的。

阿 如果你說那是我的理由，就讓你那麼說吧，我承認那是不能准許的。

蘇 還有一層，誠實應該特別重視。如果我們剛才所說的那番話不錯，神用不著說謊，人也

31 見《伊利亞特》卷一。火神赫淮斯托斯替參加會議的神們斟酒。

用不著說謊，除非把謊當作一種醫療的方法。很顯然，醫療的方法只有醫生可以用，普通人不能用它。

阿 那是很顯然的。

蘇 所以只有城邦的保衛者可以說謊，來欺哄敵人或公民，目的是爲著國家的幸福。此外一切人都不能說謊。我們以爲普通公民如果向保衛者說謊，比起病人欺哄醫生，學生向體育教師隱瞞他的身體狀況，或是水手不把船和船員的眞相告訴船長，他所犯的罪在原則上雖相同，實際還要嚴重得多。

阿 一點不錯。

蘇 所以城邦的保衛者如果發見一個普通公民說謊，

無論他們是哪一行手藝人巫師、醫生或是木匠，[32]

都要懲罰他，因爲他行了一個辦法，可以顚覆國家，如同顚覆一只船一樣。

阿 當然要懲罰，如果話說到就要做到。

蘇 其次，我們的年輕人是否要有節制？

32 見《奧德賽》卷十七。

阿 當然。

蘇 一般說來，節制的要點是不是一方面服從保衛者的統治，一方面自己能統治飲食色之類感官欲？

阿 對的。

蘇 那麼，我想我們要讚賞荷馬讓狄俄墨得斯說的那種話：

朋友，坐下息怒，來靜聽我的話，[33]

和下文兩句：

希臘人鼓著勇氣鴉雀無聲地前進，[34]
他們的靜默顯出對他們將領的畏敬。[35]

---

33 見《伊利亞特》卷四。希臘大將阿伽門農勸將官們拿出勇氣打仗，一位將官不服，狄俄墨得斯勸他服從。

34 見《伊利亞特》卷三。

35 見《伊利亞特》卷四。

以及類似的詩句。

阿 頂好。

蘇 你看這句話怎樣：

> 你這醉鬼，面惡於狼，膽小於鼠，[36]

以及下文那些詩句？還有在詩文中有許多普通人咒罵統治者的魯莽話，你看好不好？

阿 都要不得。

蘇 當然要不得。我不相信年輕人聽了這類話，可以學會有節制。這類話可以使他們得到另一種快感，這倒不足爲奇。你以爲如何？

阿 我和你一樣想。

蘇 詩人讓一個最聰明的人說世間最美的事是：

> 席上擺滿了珍饈食品，
> 酒僮從瓶裡倒酒不停，

36 見《伊利亞特》卷一。阿喀琉斯罵阿伽門農的話。

斟到杯裡勸客人痛飲，[37]

你想年輕人聽到這種詩能學會自制麼？再如：

最慘痛的死是死於飢餓，[38]

以及關於宙斯的故事，說他當神和人們都睡著時，還不去睡，在訂他的計畫，可是色慾一動，就把什麼都忘了，看見赫拉後，不肯等到回到臥房，就要在當時當地和她性交，說他從來沒有現在那樣熱烈的興致，就連他和她從前瞞著父母第一次偷情時也還比不上[39]；再如戰神和阿佛洛狄忒私通被火神捉住綁起的故事[40]；你覺得它們怎樣？

阿 我以為這類故事絕對不宜於說給年輕人聽。

蘇 但是如果有堅忍不屈的事蹟，無論是現在英雄們做的，或是在詩歌裡傳述的，這些才是

---

37 見《奧德賽》卷九。「最聰明的人」是俄底修斯。

38 見《奧德賽》卷十二。

39 見《伊利亞特》卷十四。

40 見《奧德賽》卷八。阿佛洛狄忒原是火神的妻。

我們應該見聞的。例如：

俄底修斯拍著胸膛向自己的心說：
忍著吧，心，你忍受過更大的痛苦。[41]

阿 你說的對。

蘇 我們也不能讓保衛者們愛財或是受賄。

阿 當然不能。

蘇 那麼，這種詩就不能讓他們聽：

禮物能說服神，也能說服可敬的國王，[42]

我們也不能讚美阿喀琉斯的教師福尼克斯，以為他勸阿喀琉斯得了禮物才去援救希臘

---

41 見《奧德賽》卷二十。俄底修斯打過十年仗，又浮過十年海，初回家時看見成群的人在他家裡吃喝，向他妻子求婚。他壓下氣憤，想方法把他們一齊殺掉。參看第十一頁註14。

42 這句話本是希臘古諺。

人，否則不要平息他的忿恨[43]，是勸得有理；我們也不能相信或承認阿喀琉斯是那樣貪婪，肯收阿伽門農的禮物[44]，或是得了禮物才肯歸還赫克托的屍體[45]。

阿 讚美這類事蹟當然不妥當。

蘇 我雖然欽佩荷馬，不敢說出，卻又不能不說出，他對於阿喀琉斯說了這些話，或是輕聽旁人的報告把這些事信以爲眞，未免犯了大不敬。我也不相信阿喀琉斯向阿波羅說出這樣唐突的話，

> 你，神中最惡毒的，橫加我這樣侮辱，
> 若是我有權勢，我要狠狠地對你報復；[46]

我不信他頑強地反抗河神，膽敢和他交戰；[47]或是他既然把自己的頭髮供奉給另一個河

---

43 見《伊利亞特》卷九。希臘人戰敗，阿喀琉斯因為和阿伽門農為爭女俘事吵過嘴，坐視不救。

44 見《伊利亞特》卷十九。阿喀琉斯得了禮物，和阿伽門農講和，才肯出馬打仗。

45 見《伊利亞特》卷二十四。阿喀琉斯把赫克托戰敗打死了。赫克托的老父普里阿摩斯帶禮物去希臘軍營。才把他的屍首贖回。

46 見《伊利亞特》卷二十二。阿波羅援助特洛亞人。阿喀琉斯因此咒罵他。

47 見《伊利亞特》卷二十一。

神，斯珀勾斯，還居然向他說：

我要把這股頭髮獻給帕特洛克羅斯。[48]

而且居然照這話做了。我們否認他拖著赫克托的屍體繞著帕特洛克羅斯的墓走，以及把俘虜殺死，拋到火葬的柴堆裡去燒之類故事是眞的。我們不能讓我們的保衛者相信：阿喀琉斯既然有女神做母親，而且又有源出宙斯的聰明的珀琉斯做父親，又從哲人刻戎受過教育，心裡還那樣糊塗，有兩種相反的毛病混在一起；一方面卑鄙貪婪；一方面對神和人都很傲慢。[49]

阿　你說的對。

蘇　此外我們也不要相信，而且不能准人說，忒修斯既然是海神波塞冬的兒子，庇里托俄斯既然是宙斯的兒子，曾經犯過可怕的強姦罪，[50]或是任何神的兒子，任何英雄，敢做出

48　見《伊利亞特》卷二十三。帕特洛克羅斯是阿喀琉斯最寵愛的朋友，他戰敗身死，阿喀琉斯極悲慟，替他舉行大追悼會，後來他親身出戰，打死了殺他愛友的赫克托，就把這仇人的屍體拖著繞墓遊行。

49　希臘神話中人神雜糅。許多英雄據說都是神的後裔，阿喀琉斯的母親是忒提斯（水神的女兒），父親是珀琉斯，宙斯的後裔。

50　忒修斯是希臘傳說中一個大力士，他常在打過勝仗或立過大功之後，搶劫婦女。例如他戰敗了阿瑪宗女兵國，就

那樣可怕的謾神的事，像一些荒唐故事所說的。我們要強迫我們的詩人做一個聲明，說英雄們沒有做過這類事，否則就說他們並不是神們的子孫。我們不能讓詩人使我們的年輕人相信：神可以造禍害，英雄並不比普通人好。我們早就說過，這類故事既大不敬，而且也不眞實；我們已經證明過，禍害不能從神那裡來。

阿　這是不可辯駁的。

蘇　而且這類故事對聽衆也有害處。聽說過英雄們，

> 神們的子孫，宙斯的嫡傳，
> 他們在伊達高峰筑了祭壇向宙斯頂禮，而神明的血液還在他們的血脈中循環，51

像這樣的英雄們也做過同樣的壞事，誰不自寬自解，以爲自己的壞事可以原諒呢？所以我們必須禁止這類故事，免得年輕人聽到容易做壞事。

擄去女兵國王。據另一傳說，他劫掠過有名的海倫。這是他和庇里托俄斯合夥所為。這兩人又到過陰間，想劫掠閻王的王后珀塞福涅，但是被閻王抓住綁在岩石上。

51 這段詩來源不明。有一說以為它是從埃斯庫羅斯的一部失傳的《尼俄柏》悲劇來的。伊達山在克里特島上，據說宙斯是在那裡長大的。

阿 當然。

蘇 我們討論過詩的題材哪些是合宜的，哪些是不合宜的，是否還有哪些我們沒有提到呢？詩人應該怎樣描寫神靈、英雄和陰間，算是已經決定了。

阿 不錯。

蘇 還剩下關於人的一類故事，是不是？

阿 是，很顯然的。

蘇 但是我們暫時還不能替這類故事定下規律。

阿 爲什麼緣故？

蘇 因爲我這樣想，要定規律我們就得說：詩人們和做故事的人們關於人這個題材在最重要的關頭都犯了錯誤，他們說，許多壞人享福，許多好人遭殃；不公正倒很有益，只要不讓人看破，公正只對旁人有好處，對自己卻是損失。我以爲我們應該禁止他們說這類話，命令他們在詩和故事中所說的話要恰恰和這類話相反，是不是？

阿 我們應該這樣辦。

蘇 在這一點上你既然承認我是對的，你就得承認我們許久以來所要證明的那道理[52]也是對

52 《理想國》前部分討論「正義」的本質，有人說正義不一定有好報應。蘇格拉底反對這種看法。不過這問題還沒有得到最後的結論，所以他這樣說。他「所要證明的那道理」就是正義是有益於人的。

的，是不是？

阿 你的推斷是正確的。

蘇 我們既然找到了正義的本質，發現正義對有正義的人根本是有益的，不管有沒有人知道他有正義。我們既然知道這個道理了，就可以說，關於人的一類故事應該符合這個道理，是不是？

阿 對極了。

蘇 關於題材，話已經說夠了。現在我想應該研究語文體裁問題，然後我們就算把「說什麼」和「怎樣說」兩個問題都徹底討論過了。[53]

阿 我不懂你的意思。

蘇 我要設法使你懂。也許這樣去看，你就容易懂些，故事作者們和詩人們所說的不都是對於過去、現在和未來事情的敘述？

阿 當然，沒有別的。

蘇 他們是用單純敘述，模仿敘述，[54]還是兩法兼用呢？

阿 請你把話說明白一點。

---

53 以上討論文學的內容，以下討論文學的形式。

54 即「間接敘述」和「直接敘述」（戲劇式的敘述）。

蘇　我顯然是一個很可笑的教師，不能把話說得明白，我且學那不會說話的人們的辦法，把原則丟開不管，只拿一個具體的事例來說明我的意思。你記不記得《伊利亞特》史詩的開頭？荷馬說起克律塞斯向阿伽門農請求贖回他的女兒，阿伽門農很傲慢地拒絕了，於是克律塞斯就向神禱告，祈求神讓希臘人遭殃[55]。你記得不？

阿　我還記得。

蘇　你記得，一直到

他向希臘人懇求遍了，
尤其是他們的領袖，阿特柔斯的兒子們。[56]

那兩行，詩人都以自己的身分在說話，不叫我們以爲說話的是旁人而不是他。但是從這兩行以下，他好像就是克律塞斯自己在說話，盡量使我們相信說話的不是荷馬而是那

55 見《伊利亞特》卷一。阿伽門農擄了特洛亞的一個女人做妾，她的父親克律塞斯是阿波羅神的司祭，帶禮物來贖，阿伽門農不許，他就祈禱阿波羅懲罰希臘人。

56 見《伊利亞特》卷一。阿特柔斯是希臘兩個主將阿伽門農和墨涅拉俄斯（海倫的丈夫）的父親。

老祭司本人。荷馬採用了這個方法來敘述大部分在特洛亞和在伊塔刻[57]兩地所發生的事情，整部《奧德賽》也是這樣寫的。

阿 的確如此。

蘇 無論是詩人在說話，還是當事人自己在說話，都要算敘述，是不是？

阿 不錯。

蘇 詩人站在當事人的地位說話時，是否要盡量使那話的風格口吻恰符合那當事人的身分？

阿 當然。

蘇 一個人使自己在聲音容貌上像另一個人，他是不是模仿那個人？

阿 當然。

蘇 所以在這些事例中荷馬和其他詩人用模仿來敘述？

阿 不錯。

蘇 另一方面，如果詩人永遠不隱藏自己，不用旁人名義說話，他的詩就是單純敘述，不是模仿。免得你再說不懂，我可以說明這是怎樣辦的。荷馬已經說過克律塞斯怎樣帶了禮物來贖他的女兒，怎樣懇求希臘人，尤其是懇求他們的領袖，如果在這段之後，他不是

---

57 伊塔刻是俄底修斯所統治的小國，荷馬的兩部史詩中《伊利亞特》的主要的背景在特洛亞，《奧德賽》的主要的背景在伊塔刻。

變成克律塞斯在說話，而還是他荷馬本人，那就不是模仿而是單純敘述了。用單純敘述，這段故事就會大約像這樣——我不用韻律，因爲我並不是一個詩人——「那祭司來了，禱告神們保佑希臘人攻下特洛亞城，平安回國；然後他向希臘人懇求，請他們看在阿波羅神的面子上[58]，接受他的禮物，放回他的女兒。他的話說完了，旁的希臘人都尊敬他，表示可以准許他的懇求；只有阿伽門農在發怒，吩咐他走開，並且不准他再來，否則他的神杖和頭巾保護不了他那條老命；他的女兒不能贖，須陪他阿伽門農在阿耳戈斯[59]過到老。如果他想活著回去，最好快點滾開，不要惹他生氣。那老人聽了這番話，心裡很害怕，一聲不響地走了。但是離開希臘軍營之後，他向阿波羅禱告，用神的許多名號呼他，請神記起他過去一切敬神的功德，修蓋廟宇和奉獻犧牲，現在求他報答，求神的箭射殺希臘人，來賠償他的眼淚。」朋友，這就是不用模仿的單純敘述。

阿　我懂得了。

蘇　那麼，你也就懂得與此相反的形式，就是把對話中間所插進的詩人的話完全勾銷，只剩下對話。

阿　我也懂得。悲劇就是這種情形。

58　因為克律塞斯是阿波羅神的祭司。

59　阿耳戈斯是阿伽門農所統治的小國。

蘇 你懂的一點不錯。我想從前不能使你明白的，現在可以使你明白了，就是凡是詩和故事可以分爲三種：第一種是從頭到尾都用模仿，像你所提到的悲劇和喜劇；第二種是只有詩人在說話，最好的例也許是合唱隊的頌歌[60]；第三種是模仿和單純敘述摻雜在一起，史詩和另外幾種詩都是如此。你懂得吧？

阿 我現在懂得你的意思了。

蘇 你該還記得，我們說過，在詩的題材或內容上我們已經得到一致的意見了，還要討論的是它的形式。

阿 我還記得。

蘇 我原要想說的就是這形式問題。我們應該決定是否准許詩人們用模仿來敘述，如果可以用模仿，還是通篇用或部分用，在什麼樣情形才應該用那個形式，還是完全禁止用模仿的形式。

阿 我猜想，你的意思是要決定我們是否准許我們的城邦裡有悲劇。

蘇 也許，也許還不只此，我現在還不知道。看理路的風向哪裡吹，我們就向哪裡走。

阿 好的，我們就這樣辦。

蘇 阿狄曼圖，想一想我們的保衛者是否應該做模仿者。從我們已經說過的那番話看來，每

60 希臘悲劇到每段情節告一個段落時。都由合唱隊唱一段歌，這歌是站在旁邊地位，把情節略加復述而加以讚嘆。

個人只能做好一件事，不能同時做好許多事，如果他想做許多事，就會哪一件都做不很好。這個看法不就已替這問題找到了答案嗎？

阿 當然。

蘇 這話可不可以應用到模仿？同一個人模仿許多事，不如模仿一件事做得那樣好。

阿 當然不能。

蘇 他更不能一方面擔任一件重要職務，一方面又做一個模仿者模仿許多事；因爲同一個人從事於很相近的兩種模仿形式，也不能成功，比如說悲劇和喜劇。你剛才不是把悲劇和喜劇看作模仿嗎？

阿 我是把它們看作模仿，你說的有理，同一個作家不能在悲劇和喜劇兩方面都成功。

蘇 一個人同時做誦詩人和演戲人，也不能成功。

阿 眞的。

蘇 我們甚至於發現同一個演員不能既演悲劇又演喜劇。可是這些都不過是模仿，是不是？

阿 一點不錯。

蘇 阿狄曼圖，我看人的本性好像劃分成許多小部分，所以一個人不能把許多事模仿得好，也不能把模仿的藍本那許多事本身做得好。

阿 的確如此。

蘇 那麼，如果我們堅持原來的意思，以爲保衛者們必須卸去一切其他事務，專心致志地保衛國家的自由，凡是對這件要務無補的他們都不該去做；那麼，除了這件要務以外，他就不應該做旁的事，也不應該模仿旁的事了。如果他們要模仿，也只能從小就模仿適合保衛者事業的一些性格，模仿勇敢、有節制、虔敬、寬宏之類品德；可是卑鄙醜惡的事就不能做，也不能模仿，恐怕模仿慣了，就弄假成眞。你注意到沒有，模仿這玩藝如果從小就開始，一直繼續下去，就會變成習慣，成爲第二天性，影響到身體、聲音和心理方面？

阿 我注意到，的確如此。

蘇 那麼，我們就不能讓我們所要關心的人們，男子們，而且長大要成爲好人的男子們，去模仿一個女人，不管是老是少，和丈夫吵嘴，咒天罵神，快活得發狂，或是遭點災禍便傷心流淚；我們尤其不能讓他們模仿女人生病、戀愛、或是臨產。

阿 的確不能讓他們模仿這些。

蘇 他們也不能模仿奴隸，不管是男是女，在做奴隸的事。

阿 不能。

蘇 也不能模仿壞人、懦夫、或是行爲與我們所規定的相反的那些人們，互相譏嘲謾罵，不管在清醒還是在醉酒的時候，或是做壞事、說壞話，像這類人做人處世所常表現的。此外，我想他們也不應該在言行上模仿瘋子。他們應該認識瘋子、壞男人和壞女人，但是不應該做這類人所做的事，也不能模仿它們。

阿　你的話對極了。

蘇　他們可不可以模仿鐵匠和其他手藝人、船夫、船長、或是這一類人呢？

阿　他們既然不准從事這類人的行業，怎麼可以模仿他們呢？

蘇　他們可不可以模仿馬叫牛叫、模仿河流聲和海嘯聲、模仿打雷聲以及如此等類的事情呢？

阿　不能，因為他們不准發瘋或是模仿瘋子。

蘇　如果我沒有誤解你的意思，你是說敘述的語文體裁有兩種，一種是眞正好人有話要說時所用的；另一種是性格和教養都和好人相反的那種人所慣有的。

阿　哪兩種呢？

蘇　一個好人若是要敘述到一個好人的言行，我想他願意站在那好人本人的地位來說話，不以這種模仿為恥。他對於那好人的堅定聰慧的言行，會特別模仿得認眞；若是那好人遭遇到疾病、戀愛、酖醉或是其他不幸的事，他就模仿得少些。但是他若是要敘述一個不值得他瞧得起的人，他就不會肯認眞去模仿那個比他低劣的性格，除非偶然他碰到那人做了一點好事，才模仿他一點。此外，他會以模仿這種人為可恥，因為他對於模仿這種性格素無訓練，而且也不願降低身分來取他所鄙視的人物做模範來模仿，除非是偶然開玩笑。

阿　理應如此。

蘇 所以他會用我們在前面談荷馬詩時所說過的那種敘述形式，一部分用單純敘述，一部分用模仿敘述，但是模仿敘述只占一小部分。你是不是這樣看？

阿 不錯，敘述者的模範應該如此。

蘇 至於性格與此相反的人，性格愈卑劣，他也就愈能無所不模仿，看不到什麼可以降低他的身分的事情，所以他會在大庭廣衆之中，故作正經地模仿我們在前面所說的一切，打雷、颳風、下冰雹的聲音、輪盤、滑車的聲音、號角、簫、笛以及各種樂器的聲音，乃至於雞鳴、狗吠、羊叫的聲音。所以他的敘述幾乎全是聲音姿勢的模仿，很少用單純敘述。

阿 那是一定的。

蘇 語文體裁就是這兩種，是不是？

阿 就是這兩種。

蘇 頭一種不帶激烈的轉變，如果譜出樂調，找一個節奏，來配合它的詞句，我們幾乎可以從頭到尾都用同一個調子，只用很輕微的變化，就可以表現得很正確，節奏也大致是均匀一致的。你看是不是這樣？

阿 你說的很對。

蘇 另外那種語文體裁怎樣？是否恰恰相反？要妥當地表現它，是否必須雜用各種樂調和各種節奏，因爲它有各種轉變？

阿 的確如此。

蘇 凡是詩人以及一般作家是不是要在這兩種語文體裁中選用一種，或是兩種摻雜著用？

阿 當然不可能有其他辦法。

蘇 我們是否應該准許在我們的城邦裡採用這三種體裁呢？還是只准用單純敘述或模仿，還是也准用混合體呢？

阿 如果依我的意見，我們只准用模仿好人的單純敘述。

蘇 但是，親愛的阿狄曼圖，混合體也確有它的引人入勝處。至於與你所選的那種正相反的體裁——模仿——卻最受兒童們、保姆們，尤其是一般群衆歡迎。

阿 我承認，它確實受歡迎。

蘇 不過你也許可以說，它對我們的城邦卻不適宜，因爲我們中間沒有「一個人騎兩頭馬」，每個人只做他本分裡的一件事。

阿 它實在不適宜。

蘇 是不是因爲這個緣故。我們的是唯一的城邦，裡面鞋匠就眞正是鞋匠，而不是鞋匠兼船長；農人就眞正是農人，而不是農人兼法官；兵士就眞正是兵士，而不是兵士兼商人，其餘依此類推？

阿 不錯。

蘇 那麼，如果有一位聰明人有本領模仿任何事物，喬扮任何形狀，如果他來到我們的城邦，提議向我們展覽他的身子和他的詩，我們要把他當作一位神奇而愉快的人物看待，向他鞠躬敬禮；但是我們也要告訴他：我們的城邦裡沒有像他這樣的一個人，法律也不准許有像他這樣的一個人。然後把他塗上香水、戴上毛冠，請他到旁的城邦去。至於我們的城邦，我們只要一種詩人和故事作者：沒有他那副悅人的本領而態度卻比他嚴肅；他們的作品須對於我們有益；須只模仿好人的言語，並且遵守我們原來替保衛者們設計教育時所定的那些規範。

阿 如果權力在我們的手裡，我們一定要這樣辦。

蘇 朋友，關於文學和故事這一部門音樂，我們算是討論完畢了，我們討論過題材內容，又討論過形式。

阿 我也是這樣看。

蘇 音樂還剩下另一個部門，歌詞和樂調。

阿 那是很明顯的。

蘇 每個人都會看得出我們對於歌詞和樂調應該做怎樣規定，只要我們符合前面那番話的意思就行了。

格 （笑）我卻不是你所說的「每個人」，我現在還不敢說應該做怎樣的規定，雖然我心裡也有些打算。

蘇 至少你可以很確定地說，歌有三個要素：歌詞、樂調和節奏。[61]

格 那倒可以確定地說。

蘇 關於歌詞，合樂的詞和不合樂的詞並沒有什麼分別，只要符合我們剛才對於題材內容和形式所規定的那些規律就行了，是不是？

格 對，那就行了。

蘇 至於樂調和節奏，它們都要恰能配合歌詞。

格 當然。

蘇 我們討論詩的題材時，說不准有哭泣哀嘆。

格 不錯。

蘇 哪些樂調是表現悲哀的呢？你懂音樂，請告訴我。

格 表現悲哀的是呂底亞式和混合的呂底亞式[62]之類。

---

61 歌詞和樂調是兩回事，這是容易了解的。至於節奏在歌詞裡有，在樂調裡也有。這裡所指的只是詩的音節長短或韻律。拿樂調和節奏對舉時，節奏側重長短起伏，樂調側重高低起伏。

62 希臘音樂往往以流行地區得名，類似中國古代的「鄭聲」、「秦聲」、「楚聲」之類。每一地區的音樂往往有它的特殊風格和特殊的倫理性質。希臘音樂約分四種：一、呂底亞式：呂底亞在小亞細亞，這地方音樂柔緩哀婉；二、伊俄尼亞式：伊俄尼亞在小亞細亞西海岸，這地方音樂柔緩纏綿；三、多里斯式：多里斯在希臘北部，這地方音樂簡單、嚴肅、激昂；四、佛律癸亞式：佛律癸亞也在小亞細亞，音樂發達最早，對希臘音樂的影響也最大，它的特點是戰鬥的意味很強。下文所說的笛就是由佛律癸亞傳到希臘的。

蘇 我們是否把這類悲哀的樂調拋開，因爲拿它們來培養品格好的女人尚且不合適，何況培養男子漢？

格 它們當然要拋開。

蘇 其次，醉酒、文弱、懶怠對於保衛者們不是毫不相宜麼？

格 當然。

蘇 哪樣樂調是文弱的，用於飲宴的呢？

格 伊俄尼亞式和呂底亞式，它們叫作「柔緩式」。

蘇 這類樂調對於保衛者們是否有用呢？

格 絕對不適用。剩下的就只有多里斯式和佛律癸亞式了。

蘇 我對於這些樂調是外行，但是我們准許保留的樂調要是這樣：它能很妥帖地模仿一個勇敢人的聲調，這人在戰場和在一切危難境遇都英勇堅定，假如他失敗了，碰見身邊有死傷的人，或是遭遇到其他災禍，都抱定百折不撓的精神繼續奮鬥下去。此外我們還要保留另一種樂調，它須能模仿一個人處在和平時期，做和平時期的自由事業、或是禱告神祇、或是教導旁人、或是接受旁人的央求和教導，在這一切情境中，都謹愼從事，成功不矜，失敗也還是處之泰然。這兩種樂調，一種是勇猛的，一種是溫和的；一種是逆境的聲音，一種是順境的聲音；一種表現勇敢，一種表現聰慧。我們都要保留下來。

格 你所要保留的正是我剛才所說的多里斯式和佛律癸亞式。

蘇 我們的歌和樂調也不需要弦子太多而音階很復雜的樂器，是不是？

格 的確不需要。

蘇 那麼，我們就不必供養工匠來製造銅弦琴、三角琴以及一切多弦多音階的樂器了。

格 大可不必了。

蘇 我們的城邦要不要製笛者和吹笛者進來呢？笛不是聲音最多的樂器麼？多音階的樂器其實不都是仿笛子造成的麼？

格 顯然如此。

蘇 所以剩下來的只有兩角豎琴和台琴供城市用。在田野裡牧人們可以用一種排簫。

格 這是當然的結論。

蘇 我們也並非翻新花樣，只是取阿波羅和阿波羅的樂器而不取馬西亞斯和馬西亞斯的樂器[63]。

格 算不得翻新花樣。

---

63 阿波羅是文藝神，所以是音樂的創造者。據說他發明了豎琴和笛。馬西亞斯是佛律癸亞的一個林神，善吹笛，要和阿波羅競賽音樂，相約誰敗了就聽勝者任意處罰。馬西亞斯吹笛，阿波羅彈琴，詩神們做評判，評定阿波羅勝，馬西亞斯就被綁在樹上活剝皮。這裡阿波羅的樂器指琴，馬西亞斯的樂器指笛。

蘇 哈，狗呀[64]，我們從前說我們的城邦太文弱了，我們這陣子不知不覺地在清洗它了。

格 我們清洗得好。

蘇 那麼，我們就來完成我們清洗的工作。樂調之後就是節奏。節奏也應該服從同樣的規律，不應該求繁複、不應該有許多種音節。我們須找出哪些節奏可以表現勇敢和聰慧的生活。找到之後，我們就使音節和樂調配合歌詞，來表現這種生活，但是不能使歌詞遷就音節和樂調。哪些才是這樣節奏，只好請你告訴我們，如同你剛才告訴我們樂調一樣。

格 可是我沒有這個能力。我只知道節奏共分三種，各種音節都是由這三種組成的，正如音有四種，各種樂調都由這四種音組成的一樣[65]。至於哪一種節奏模仿哪一種生活，我卻不知道。

蘇 那麼，我們就要請教達蒙[66]，問他哪種音節宜於表現卑鄙、傲慢、瘋狂以及其他毛病，

---

64 希臘人發誓。為避免用宙斯大神的名字，用尋常動物來代替。

65 希臘詩如英文詩，分行計算。每行依字音數目分若干音步，每音步以長短相間見節奏，與英文詩以輕重相間見節奏有別。每音步通常有兩個或三個字音，最普通的有三種排列：「短長格」先短後長，「長短格」先長後短，「長短短格」一個長音之後有兩個短音。因這種有規律的排列見節奏叫作「音節」。「音有四種」或指基本的音階，唯音樂史家對於希臘音樂技巧分析尚無定論，這裡也不敢臆斷。

66 達蒙是西元前五世紀著名的音樂家，他論詩的音律的著作，現已失傳。

哪種音節宜於表現相反的品質。我彷彿聽見他談到節奏時，用些「戰爭氣的」、「復合的」、「長短短格」或「英雄格」之類字樣。他用一種我不懂得的方法來安排這些音節，使節奏的起伏隨著音節的長短；我好像記得他把一種音節叫作「短長格」，另一種叫作「長短格」，拿音的長短來定節奏。有時他批評好壞，顧到每一音節的快慢，也顧到全章的節奏，也許是根據這兩種效果的混合。我懂得不很清楚。不過我已經說過，這類問題要請教達蒙，要解決它們很要費些討論，是不是？

格 是的。

蘇 有一點你總可以決定，美與不美要看節奏的好壞。

格 當然。

蘇 節奏的好壞要看語文風格的好壞，正如音樂的好壞要看歌詞的好壞一樣，我們已經說過，應該使節奏和樂調符合歌詞，不應該使歌詞遷就節奏和樂調。

格 我們是這樣說過。

蘇 語文風格本身怎樣呢？它是否要看心靈的性格？

格 當然。

蘇 其餘一切都要看語文風格？

格 是。

蘇 所以語文的美、樂調的美以及節奏的美，都表現好性情。所謂「好性情」並不是我們通常拿來恭維愚笨人的那個意思，而是心靈眞正盡善盡美。

格 你說的頂對。

蘇 如果我們要年輕人能盡他們的責任，不應該讓他們追求這些好品質麼？

格 那是一定的。

蘇 圖畫和一切類似藝術都表現這些好品質，紡織、刺繡、建築以及一切器具的製作，乃至於動、植物的形體也都是如此。這一切都各有美與不美的分別。不美、節奏壞、不和諧，都由於語文壞和性情壞；美、節奏好、和諧，都由於心靈的聰慧和善良。

格 這是千眞萬確的。

蘇 我們是否只監督詩人們，強迫他們在詩裡只描寫善的東西和美的東西的影像，否則就不准他們在我們的城邦裡做詩呢？還是同時也要監督其他藝術家們，不准他們在生物圖畫，建築物以及任何製作品之中，模仿罪惡、放蕩、卑鄙和淫穢，如果犯禁，也就不准他們在我們的城邦裡行業呢？我們不是要防止我們的保衛者們在醜惡事物的影像中培養起來，有如牛羊在汙穢的草原中培養起來一樣，天天在那裡咀嚼毒草，以致日久就不知不覺地把四圍許多壞影響都銘刻到心靈的深處嗎？我們不是應該尋找一些有本領的藝術家，把自然的優美方面描繪出來，使我們的青年們像住在風和日暖的地帶一樣，四圍一切都對健康有益，天天耳濡目染於優美的作品，像從一種清幽境界呼吸一陣清風，來呼吸它們的好影響，使他們不知不覺地從小就培養起對於美的愛好，並且培養起融美於心靈的習慣嗎？

格　是的，沒有哪種教育方式能比你所說的更好。

蘇　格羅康，音樂教育比起其他教育都重要得多，是不是爲這些理由？頭一層，節奏與樂調有最強烈的力量浸入心靈的最深處，如果教育的方式適合，它們就會拿美來浸潤心靈，使它也就因而美化；如果沒有這種適合的教育，心靈也就因而醜化。其次，受過這種良好的音樂教育的人可以很敏捷地看出一切藝術作品和自然界事物的醜陋，很正確地加以厭惡；但是一看到美的東西，他就會讚賞它們，很快樂地把它們吸收到心靈裡，作爲滋養，因此自己性格也變成高尙優美。他從理智還沒有發達的幼年時期，對於美醜就有這樣正確的好惡，到了理智發達之後，他就親密地接近理智，把它當作一個老朋友看待，因爲他的過去音樂教育已經讓他和它很熟悉了。

格　音樂教育確實有這些功用。

蘇　正如學習閱讀語文，認識了數目很少的字母，看它們散在不同的字句裡都能辨別出來，不管字體大小，都不能忽視它們，而要到處都很熱心地把它們認識得清清楚楚，心裡明白沒有做到這步工夫，就不能算是識字；到了這步工夫，我們在閱讀方面就算學得很好了。

格　的確。

蘇　我們先要學會認識那些字母本身，然後才能認識它們投在水裡或鏡子裡的影像，因爲所需要的能力和訓練是一樣的。

格　當然。

蘇　老天爺，音樂教育不是一樣道理麼？我們自己和我們所要教育的保衛者們都不能算懂音樂，除非我們認識了節制、勇敢、寬宏、高遠之類品質的形像以及和它們相反的品質的形像，無論它們散在什麼地方，無論是它們本體或是它們的影像，一眼看到，就能辨別出來；無論它們表現在大處或是表現在小處，都不能忽視它們，心裡明白辨別本體和影像所需要的能力和訓練是一樣的。

格　的確。

蘇　對於有眼睛能看的人來說，最美的境界是不是心靈的優美與身體的優美和諧一致，融成一個整體？

格　那當然是最美的。

蘇　最美的是否也就是最可愛的？

格　當然。

蘇　那麼，眞正懂音樂的人就會熱烈地鍾愛這樣心身諧和的人們，不愛沒有這種諧和的人們。

格　不錯，愛人至少要在心靈方面沒有欠缺，如果只是身體的欠缺，那還不失其爲可愛。

蘇　我明白你說這話的意思，因爲你現在或過去有這樣一個愛人，我也不怪你。但是請問你一句，過度快感和節制是否相容？

格 那怎麼能相容！過度快感可以擾亂心智，正如過度痛感一樣。

蘇 過度快感和其他品德能否相容呢？

格 當然不能。

蘇 和驕縱淫蕩也許相容吧？

格 它們倒是相容。

蘇 有沒有一種快感比性慾快感更過度、更強烈呢？

格 沒有，沒有比它更瘋狂的。

蘇 但是眞正的愛只是用有節制的音樂的精神去愛凡是美的和有秩序的，是不是？

格 是。

蘇 那麼，眞正的愛就要把瘋狂的或是近於淫蕩的東西趕得遠遠的，是不是？

格 當然。

蘇 那麼，我們剛才所說的那種快感不能走近情人和愛人的身邊；如果他們眞正相愛，就不能享受那種快感。

格 當然不能。

蘇 所以我想在我們要建立的城邦裡應該訂一條法律，情人對於愛人所表示的親愛，如接吻、擁抱之類，只能像父親對於兒子所表示的那樣，而且先要說服對方，目的要是高尚純潔的；他們的關係不能超過這個程度，否則他們就要受人指責爲粗鄙[67]。

格 應該這樣規定。

蘇 你承認不承認我們關於音樂的討論已告結束呢？這結束也恰好在理應結束的地方，因爲音樂應該歸宿到對於美的愛[68]。

格 我承認。

根據Lindsay參照Jowett和Emile Chambry譯

67 這裡所指的愛是男子的同性愛。詳見《斐德羅篇》和題解。

68 美與愛情在柏拉圖的著作中常連在一起來講，因為美引起愛，愛又產生美。參看《會飲篇》和《斐德羅篇》。

題解

《理想國》是柏拉圖最長、最成熟的一篇對話。這篇對話的寫作大約是在《會飲篇》之後《斐德羅篇》之前，當時他的年紀在五十歲左右。它的目的在討論理想國的制度和理想公民的性格。他以為國家與個人的理想都在「正義」，就是社會裡各種階級，個人性格裡各種因素，都站在它們所應站的崗位，應統治的統治，應服從的服從，形成一種合理的諧和的有機整體，其中一切都恰到好處。他的理想國以希臘的城邦為模型，範圍很小，大部分公民都住在一個城裡，成為一個國。所以對話裡說到理想國，都把它叫作「城邦」。柏拉圖把城邦的統治階級叫作「保衛者們」，其實就是戰士們。當時希臘曾屢受波斯的侵略，雅典也曾被希臘的其他城邦侵略，所以柏拉圖把訓練「保衛者們」當作建立理想國的一個首要的工作。

卷二至卷三所談的只是保衛者的幼年教育。柏拉圖以為教育是終身的事，各種課程應適合年齡與性格的發展。大概地說，十七、十八歲以前應只有音樂和文學；十七、十八歲到二十歲應專重體育與身體的鍛鍊；二十歲到三十歲就要轉到理智的發展，學習各種科學，同時受軍事訓練；三十歲至三十五歲，就到了柏拉圖所最看重的集大成的學問，辯證術，以及一般哲學；三十五歲開始從政，實際經驗也還是教育。這是教育程序的大要。（參看《法律篇》）

音樂和文學之所以是教育的起點。我們把音樂和文學看作兩回事，柏拉圖把文學看作音樂的一部分，因為文學在古代及原始社會中主要是詩歌，和音樂本分不開。另一點我們需要了解的是希臘文學是與宗教和神話分不開的，柏拉圖所謂「故事」大半指神話和英雄傳說。希臘神話和英雄傳說的寶庫首先是荷馬的史詩，其次是悲劇。希臘兒童和青年人的教育內容主要是荷馬史詩，教育方式主要是演唱或口述，不像我們倚靠書本。柏拉圖對當時流行的這種文學教育極不滿意，在這篇對話裡他對於荷馬進行了嚴厲的批評。

柏拉圖首先檢討文學的內容。史詩和悲劇的內容，我們已經說過，不外是神話和英雄傳說。兒童最富於感受性，所得的印象也最深刻。神和英雄既是人所崇拜的，他們的言行在兒童心裡所留下的深刻印象當然就是形成他們性格的主要影響。希臘史詩和悲劇所描寫的神和英雄對形成兒童性格能否產生良好的影響呢？柏拉圖從這個觀點分析荷馬史詩，把它指責得體無完膚。在那裡面神和英雄也犯平常人所犯的罪惡，互相爭吵、互相陷害、說謊欺哄人、姦淫擄掠、愛財受賄、怕死、遇到災禍就哀哭、貪圖酒食享樂，如此等類的榜樣絕不能教育青年人學會眞誠、勇敢、鎭靜、有節制。而且史詩悲劇都往往不讓好人有好報應，壞人有壞報應，暗示禍福無憑，正義對於主持正義的人不一定有益處。這種思想也是有毒的。總之，就題材內容說，柏拉圖要求文學含有健康的道德教訓，對青年人有益，他認爲希臘文學大部分不合這個標準。

其次，他討論文學的形式。他專就敘述故事時說話的身分口吻著眼。以這個做分類標準，他發現文學形式不外單純敘述、模仿敘述和混合體三種。單純敘述是作者站在旁觀者的地位把故事敘述出來，即普通所謂間接敘述；模仿敘述是作者不露面，把人物擺出來，藉他們的動作和對話把故事敘述出來，即普通所謂直接敘述，也就是戲劇性的敘述；混合體是時而用單純敘述，時而用模仿敘述。柏拉圖只贊成用單純敘述，如果用模仿敘述，模仿的對象也只能限於善人的善言善行。他認為模仿對於保衛者們有很壞的影響，一則一個人要專心致志地去做一件事，才能做得好，模仿許多人物的許多技藝，必定一無所成；二則模仿比自己低劣的人物，習慣成自然，性格便不免朝低劣轉變。柏拉圖的這個看法是頗令人驚訝的。當時希臘戲劇最盛行，如果依他的話，戲劇就根本不應存在。荷馬史詩大部分也是用直接敘述，那也就要成問題。

談到音樂本身，當時音樂可以說是詩歌的伴侶。所以柏拉圖把它分析成歌詞，樂調和節奏三個成分，以為樂調和節奏都應該聽命於歌詞，不應使歌詞遷就樂調和節奏。歌詞就是文學，已經談過。樂調當時流行呂底亞調、伊俄尼亞調、多里斯調、佛律癸亞調四種，各以地域得名。前兩種柔緩文弱，後兩種嚴肅雄壯。從訓練保衛者來說，柏拉圖當然只取後兩種。節奏指聲音長短起伏，和樂調一樣，柏拉圖要求它簡單，一方面須能表現勇敢，一方面須能表現頭腦清醒、鎮靜、有節制。

由音樂節奏，柏拉圖推廣到一般藝術的美醜。他在這裡談到美學上一個基本問題。他看出一切藝術都有音樂節奏的道理在裡面。美與不美，就要看這音樂節奏是否和諧勻稱：它是否和諧勻稱，就要看它所表現的心靈品質如何。所以藝術根本是人格的表現。藝術既能表現人格，又能影響人格，所以它在理想國裡應該受到最認眞的考慮。柏拉圖的政治教育基本思想是著重環境，他要環境經過美化或藝術化，使處身其中的人們不知不覺地受它的陶冶，不但知道愛好美，而且「融美於心靈」，形成完美的性格，心中存著一個極準確的美醜標準。有這樣的訓練，他們睜開眼睛看世界，看到一草一木、一言一行，無論它是多麼大或多麼小，就馬上看出它是美的還是醜的；是美的就加以愛好，是醜的就加以厭惡。像這樣的，世界才能走向完美。

記得這個崇高的理想，我們才能了解柏拉圖何以一方面那樣看重詩和藝術，一方面對當時的史詩和悲劇又那樣嚴厲，要把它們從理想國裡驅逐出境。柏拉圖並非不要詩和藝術，只是不要當時流行的那種詩和藝術。他說得很明白：「我們應該強迫詩人們在他們的詩裡只描繪善美東西的影像，否則就不准他們在我們的城裡作詩。」在他看，藝術不僅要美，還要與眞和善合一；它不僅以產生快感爲目的，還要對於國家有用。

柏拉圖本是貴族出身，他在這裡談文學音樂教育，全是爲統治階級著想。像在許多其他對話裡一樣，他對一般平民常存著鄙視的態度。這當然由於他的階級出身和當時的特殊社會情形。不過他毫不猶疑地主張文學和藝術是政治的一部分，而且必須對社會有益。這個主張卻是很康健的。

理想國（卷十）[1]

——詩人的罪狀

1 選譯595A至608B。

對話人：蘇格拉底
格羅康

蘇 我有許多理由相信，我們所建立的城邦是最理想的，尤其是從關於詩的規定來看[2]，我敢說。

格 你指的是哪一項規定呢？

蘇 我指的是禁止一切模仿性的詩進來。我們既然分清心靈的各種因素[3]了，更足見詩的禁令必須嚴格執行。

格 這話怎樣說？

蘇 說句知心話，你可千萬不要告訴悲劇詩人和其他模仿者們，在我看，凡是這類詩對於聽衆的心靈是一種毒素，除非他們有消毒劑，這就是說，除非他們知道這類詩的本質眞相。

格 你爲什麼這樣說？

蘇 我的話不能不說，雖然我從小就對於荷馬養成了一種敬愛，說出來倒有些於心不安。荷

---

2 指卷三禁詩的決定。

3 卷二至卷九常討論到人性，主要的因素是理智、意志和情慾。

馬的確是悲劇詩人的領袖。不過尊重人不應該勝於尊重眞理，我要說的話還是不能不說。

格 當然。

蘇 那麼，就請聽我說，或是說得更恰當一點，請聽我發問。

格 你問吧！

蘇 請問你，模仿的一般性質怎樣？我自己實在不知道它的目標是什麼。

格 你都不知道，難道我還能知道嗎？

蘇 那並不足爲奇，眼睛遲鈍的人有時反比眼睛尖銳的人見事快。

格 這話倒不錯。不過當著你的面，我不敢冒昧說我的意見，儘管它像是很明顯的，還是請你說吧！

蘇 我們好不好按照我們經常用的方法，來研究這個問題呢？我們經常用一個理式[4]來統攝雜多的同名的個別事物，每一類雜多的個別事物各有一個理式。你明白吧？

格 我明白。

蘇 我們可以任意舉哪一類雜多事物爲例來說，床也好、桌子也好，都各有許多個例，是不是？

---

4 理式是柏拉圖哲學中基本觀念，即概念或普通的道理。詳見題解。

格　不錯。

蘇　這許多個別家具都由兩個理式統攝，一個是床的理式，一個是桌的理式，是不是？

格　不錯。

蘇　我們不也常說，工匠製造每一件用具，床、桌、或是其他東西，都各按照那件用具的理式來製造麼？至於那理式本身，它並不由工匠製造吧？

格　當然不能。

蘇　製造理式的那種工匠應該怎樣稱呼呢？

格　你指的是誰？

蘇　我指的是各行工匠所製造出的一切東西，其實都是由他一個人製造出來的那種工匠。

格　他倒是一個絕頂聰明的人！

蘇　等一下你會更有理由這樣讚揚他。因爲這位工匠不僅有本領造出一切器具，而且造出一切從大地生長出來的、造出一切有生命的，連他自己在內；他還不以此爲滿足，還造出地和天、各種神，以及天上和陰間所存在的一切。[5]

格　眞是一位了不起的藝術家咧！

蘇　你不相信嗎？你是否以爲絕對沒有這樣一個工匠呢？你是否承認一個人在某個意義上能

5　柏拉圖的創世主並不同耶穌教的上帝，它是宇宙中普遍永恆的原理大法，即最高的理式，以下譯「神」以示別。

製造一切事物，在另一意義上卻不能呢？在某個意義上你自己也就可以製造這一切事物，你不覺得麼？

格 用什麼方法呢？

蘇 那並不是難事，而是一種常用的而且容易辦到的製造方法。你馬上就可以試一試，拿一面鏡子四方八面地旋轉，你就會馬上造出太陽、星辰、大地、你自己、其他動物、器具、草木，以及我們剛才所提到的一切東西。

格 不錯，在外形上可以製造它們，但不是實體。

蘇 你說得頂好，恰合我們討論的思路，我想畫家也是這樣一個製造外形者，是不是？

格 當然是。

蘇 但是我想你會這樣說，一個畫家在一種意義上雖然也是在製造床，卻不是眞正在製造床的實體，是不是？

格 是，像旋轉鏡子的人一樣，他也只是在外形上製造床。

蘇 木匠怎樣？你不是說過他只製造個別的床，不能製造「床之所以爲床」那個理式嗎？

格 不錯，我說過這樣的話。

蘇 他既然不能製造理式，他所製造的就不是眞實體，只是近似眞實體的東西。如果有人說木匠或其他工匠的作品完全是眞實的，他的話就不是眞理了。

格 至少是研究這類問題的哲學家們不承認他說的是眞理。

蘇 那麼，如果這樣製造的器具比眞實體要模糊些，那就不足爲奇了。

格 當然。

蘇 我們好不好就根據這些實例，來研究模仿的本質？

格 隨便你。

蘇 那麼，床不是有三種嗎？第一種是在自然中本有的，我想無妨說是神製造的，因爲沒有旁人能製造它；第二種是木匠製造的；第三種是畫家製造的。

格 的確。

蘇 因此，神、木匠、畫家是這三種床的製造者。

格 不錯，製造者也分這三種。

蘇 就神那方面說，或是由於祂自己的意志，或是由於某種必需，祂只製造出一個本然的床，就是「床之所以爲床」那個理式，也就是床的眞實體。祂只造了這一個床，沒有造過，而且永遠也不會造出，兩個或兩個以上這樣的床。

格 什麼緣故呢？

蘇 因爲祂若是造出兩個，這兩個後面就會有一個公共的理式，這才是床的眞實體，而原來那兩個就不是了。

格 你說的對。

蘇 我想神明白這個道理，祂不願造某某個別的床，而要造一切床的理式，所以祂只造了這樣一個床，這床在本質上就只能是一個。

格 理應如此。

蘇 我們好不好把祂叫作床的「自然創造者」[6]，或是用其他類似的稱呼？

格 這稱呼很恰當，因爲祂在製造這床和一切其他事物時，就是自然在製造它們。

蘇 怎樣稱呼木匠呢？他是不是床的製造者？

格 他是床的製造者。

蘇 畫家呢？他可否叫作床的製造者或創造者？

格 當然不能。

蘇 那麼，畫家是床的什麼呢？

格 我想最好叫他做模仿者，模仿神和木匠所製造的。

蘇 那麼，模仿者的產品不是和自然隔著三層嗎[7]？

格 不錯。

---

6 藝術是「人為」，與「自然」相對立，「自然創造者」像是一個自相矛盾的名詞，其實只是說「自然非由人為者」。

7 這裡所謂「自然」，即「真實體」，亦即「真理」。木匠製床，模仿床的理式，和真理隔著一層；畫家和詩人模仿個別的床，和真理便隔著兩層。原文說「隔三層」是把理式起點算作一層，餘類推。

蘇　悲劇家既然也是一個模仿者，他是不是在本質上和國王[8]和眞理也隔著三層呢？並且一切模仿者不都是和他一樣嗎？

格　照理說，應該是一樣。

蘇　我們對於模仿者算是得到一致的意見了。現在再來說畫家，他所要模仿的是自然中的眞實體呢？還是工匠的作品呢？

格　他只模仿工匠的作品。

蘇　他模仿工匠作品的本質，還是模仿它們的外形呢？這是應該分清的。

格　我不明白你的意思。

蘇　我的意思是這樣：比如說床，可以直看，可以橫看，可以從許多觀點看。觀點不同，它所現的外形也就不同，你以爲這種不同是在床的本質，還是在床的外形呢？現形不同的床是否眞正與床本身不同呢？其他一切事物也可由此類推。

格　外形雖不同，本質還是一樣。

蘇　想一想圖畫所要模仿的是實質呢，還是外形呢？

格　圖畫只是外形的模仿。

蘇　所以模仿和眞實體隔得很遠，它在表面上像能製造一切事物，是因爲它只取每件事物的

8 所謂「國王」即哲學家，「眞理」的代表。

一小部分，而那一小部分還只是一種影像。比如說畫家，他能畫出鞋匠、木匠之類工匠，儘管他對於這些手藝毫無知識。可是他如果有本領，他就可以畫出一個木匠的像，把它放在某種距離以外去看，可以欺哄小孩子和愚笨的人們，以為它真正是一個木匠。

格　確實如此。

蘇　那麼，我的朋友，依我想，關於畫家的這番話可以應用到一切與他類似的人們。如果有人告訴我們，說他遇見過一個人，精通一切手藝，而且對於一切事物精通的程度還要超過當行的人，我們就應該向他說，他是一個傻瓜，顯然受了一個魔術家或模仿者的欺哄，他以為那人有全知全能，是因為他分不清有知、無知和模仿三件事。

格　的確。

蘇　現在我們就要檢討悲劇和悲劇大師荷馬了。因為許多人都說悲劇家無所不通，無論什麼技藝，無論什麼善惡的人事，乃至於神們的事，他都樣樣通曉。他們說，一個有本領的詩人如果要取某項事物為題材來作一首好詩，他必須先對那項事物有知識，否則就不會成功。我們對於這些人們必須檢查一下，看他們是否也碰到了模仿者們，受了欺哄，看不出他們的產品和真實體隔著三層，對真實體不用有知識就可輕易地做成呢？還是他們說的果然不錯，有本領的詩人們對於他們因描繪而博得讚賞的那些事物真正有知識呢？

格　是的，這倒是必須檢查的。

蘇　你想一想，如果一個人既能模仿一件事物，同時又能製造那件事物，他會不會專在模仿上下功夫，而且把模仿的本領看作他生平最寶貴的東西呢？

格 我想他不致如此。

蘇 在我看，他如果對於所模仿的事物有眞知識，他就不願模仿它們，寧願製造它們，留下許多豐功偉績，供後世人紀念。他會寧願做詩人所歌頌的英雄，不願做歌頌英雄的詩人。

格 我也是這樣看，那樣做，他可以得到更大的榮譽，產生更大的效益。

蘇 關於許多問題，我們倒不必追問荷馬或其他詩人，不必問他們對醫學有沒有知識，是否只在模仿醫學的話語；不必追問他們古今有沒有過一個詩人，像埃斯庫勒普醫神一樣，醫好過一些病人，留傳下一派醫學。此外還有許多其他技藝，我們也不必去追問詩人們。但是荷馬還要談些最偉大最高尚的事業，如戰爭、將略、政治、教育之類，我們就理應這樣質問他：「親愛的荷馬，如果像你所說的，談到品德，你並不是和眞理隔著三層，不僅是影像製造者、不僅是我們所謂模仿者，如果你和眞理只隔著兩層，知道人在公私兩方面用什麼方法可以變好或變壞，我們就要請問你，你曾經替哪一國建立過一個較好的政府，像來古格士對於斯巴達，許多其他政治家對於許多大小國家那樣呢？世間有哪一國稱呼你是它的立法者和恩人，像義大利和西西里稱呼查朗達斯，我們雅典人稱

格　呼梭倫那樣呢？[9]誰這樣稱呼你呢？」格羅康，你想荷馬能舉出這樣一個國名來麼？

蘇　我想他不能，就連崇拜荷馬的人們也不這樣說。

格　有沒有人提起當時有哪一次戰爭打得好，是由荷馬指揮或參謀的呢？

蘇　沒有。

格　有沒有人提起他對各種技藝或事業有很多發明和貢獻，像密勒圖人泰利斯，或是西徐亞人阿那卡什斯那樣呢？[10]

蘇　也沒有。

格　荷馬對於國家既然沒有建立功勞，我們是否聽說過他生平做過哪些私人的導師，這些人因爲得到他的教益而愛戴他，把他的生活方式留傳到後世，像畢達哥拉斯那樣呢[11]？據說畢達哥拉斯由於這個緣故很受人愛戴，一直到現在，他的門徒還在奉行他的生活方式，顯得與衆不同。荷馬是否也能這樣呢？

9　來古格士是傳說中的斯巴達的立法者，查朗達斯是西元前五世紀的法學家，替義大利和其他國家立過法，梭倫是西元前七世紀雅典的立法者。

10　密勒圖在小亞細亞海岸上，泰利斯是西元前七世紀妁哲學家和科學家，西徐亞民族是古代歐亞交界的一個遊牧民族，無固定的國界，阿那卡什斯是西元前六世紀的哲學家，遊寓雅典，據說他是墨水和陶器盤輪的發明者。

11　畢達哥拉斯是西元前六世紀的哲學家和數學家，一個有名的幾何定律的發明者，曾組織門徒三百人為一祕密結社，遵守他所定的生活規律。

格　更沒有這樣事。如果傳說可靠，他的門徒克瑞俄斐羅在教育上比在名字上顯得更滑稽[12]，傳說荷馬在世時就沒有得到很好的照顧，身後的事更不用說了。

蘇　不錯，他們是那麼說。格羅康，你想一想，如果荷馬眞正能給人教育，使人得益，如果他對於這類事情有眞知識，而不是只在模仿，他不會有許多敬愛他的門徒追隨他的左右嗎？阿布德拉人普羅達哥拉斯以及克奧斯人普若第庫斯[13]之流，都能在私人談論中使當時人相信，不從他們受教，就不能處理家務和國政；他們的智慧大受愛戴，所以門徒們幾乎要把他高舉到頭上遊行。如果荷馬也能增長人的品德，當時人會讓他和赫西俄德到處奔走行吟嗎？人們不會把他們當寶貝看待，抓住他們不放，強迫他留在家鄉嗎？若是留不住，人們不會跟他們到處走，等到教育受夠了，才肯放手嗎？

格　在我看，你的話一點也不錯，蘇格拉底。

蘇　所以我們可以說，從荷馬起，一切詩人都只是模仿者，無論是模仿德行，或是模仿他們所寫的一切題材，都只得到影像，並不曾抓住眞理。像我們剛才所說的，畫家儘管不懂

12　克瑞俄斐羅據說是荷馬的女婿，待荷馬不好，荷馬死後，他盜取一些荷馬詩，用自己的名字發表了。他的名字在希臘文中原義是「肉食者」，所以說滑稽。

13　阿布德拉在希臘北部；普羅達哥拉斯，是西元前五世紀的詭辯家，授徒致富；克奧斯是愛琴海中一個島；普若第庫斯也是一個詭辯家；柏拉圖推許他們，帶有諷刺意味。

鞋匠的手藝，還是可以畫鞋匠，觀衆也不懂這種手藝，只憑畫的顏色和形狀來判斷，就信以爲眞。

格 完全是這樣。

蘇 我想我們也可以說，詩人也只知道模仿，借文字的幫助，繪出各種技藝的顏色；而他的聽衆也只憑文字來判斷，無論詩人所描繪的是鞋匠的手藝、將略，還是其他題材，因爲文字有了韻律，有了節奏和樂調，聽衆也就信以爲眞。詩中這些成分本來有很大的迷惑力。假如從詩人作品中把音樂所生的顏色一齊洗刷去，只剩下它們原來的簡單軀殼，看起來會像什樣，我敢說你注意過的。

格 我確是注意過。

蘇 它們像不像一個面孔，還有點新鮮氣色，卻說不上美，因爲像花一樣，青春的芳豔已經枯萎了？

格 這比喻很恰當。

蘇 再想一想，影像的製造者，就是我們所說的模仿者，只知道外形，並不知道實體，是不是？

格 對。

蘇 可是我們對於這問題不應半途而廢，應該研究到徹底。

格 請你說下去。

蘇　畫家能不能畫轡轡？

格　能。

蘇　但是製造轡轡的卻是鞍匠和鐵匠？

格　當然。

蘇　轡轡應該像什麼樣，畫家知道不？還是連製造它們的鞍匠和鐵匠也不能知道，只有用它們的馬夫才知道呢？

格　只有馬夫才知道。

蘇　我們可否由此例推一切，得到一個結論呢？

格　什麼結論？

蘇　我說關於每件東西都有三種技藝：應用、製造、模仿。

格　對的。

蘇　那麼，我們怎樣判定一個器具、動物、或行爲是否妥當、美、完善呢？是否要看自然或技藝所指定它應有的用途？

格　這是要看它的用途來判定。

蘇　那麼，每件東西的應用者對於那件東西的知識就必然比旁人的可靠，也就必然能告訴製造者說他自己應用這件東西時，哪樣才好，哪樣才壞。比如說，吹笛者才能告訴製笛者，笛子要像什麼樣，吹起來才頂好，應該怎樣做才好，而製笛者就要照他的話去做。

格 當然。

蘇 所以吹笛者才知道笛的好壞，把他的知識告訴製笛者，製笛者就照他的話去做。

格 不錯。

蘇 所以每件器具的製造者之所以對於它的好壞有正確見解，是由於他請教於有知識者[14]，不得不聽那位有知識者的話，而那位有知識者正是那件器具的應用者。

格 當然。

蘇 現在談到模仿者，他對於他所描寫的題材是否美好的問題，是從應用方面得到知識呢？還是由於不得不請教於有知識者，聽他說過應該怎樣描寫才好，而後得到正確見解呢？

格 都不是。

蘇 那麼，模仿者對於模仿題材的美醜，不是既沒有知識，又沒有正確見解嗎？

格 顯然如此。

蘇 模仿者對於他所模仿的東西，就理解來說，可就很了不起啦！

格 不見得是了不起。

蘇 話雖如此說，儘管他對於每件東西的美醜沒有知識，他還是模仿；很顯然地，他只能根

---

14 柏拉圖把「見解」或「信仰」看作和「知識」或「科學」相對立。前者是對於現象世界的認識，即「感性的認識」，後者是對於真理或本體的認識，即「理性的認識」。

據普通無知群衆所認爲美的來模仿。

格 當然。

蘇 那麼，我們現在顯然可以得到這兩個結論：頭一層，模仿者對於模仿題材沒有什麼有價值的知識；模仿只是一種玩藝，並不是什麼正經事；其次，從事於悲劇的詩人們，無論是用短長格還是用英雄格[15]，都不過是高度的模仿者。

格 的確如此。

蘇 老天爺！模仿的對象不是和眞理隔著三層嗎？

格 是的。

蘇 再說模仿的效果，它可以影響哪一種心理作用呢？

格 我不懂你的意思。

蘇 這話可以這樣解釋；同一量積，近看和遠看是不是像不同？

格 是不同。

蘇 同一件東西插在水裡看起來是彎的，從水裡抽出來看起來是直的；凸的有時看成凹的，由於顏色對於視覺所生的錯覺。很顯然地，這種錯覺在我們的心裡常造成很大的混亂。使用遠近光影的圖畫就利用人心的這個弱點，來產生它的魔力，幻術之類玩藝也是如

15 短長格用於戲劇對話，英雄格用於史詩。

此。

格　的確。

蘇　要防止這種錯覺，最好的方法是使用度量衡。人心只能就形似上揣測大小多寡輕重，使用計算、測量、或衡度，才可以準確。

格　當然，

蘇　這種計算衡量的工作是否要靠心的理智部分？

格　當然要靠理智。

蘇　經過衡量之後，理智判定兩件東西哪個大、哪個小、或是相等[16]，我們對於同一事物不就有兩種相反的判斷麼？

格　是那樣。

蘇　我們從前不是說過。同一心理作用對於同一事物不可能同時得到兩個相反的結論嗎？

格　我們說過這樣的話，而且說得不錯。

蘇　那麼，信賴衡量的那種心理作用，和不信賴衡量的那種心理作用就不相同了？

格　當然不同。

蘇　信賴衡量的那種心理作用是不是人心中最好的部分？

16 意即：和單憑感覺估計的結果不同。

格 那是無可辯駁的。

蘇 和它相反的那種心理作用就是人心中低劣的部分了。

格 那是毫無疑問的。

蘇 原先我說圖畫和一切模仿的產品都和眞理相隔甚遠，和它們打交道的那種心理作用也和理智相隔甚遠，而它們的目的也不是健康的或眞實的，我的意思就是要你得到這樣一個結論。

格 你說得對。

蘇 那麼，模仿不是低劣者和低劣者配合，生出的兒女也就只能是低劣者嗎？[17]

格 顯然是那樣。

蘇 這番話是否只能應用到視覺方面的模仿，還是也可以應用到我們所稱爲詩的聲音模仿呢？

格 詩自然也是一樣。

蘇 我們不能單憑詩畫類比的一些貌似的地方，還要研究詩的模仿所關涉到的那種心理作用，看它是好還是壞。

格 我們的確應該這樣辦。

---

17 模仿所據的心理作用不是理智，模仿的對象不是真理。

蘇 我們姑且這樣來看它。詩的模仿對象是在行動中的人，這行動或是由於強迫、或是由於自願，人看到這些行動的結果是好還是壞，因而感到歡喜或悲哀。此外還有什麼呢？

格 詩的模仿盡於此了。

蘇 在這整個過程之中，一個人是否始終和他自己一致呢？是否像在視覺中一樣，自相衝突，對於同一事物同時有相反的見解，而在行爲上也自相衝突，自己和自己鬥爭呢？我想我們用不著對這問題再找答案，因爲你應該記得，我們從前討論這類問題時，已經得到一個一致的意見了，就是人心同時充滿著這類的衝突。[18]

格 我們所得到的意見是對的。

蘇 當然是對的，不過我以爲還應該討論我們從前所忽略掉的。

格 忽略掉什麼？

蘇 我們從前說過，一個有理性的人若是遭到災禍，比如死了兒子，或是喪失了他所看重的東西，他忍受這種災禍，要比旁人鎭靜些，你還記得麼？

格 記得。

蘇 想一想，他還是簡直不覺哀慟呢？還是哀慟既不可免，他就使它有節制呢？

格 他會使哀慟有節制。

18 理智與情慾的衝突是柏拉圖常談的問題。參看《理想國》卷四及卷九和《斐德羅篇》。

蘇　請再想一想，他要控制哀慟，在什樣場合比較容易，在許多人看著他的時候？還是在他單獨一個人的時候呢？

格　在許多人看著他的時候，他比較容易控制哀慟。

蘇　若是單獨一個人，他會發出本來怕人聽見的呼號，做出許多本來怕人看見的事情。

格　的確如此。

蘇　鼓勵他抵抗哀慟的不是理性和道理嗎？反之，慫恿他盡量哀慟的不是那哀慟的情感本身嗎？

格　是的。

蘇　一個人對於同一事物，同時被拖著向兩個相反的方向走，又要趨就、又要避免，這不就足以證明人心中本來就有兩種相反的動機麼？

格　的確。

蘇　其中一個動機常願服從道理，一切聽它指導。

格　這話怎樣說？

蘇　依理說，遇到災禍，最好盡量鎮靜，不用傷心，因爲這類事變是禍是福還不可知，悲哀並無補於事，塵世的人事也不值得看得太嚴重，而且悲哀對於當前情境迫切需要做的事是有妨礙的。

格　迫切需要做的事是什麼？

蘇 要考慮事件發生的原委，隨機應變，憑理性的指導去做安排。我們不能像小孩們，跌了一個跤，就用手捫著創傷哭哭啼啼的；我們應該趕快地考慮怎樣去醫療，使損失彌補起來，讓醫藥把啼哭趕走。

格 這倒是處逆境的最好的方法。

蘇 人性中最好的部分讓我們服從這種理性的指導。

格 顯然如此。

蘇 然則人性中另外那一部分，使我們回想災禍，哀不自禁的那個部分，不就是無理性、無用而且怯懦嗎？

格 不錯。

蘇 最便於各種各樣模仿的就是這個無理性的部分，而達觀鎮靜的性格常和它自己調協一致，卻不易模仿，縱然模仿出來，也不易欣賞，尤其是對於擠在戲院裡那些嘈雜的聽衆，因爲所模仿的性情對他們是陌生的。

格 的確。

蘇 總之，模仿詩人既然要討好群衆，顯然就不會費心思來模仿人性中理性的部分，他的藝術也就不求滿足這個理性的部分了；他會看重容易激動情感的和容易變動的性格，因爲它最便於模仿。

格 顯然如此。

蘇　那麼，我們現在理應抓住詩人，把他和畫家擺在一個隊伍裡，因爲他有兩點類似畫家，頭一點是他的作品對於眞理沒有多大價值；其次，他逢迎人性中低劣的部分。這就是第一個理由，我們要拒絕他進到一個政治修明的國家裡來，因爲他培養發育人性中低劣的部分，摧殘理性的部分。一個國家的權柄落到一批壞人手裡，好人就被殘害。模仿詩人對於人心也是如此，他種下惡因，逢迎人心的無理性的部分（這是不能判別大小，以為同一事物時而大，時而小的那一部分），並且製造出一些和眞理相隔甚遠的影像。

格　的確。

蘇　我們還沒有數出模仿的最大的罪狀咧。連好人們，除掉少數例外，也受它的壞影響，這不是最嚴重的嗎？

格　的確，如果模仿眞有那種壞影響，如你所說的。

蘇　想一想這個事實。聽到荷馬或其他悲劇詩人模仿一個英雄遇到災禍，說出一大段傷心話，捶著胸膛痛哭，我們中間最好的人也會感到快感，忘其所以地表同情，並且讚賞詩人有本領，能這樣感動我們。

格　我懂得，我們確實有這樣感覺。

蘇　但是臨到悲傷的實境，我們卻以能忍耐能鎭靜自豪，以爲這才是男子氣概，而我們聽詩時所讚賞的那種痛哭倒是女子氣，你注意到沒有？

格　我注意到，你說的一點不錯。

蘇　看見旁人在做我們自己所引爲恥辱而不肯做的事，不但不討厭，反而感到快活，大加讚賞，這是正當的麼？

格　這自然不很合理。

蘇　不錯，尤其是你從另一個觀點來看。

格　從哪個觀點看？

蘇　你可以這樣來看：我們親臨災禍時，心中有一種自然傾向，要盡量哭一場，哀訴一番，可是理智把這種自然傾向鎭壓下去了。詩人要想饜足的正是這種自然傾向，這種感傷癖。同時，我們人性中最好的部分，由於沒有讓理智或習慣培養好，對於這感傷癖就放鬆了防閑，我們於是就拿旁人的痛苦來讓自己取樂。我們心裡這樣想：看到的悲傷既不是自己的，那人本自命爲好人，既這樣過分悲傷，我們讚賞他，和他表同情，也不算是什麼可恥的事，而且這實在還有一點益處，它可以引起快感，我們又何必把那篇詩一筆抹煞，因而失去這種快感呢？很少有人能想到，旁人的悲傷可以釀成自己的悲傷。因爲我們如果拿旁人的災禍來滋養自己的哀憐癖，等到親臨災禍時，這種哀憐癖就不易控制了。

格　你說的很對。

蘇　這番話是否也可以應用到詼諧？你看喜劇表演或是聽朋友們說笑話，可以感到很大的快感。你平時所引以爲羞恥而不肯說的話，不肯做的事，在這時候你就不嫌它粗鄙，反而感到愉快，這情形不是恰和你看悲劇表演一樣嗎？你平時也是讓理性壓制住你本性中詼諧的慾念，因爲怕人說你是小丑，現在逢場作戲，你卻盡量讓這種慾念得到滿足，結果就不免於無意中染到小丑的習氣。你看是不是這樣？

格 是這樣。

蘇 再如性慾、忿恨，以及跟我們行動走的一切慾念、快感的或痛感的，你可以看出詩的模仿對它們也發生同樣的影響。它們都理應枯萎，而詩卻灌溉它們，滋養它們。如果我們不想做壞人，過苦痛生活，而想做好人，過快樂生活，這些慾念都應受我們支配，詩卻讓它們支配著我們了。

格 我不能不贊成你的話。

蘇 那麼，你如果遇到崇拜荷馬的人們說，荷馬教育了希臘人，一個人應該研讀荷馬，去找做人處世的道理，終身都要按照他的教訓去做，你對說這種話的人們最好是恭而且敬的——他們在他們的見識範圍以內本來都是些好人——你最好贊同他們，說荷馬是首屈一指的悲劇詩人；可是千萬記著，你心裡要有把握，除掉頌神的和讚美好人的詩歌以外，不准一切詩歌闖入國境。如果你讓步，准許甘言蜜語的抒情詩或史詩進來，你的國家的皇帝就是快感和痛感；而不是法律和古今公認的最好的道理了。

格 你的話對極了。

蘇 我們既然又回到詩的問題[19]，就可以辯護我們爲什麼要把詩驅逐出理想國了；因爲詩的本質即如我們所說的，理性使我們不得不驅逐她。如果詩要怪我們粗暴無禮，我們也可以告訴她說，哲學和詩的官司已打得很久了。像「惡犬吠主」、「蠢人隊伍裡昂首稱霸」、「一批把自己抬得比宙斯還高的聖賢」、「思想刁巧的人們畢竟是些窮乞丐」，以及許多類似的謾罵都可以證明這場老官司的存在[20]，話雖如此說，我們還可以告訴逢迎快感的模仿爲業的詩，如果她能找到理由，證明她在一個政治修明的國家裡有合法的地位，我們還是很樂意歡迎她回來，因爲我們也很感覺到她的魔力。但是違背眞理是在所不許的。格羅康，你是否也感覺到詩的魔力。尤其是她出於荷馬的時候？

格 她的魔力對我可不小！

蘇 那麼，我們無妨定一個准她回來的條件，就是先讓她自己作一篇辯護詩，用抒情的或其他的韻律都可以。

格 這是應該的。

蘇 我們也可以准許她的衛護者，就是自己不作詩而愛好詩的人們，用散文替她作一篇辯護，證明她不僅能引起快感，而且對於國家和人生都有效用。我們很願意聽一聽。因爲

---

19 卷二至卷三已討論過詩的問題。

20 這些都是希臘當時詩人罵哲學家的話。來源不明。

如果證明了詩不但是愉快的而且是有用的，我們也就可以得到益處了。

格　那對我們確是有益。

蘇　但是如果證明不出她有用，好朋友，我們就該像情人發現愛人無益有害一樣，就要忍痛和她脫離關係了。我們受了良好政府的教育影響，自幼就和詩發生了愛情，當然希望她顯出很好，很愛眞理。可是在她還不能替自己作辯護以前，我們就不能隨便聽她，就要把我們的論證當作辟邪的符咒來反復諷誦，免得童年的愛情又被她的魔力煽動起來，像許多人被她煽動那樣。我們應該像諷誦符咒一樣來諷誦這幾句話：這種詩用不著認眞理睬，本來她和眞理隔開；聽她的人須警惕提防，怕他心靈中的城邦被她毀壞；我們要訂下法律，不輕易放她進來。

格　我完全贊成你的話。

蘇　一個人變好還是變壞，這關係是非常重大的，比一般人所想像的還更重大，所以一個人不應該受名譽、金錢和地位的誘惑，乃至於受詩的誘惑，去忽視正義和其他德行。

格　我和你同意，把這作爲我們討論的總結，我想一切人都會和我一樣同意。

根據Lindsay參照Jowett和Emile Chambry譯

題解

《理想國》到了第九卷，題中應有之義算是說完了。第十卷一開始就控訴詩人，來得頗突然。這一大段對話好像是一篇獨立的文章，插進《理想國》後面作爲結論的。柏拉圖在卷二至卷三裡已討論過詩，對荷馬大肆攻擊一番，就決定了不准詩人進理想國。到卷十作結時他又回到詩的問題，可能有三種理由：第一，從卷三定了詩的禁令以後，可能引起愛護詩者的批評，他覺得有答辯的必要；第二，卷二至卷三雖然就分析實例指出詩的壞影響，卻沒有從基本原則上指出詩的毛病，這問題重要，他覺得在終結之前不能不彌補這個缺陷；第三，理想國能否成功要看它的統治階級——「保衛者們」——能否受到適宜的教育，養成適宜的性格。詩是希臘教育中重要部分，所以對於詩做合理的決定，是建立理想國的基礎。

在希臘文中，詩的原意是「製作」或「創造」，所以詩的原理通於一切藝術。不過希臘人把藝術看得比較寬，包括各種技藝或手工藝在內。柏拉圖在《高爾吉亞》對話裡把詩和糖果香水的製造等量齊觀。在本篇裡他把詩人和畫家看得比木匠和鐵匠還不如。木匠和鐵匠還在製作器具，而詩和圖畫之類藝術只模仿工匠製作之類現象世界事物。他控訴詩人的第一個大罪狀就是從它的本質來說，詩只是一種「模仿」。他所謂「模仿」和近代人所謂模仿不同。近代人把模仿看作仿效前人作品，是與「創造」相對立的，藝術應有創造性，不應限於模仿。柏拉圖卻不是從這個意義看輕模仿，他所謂模仿，如鏡子攝取事物的影像，是和

「製作」（木匠製作床那個意義的「製作」）同意的。詩畫儘管有創造性，它還是取現象世界中的形形色色加以剪裁配合，就還是「模仿」現象世界。在拍拉圖看，宇宙間只有「規律」、「原理大法」——他所謂「理式」——才是眞實的，現象世界只是規律的個別事例，「理式」的具體化，所以是按照或「模仿」理式而來的，可以說是理式的影子或仿本。詩畫之類藝術就是模仿現象世界的某一面相。比如說床，一切床都有「床之所以爲床」那麼一個理式，那是天生自然的（也可以說是「神造」的），常住不變的，那也才是床的本體或眞實體。木匠製床，就要模仿這個床的理式，如果不抓住「床之所以爲床」，就不成其爲床。他的作品不是床的眞實體，只是眞實體的仿本，所以和眞實體隔著一層。詩人或畫家描寫床，就要模仿木匠所製的個別的床，而且還只是那個床從某一時境某一觀點所看到的某一面貌，所以和眞實體又隔著一層。詩畫之類藝術只能算是「模仿的模仿」、「影子的影子」、「和眞理隔著三層」。站在哲學家的地位，柏拉圖要求的是眞知識，而詩畫之類藝術所給的只是迷惑人的幻象。希臘人居然奉製造幻象的荷馬爲教育大師，從他找做人的準則，這尤其是柏拉圖所要駁斥的。柏拉圖的模仿說雖然看來偏頗，卻奠定了藝術的一個基本原則，就是藝術以現象世界爲對象，是具體不是抽象的，是要寫出實人實境，不是憑空談道理的。後來浪漫派著重想像，現實派著重現實人生，趨向本來相反，可是都逃不了柏拉圖的模仿說。

詩人的第一個罪狀是從哲學的立場看詩的本質所提出的，他的第二個罪狀則從政治教育的立場看詩的效果所提出的。柏拉圖的《理想國》的主要目的在替「正義」下定義。人性中有三大成分，最好的是理智，其次是意志，最壞的是情慾。意志和情慾受節制於理智，才達到個人性格的正義。國家有三個階級，相當於理智的是哲學家，相當於意志的是武士，相當於情慾的是工商，武士和工商受哲學家的就治，才達到國家政治的正義。有理想人，才能有理想國。詩人和藝術家們不從理智出發，專逢迎人類的弱點，挑動情慾，產生快感，姑求博取聲譽。情慾愈受刺激，愈需要刺激，久之成爲痼癖，就愈不受理智的節制。希臘人最推尊悲劇，而悲劇就利用人性中的哀憐癖和感傷癖，讓聽衆在旁人的災禍中取樂。這個影響尤其危險，因爲理想國的保衛者們需要勇敢鎭靜，哀憐癖和感傷癖的滋養就會使他們變成一些沒有丈夫氣的懦弱者。

柏拉圖的基本觀點是，詩和藝術應服務於政治，它們的好壞就應從政治教育的影響來看。因此，他提出「效用」一個標準來衡量詩。荷馬値不得那樣讚賞，因爲他既沒有給個人以良好的教訓，又沒有對國家立過功、打過勝仗或是制定過法律。理想國畢竟還可以保留一部分詩，那只是頌神的與歌頌英雄的，因爲這類詩對於政治教育有它的效用。因爲著重實用，柏拉圖以爲託諸空言，不如見諸實行，而詩是徒託空言的。他說「寧願做詩人所歌頌的英雄，不願做歌頌英雄的詩人。」

最後，柏拉圖卻替詩留了一點餘地。他說，如果有人能替詩辯護，證明它不僅產生快感，而且對國家有用，他還可以准詩回到理想國來。這個挑戰首先由他的門徒亞里斯多德接受了。《詩學》可以看作對《理想國》卷十的回答。對於詩的本質的罪狀，《詩學》裡題解有這樣一段申辯：

「歷史寫已然之事，詩寫當然之事。因此，詩比歷史更富於哲學性，地位更高，因為詩表現共相，而歷史只敘述殊相。所謂共相是指什麼樣人在什麼樣情境所必做的事、必說的話，雖然詩替人物取些專名，它的目的卻在這種普遍性。所謂殊相就例如阿爾西比亞德斯那個歷史人物所做的或所遭遇的事。」（《詩學》第九章）

這就是說，詩不只是模仿現象世界的偶然事變，而要見出什麼樣性格在什麼樣情境發出什麼樣言行的道理或規律。詩有「詩的眞理」，在實人實境中具體地表現著，並不如柏拉圖所說的，只在產生幻象。

其次，對於詩的效果的罪狀，《詩學》裡有兩段答辯：

「一般說來，詩起於兩種原因，都是由於人性：第一，人從小就有摹仿本能，他和動物不同，就在他最善於模仿，很早就借模仿來學習，其次，在模仿品中得到快感，這也是很自然的。」（《詩學》第四章）

「悲劇……使用一些情節引起哀憐和恐怖，因而完成這些情緒的淨化。」（《詩學》第六章）

這就是說，人生來就愛好藝術，這是人的本性，不應摧殘；而且情感經過發洩之後，起淨化作用，對於身心健康是有益的。所以柏拉圖所控訴的第二個罪狀不能成立。

本質和效用是詩和藝術的兩大根本問題，柏拉圖和亞里斯多德所提出的兩個不同的看法，在大體上奠定了歐洲文藝思想的基礎。後來的文藝理論在這兩個基本問題上大抵都逃不開這兩大壁壘。

斐德羅篇

——論修辭術

對話人：蘇格拉底

斐德羅

蘇 親愛的斐德羅，你從哪裡來？向哪裡去？

斐 我從克法羅的兒子呂西亞斯那裡來，到城牆外去散步。因爲從天亮起，我就坐在他那裡，一直坐了很久。我們的公共的朋友阿庫門[1]也在場，他勸我沿這條大路走；他說這比在院子裡走要爽快些。

蘇 他說的不錯，朋友。看來呂西亞斯是在城裡？

斐 是，他跟厄庇克拉特住在一起，就住在靠近奧林巴斯天帝廟的莫里侏的那座房子裡。[2]

蘇 你們在那裡拿什麼消遣？呂西亞斯拿他的文章[3]來款待你們，那是一定的囉？

斐 我可以說給你聽，如果你不忙，可以陪我走遠一點。

蘇 忙！哪裡話！你想不到我會像品達[4]的詩所說的，把聽一聽你和呂西亞斯的談話，看作

1 當時雅典的名醫。

2 厄庇克拉特也是當時演說家；奧林巴斯是希臘一座高山，傳說是諸神的居所，天帝是諸神的首長，叫作宙斯，莫里侏是當時雅典的富豪。

3 原文Logos，原義包含談話、演說和寫的文章三件事，這裡用「文章」二字來譯，取中文古義，也包含說和寫。

4 希臘大詩人。

「比一切忙事都較重要」？

斐 那麼，跟我一道走吧！

蘇 你就開始談談吧！

斐 好，我們所談的倒是你的老題目，我們也是在談愛情問題。呂西亞斯寫了一篇文章，談一個美少年受人引誘，而引誘的人卻不是一個有愛情的人。妙處就在這裡，他很巧妙地證明應該接受的倒是沒有愛情的人，而不是有愛情的人。

蘇 眞是一個妙人！我倒願他說應該接受的不是富人而是窮人，不是少年而是老翁。總之，讓我自己和多數人所有的缺點都得到優先權。若是他那樣說，他的話就會眞正有趣，而且有益於公衆福利。我很想聽聽他的話，縱然你要我陪到墨伽拉[5]，像赫迪庫斯[6]所開的方單，步行到那裡城牆邊，又步行回來，我都心甘意願。

斐 你說的什麼話，我的好朋友！呂西亞斯是當今最高明的一位作家，就連他寫這篇文章，也要費很久的時間，費很大的氣力；像我這樣一個門外漢，你以爲我能把他的文章背誦出來，不糟蹋他嗎？我沒有這樣的本領，若是有這樣的本領，我寧可不要發一批大財。

蘇 啊！斐德羅，若是我不懂得你，我就不懂得我自己。可是我懂得我自己，也就懂得你。

5 墨伽拉是雅典西南的一個城邦，蘇格拉底和斐德羅正在出雅典西南城，到伊立蘇河邊去散步。

6 當時的醫生和體育家。

我知道很清楚，你聽過呂西亞斯讀他的文章，覺得聽一遍還不夠，要求他讀而又讀，而且他也很樂意接受你的要求。後來讀得不能再讀了，你還是不滿足，把那篇文章從他的手裡要過來，好把你心愛的那些段落看而又看；這樣就費了你一上午的工夫，坐久了、疲倦了，你才出來散散步。可是那篇文章從頭到尾你都記得爛熟了，若是它不太長的話。你現在是要到城牆外找一個地方，一個人把它再細加研究。在半路上你遇見我這樣一個人，也有愛聽人讀文章的毛病，你就很高興，以為找到了一個人，可以一同咀嚼這篇文章的滋味，大大快樂一場。所以你就邀我陪你一陣往前走。可是到了這位愛聽文章的要你開始念，你卻扭扭捏捏的，好像不大願意。其實你心裡正想有人聽你，縱然找不到人願意聽，你也要強迫他聽。得了吧！斐德羅，遲早你是要說的，就快點說吧！

斐　我看我的最好的辦法是盡我的能力把這篇文章複述一遍，反正我若是不複述一遍，你絕不肯放我過去。

蘇　我的意思你看的很準。

斐　好吧！我盡我的能力來試試。我實在沒有把原文個個字記熟，我可以告訴你，蘇格拉底。關於呂西亞斯所說的有愛情的人和沒有愛情的人的分別，我可以逐條依次說一個大概，我就來從頭說起。

蘇　好，親愛的朋友，但是我先要看看你左手拿著藏在衣襟下的是什麼，我敢打賭那就是那篇文章。如果是的，我就要請你了解，儘管我愛你，卻毫沒有意思要聽你練習背誦，既然呂西亞斯的文章在這裡。拿出來看看吧！

斐 好吧，蘇格拉底，我只得招認了。我本來希望利用你來練習我的記憶，你這一下就把這希望打破了。你願坐在哪裡誦讀它呢？

蘇 我們且撇開這條路，轉彎沿著伊立蘇河走，碰到一個清靜地方，我們就坐下休息。

斐 我今天出來沒有穿鞋，眞湊巧，蘇格拉底。你咧，你從來就不穿鞋。我們最好赤著腳打水裡走，沿著河流，在這個時節，尤其在這個時辰，走水不會不舒適。

蘇 就這樣辦，我們且走且留心找一個坐的地方。

斐 你望見那棵高梧桐樹嗎？

蘇 我望見。怎樣？

斐 那裡陰涼，有草地可坐，如果我們高興，還可躺下。

蘇 我們就朝那裡走。

斐 請問你，蘇格拉底，傳說玻瑞阿斯搶掠俄瑞提亞[7]，可不是就在伊立蘇河的這一帶？

蘇 依傳說是如此。

斐 可不是就在這個地點？這條河在這裡多美、多明亮！我想女郎們愛在這樣的河岸上遊玩。

7 玻瑞阿斯是掌北風的神。據傳說，他搶掠了希臘一個公主俄瑞提亞，和她結了婚，生了兒女。

蘇 倒不在這地點，還要下去小半哩路，在我們過渡到獵神[8]廟的地點，那裡還有一座玻瑞阿斯的祭壇。

斐 我從來沒有注意到它。老實告訴我，蘇格拉底，你相信這個神話嗎？

蘇 如果我不相信它，倒不算什麼荒唐，學者們都不相信這一套話；我可以用學者們口吻對它加以理性的解釋，說她和法馬西亞[9]遊玩時，讓一陣北風吹過附近的山崖，跌死之後，傳說就把她當作被風神玻瑞阿斯搶掠去了，或是從此地搶掠去，或是像另一個傳說所說的，從戰神山。但是這是學者們的態度。至於我，雖然承認這種解釋倒很有趣，可是並不把做這種解釋的人看作可以羨慕，要花很多的精神去穿鑿附會。要解釋的神話多著哩，一開了頭，就沒有罷休，這個解釋完了，那個又跟著來，馬身人面獸要解釋、噴火獸也要解釋，我們就圍困在一大群蛇髮女、飛馬以及其他奇形怪狀的東西中間[10]。如果你全不相信，要把它們逐一檢驗，看它們是否近情近理，這種庸俗的機警就不知道要斷送多少時間和精力。我卻沒有工夫做這種研究；我的理由也可以告訴你，親愛的朋

8 獵神指女神阿耳特彌斯。

9 俄瑞堤亞的女伴，河神之一。

10 希臘神話中這類人獸雜糅的怪物甚多。當時詭辯家們有一種風氣，對神話加以理性的解釋，不免穿鑿附會。蘇格拉底在這裡譏笑他們浪費精力。

友。我到現在還不能做到得爾福神諭[11]所指示的，知道我自己；一個人還不能知道他自己，就忙著去研究一些和他不相干的東西，這在我看是很可笑的。所以我把神話這類問題擱在旁邊，一般人怎樣看它們，我也就怎樣看它們；我所專心致志的不是研究神話，而是研究我自己，像我剛才所說的；我要看一看我自已是否眞是比泰風[12]還要更複雜、更凶猛的一個怪物，還是一種較單純較和善的神明之胄。呃，朋友，這不就是你要帶我到的那棵梧桐樹麼？

斐 就是它。

蘇 哈，我的天后娘娘，這眞是休息的好地方！這棵榆樹眞高大，還有一棵貞椒，枝葉蔥蔥，下面眞陰涼，而且花開的正盛，香得很。榆樹下這條泉水也難得，它多清涼，腳踩下去就知道。從這些神像、神龕來看，這一定是什麼仙女、河神的聖地！再看，這裡的空氣也新鮮無比，眞可愛。夏天的清脆的聲音，應和著蟬的交響。但是最妙的還是這塊青草地，它形成一個平平的斜坡，天造地設地讓頭舒舒服服地枕在上面。斐德羅，你眞是一個頂好的嚮導。

---

11 得爾福是阿波羅神廟所在，廟內有一地洞發出硫磺氣，女巫坐在洞口讓氣熏醉，發出預言，是希臘人最相信的。到廟裡求預言的人甚多。蘇格拉底自己說也曾去求過，預言說他是「希臘人中最有智慧的」。

12 烈風神。一說是噴火巨人。形狀甚惡，有一百個頭，眼睛和聲音都頂可怕。

斐　蘇格拉底，你這人眞奇怪。你眞像你自己所說的，不像一個本地人，倒像一個外方人跟著一個嚮導。原因是你一向就不出城去到國境以外走一走，甚至連在城牆外散散步也不曾有過，我相信。

蘇　是的，你得寬容我一點，斐德羅。你知道，我是一個好學的人。田園草木不能讓我學得什麼，能讓我學得一些東西的是城市裡的人民。可是你好像發現了什麼一種魔力，能把我從城裡引到鄉間來。一個牧羊人拿點穀草在羊面前搖擺，那些飢餓的羊就跟著他走，你也就這樣引我跟你走，不僅走遍雅典，而且你愛引到哪裡，我就會跟到哪裡，單憑你拿的那篇文章做引媒就行了。現在我們既然到達這地點了，我最好躺下來聽你，你自己選一塊草地，開始把那篇文章讀給我聽吧！[13]

斐　好，請靜聽：

你已經知道我的情形怎樣了，也知道我期望這件事[14]的實現對你我雙方都有利益了。現在我就要希望我的請求不至於因爲我不是一個對你有愛情的人，而遭你的拒絕。因爲有愛情的人們一旦他們的慾望滿足了，對於所施與的恩惠就覺得追悔；至於我們沒

---

13 以上敘蘇格拉底遇見斐德羅，相約出城，由斐德羅讀呂西亞斯論愛情的文章。蘇格拉底說明他的研究興趣在「自知」和「知人」。

14 男子同性愛是希臘社會的一個很普遍的現象。這裡所謂「這件事」指此，含有淫猥的意味。

有愛情的人們卻不然，我們不會有追悔的時候，因爲我們施與恩惠，不是受情慾的驅遣，而是自由自願的，顧到自己的地位能力，也顧到自己的利益。其次，有愛情的人們要計算爲了愛情在自己事業上所受的損失，要計算對愛人所施與的恩惠，又要計算他所費的心力，就滿以爲他們對愛人久已酬勞過分了。我們沒有愛情的人們卻不然，我們不能冒充爲了愛情而忽略了自己的事業，不能計算過去所費的心力，也不能埋怨爲了愛情而引起家庭的糾紛。我們既然沒有這些不方便處，所以我們就可以自由自在地做討好對方的事。再其次，假如你說，有愛情的人比較值得看重些，因爲他聲明他愛他的愛人超過愛一切人，只要能討得愛人的歡心，說的話和做的事都不怕得罪全世界人。如果這話是眞的，這也只能證明他有著未來的愛人而拋棄現在的愛人，如果那未來的愛人要他那樣做，他會毫不猶豫地傷害現在的愛人。在這樣非常重大的事情上，一個人如果稍有理性，怎樣能把自己交付給一個患惡病的人？這病連懂得病理的人都不敢診治，因爲病人自己就承認他的神志不清醒，就承認自己瘋狂，自己不能控制自己。這樣人到了神志復原時，回想他在瘋狂中所要做的事，會以爲那是好事嗎？再其次，沒有愛情的人要比有愛情的人多得多，如果你要在有愛情的人們中選擇最好的，你就只能在一個很小的數目中選擇，如果在有愛情的人們以外，你在世界選擇一個最便利於你自己的，你就可以在一個很大的數目中選擇，你就更有希望在這大數目中可以找到一個人，值得做你的朋友。

還有一層，如果你怕輿論，怕事情洩露後受人指責，那麼，有愛情的人們自然高興要誇耀他們的勝利，因為旁人以為他們值得羨慕，他們自己也以為自己值得羨慕，他們會大吹大擂地向一切人誇耀他們的心力不曾白費。至於我們沒有愛情的人們卻不然，我們能控制自己，只講實惠而不講虛名。其次，有愛情的人們明目張膽地追求他們的愛人，掩不住人家的耳目，只要他們碰在一起，人們就疑心他們在談私心話；可是你若是和我們沒有愛情的人們在一塊交談，人們看見了，絕不會疑心，他們知道和一個人交談是常有的事，或是由於交誼，或是為著旁的樂趣。再其次，你憂慮到交情難得長久吧？你心裡想到在通常的情形中，交情破裂了，雙方同樣覺得不幸，可是在愛情中，你把你看得最珍貴的東西交付給對方了，若是破裂，受更大痛苦的就是你吧？那麼，我就要提醒你，最可怕的是有愛情的人們，因為有許多事可以使他們生氣，無論你做什麼，他們都以為你故意要和他為難。也正是因為這個緣故，他們想盡方法阻止你和旁人來往，深怕有錢財的人會用錢財贏過他們，有學問的人會用學問打敗他們；無論一個人有什麼優點，他們都會猜疑那優點對他們有不利。他們勸你脫離了社會，結果使你在世上沒有一個朋友；若不然，你想到你自己的利益，不聽他的話，還是和旁人來往吧！他們就會與你爭吵，交情就要破裂。至於我們沒有愛情的人們卻不然，滿足了慾望，就算達到了目的，對那些和你來往的人們絕不妒忌，並且對不和你來往的人們還要厭恨，因為我們想，瞧得起你就是瞧得起我們，瞧不起你也就瞧不起我們。我們的看法既然如此，你就一定可以想到；我們的交往只會有恩，不會有怨了。

還有一層，有愛情的人們大半只愛容貌，對於愛人的性格和身世毫不明白，因此，到了慾望已滿足的時候，交情就保持不住。至於沒有愛情的人們在達到目的之前，先有友誼，目的達到了，友誼也不會冷淡起來，而且往事的追憶會保證來日的交歡。其次，你和我來往，比和有愛情的人們來往，益處要大的多。那批人對愛人的言行一味讚揚，儘管讚揚的不得體，一半因爲他們怕得罪愛人，一半因爲他們的情慾把他們的判斷力弄昏迷了；愛情的圈套就是這樣，一件事碰得不巧，在旁人看來本値不得煩惱，有愛情的人們就會煩惱；一件事碰得巧，在旁人看來本値不得高興，有愛情的人們就會大加讚賞。所以被他們愛的人們實在是可憐，並沒有什麼可以羨慕的。但是你如果聽我的話，頭一層，我在和你交往中，絕不只顧目前的歡樂，還要顧到你的未來的利益；我會自作主宰，不讓愛情控制住我；也不會爲一點小過錯就對你大生氣，若是大過錯，也不過是慢慢地有一點小不快。至於無心之失，我就會寬容；存心犯的過失，我也會設法事先防止。這些地方不是都可以見出我們的友誼可以維持久遠嗎？如果你以爲沒有愛情就不能有很深的友誼，你就得想一想，若是那樣。兒女、父母對於我們就値不得什麼，我們也不能有忠心的朋友，因爲我們同這些人的團結並不以我們所談的這種愛情爲基礎，而是依靠別種關係。

再說恩寵若是應該給追求最迫切的人們，應該受照顧的就不是最好的人而是最窮困的人，因爲最窮困的人得到恩寵就償了最大的心願，因而也就會懷著最深的感激。正像設酒席待客，應該被邀的倒不是朋友們，而是乞丐們和餓飯的人們，他們會愛戴你，隨從你，依傍你的門戶，心裡最高興，對你最感激不盡，爲你祝福。說到究竟，你應該給恩寵的不是最會討好的，而是最能感恩圖報的；不是只知講愛的，而是値得愛的；不是只愛你年輕貌美的，而是到老也可以和你共安樂的；不是達到目的就向人誇耀的，而是顧全體面，守口如瓶的；不是苟圖一時歡樂的，而是白頭偕老，始終不渝的；不是恩盡怨來，吹毛求疵的，而是你雖年老色衰，他還忠心耿耿的。記住我的話，還想想這一點：有愛情的人們不免受親朋指責，說這種交往不體面，沒有愛情的人們卻從來聽不見親朋們說一句壞話，說他們不顧自己的利益。

你也許要問：我是否在勸你對所有的沒有愛情的人們都一律給恩寵呢？我可以這樣回答：有愛情的人也不會勸你對所有的有愛情的人們都一律給恩寵；因爲就受恩寵者說，漫無選擇的恩寵引不起很大的感激；就你說，你怕人知道了要說閒話，人多就不免嘴雜。我們這種交往應該對雙方有利，不應該對某一方有害。我想我的話已經說夠了。如果你以爲還有什麼應該說而沒有說，也不妨提出來問我。」[15]你看，蘇格拉底，這篇

15　以上是呂西亞斯的文章，他以詭辯家信口雌黃、顚倒是非的方式說明對於一個愛人，沒有愛情的追求者比有愛情的追求者還較好。他純從個人利害觀點出發，把愛情的目的看作滿足感官慾。

（文章如何？從各方面看，尤其是從辭藻方面看，眞是一篇妙文，是不是？

蘇　妙得很，我聽得神魂顚倒了！這卻要歸功於你。斐德羅，因爲我看你讀它讀得眉飛色舞，心想對於這種事情你比我內行，我就跟著你的榜樣，也歡喜得發狂了！

斐　眞的？你在開玩笑吧？

蘇　你以爲我不認眞嗎？

斐　別再那樣說，蘇格拉底。眞話是眞話，憑著友誼之神宙斯，請你告訴我，你想希臘還有第二個人對這個題目可以做出一篇更高妙、更富麗的文章嗎？

蘇　呃，我們在這篇文章裡應該讚賞的是作者所說的哪些內容呢？還只是他的語言簡潔精妙呢？如果該讚賞內容，我不敢讚一詞，你怎麼說就怎麼好，我只注意到辭藻方面，對內容不配表示什麼意見。至於語言方面，我想連呂西亞斯自己也不會滿意。在我看來——我說的不對，你可以糾正——他一句話重複了兩三遍，若不是詞不達意，就是他對這種題目根本就沒有什麼興趣。他給我的印象是一個年輕小伙子想顯才能，一個意思可以用兩三種方式來說，都是一樣好。

斐　你所說的全是廢話，蘇格拉底！你所謂重複正是這篇文章的頂大的優點；這題目中凡是值得說的他沒有遺漏一點。所以我說在語言方面，沒有人能做得比他更好。

蘇　這卻是我不能和你同意的。古代有許多哲人，男的和女的，對這類事情說過話或寫過文章，如果我因爲愛你而隨聲附和你，他們都會起來指責我。

斐 這些人是誰？你在哪裡聽到過比這更好的語言？

蘇 我確實聽到過，不過我目前說不出是從誰聽到過，美人莎芙呢？哲人阿那克里翁呢？[16]還是一位散文家呢？我說不出。可是我爲什麼說聽到過呢？因爲我覺得一種神思煥發，如果有必要，我也能做出一篇文章，和呂西亞斯的那篇不同調，可是並不比它差。這些思致無論如何絕不能由我自己的頭腦裡湧出來，因爲我很明白，我是蒙昧無知的。所以我只能推想：這是從外面的來源灌到我耳裡去，就像水灌到瓶裡去一樣。可是由於腦筋的遲鈍，我竟記不起在哪裡聽到的，或是從誰聽到的。

斐 呵呵！居然有這種事！且不管你在哪裡聽到的，或是從誰聽到的，縱然我很想知道，你也暫不用說，只要你做到你剛才所說的，做一篇文章，用同一題目，同樣篇幅，做的不同，可是做得更好。我可以向你打賭，像九「阿康」[17]一樣，在得爾福鑄一個和身材一般大的金像，不但替我自己鑄，也替你鑄一個。

蘇 你倒頂慷慨的，斐德羅！不過如果你猜想我認爲呂西亞斯所說的全不對，我可以另做一

---

16 莎芙是西元前七世紀希臘女詩人，阿那克里翁是西元前六世紀希臘抒情詩人，都以愛情詩著名。

17 雅典廢除僭主專政後，設九個「阿康」（即執政官）主持國政，他們曾在得爾福立金像，作為獻給阿波羅的紀念品。

篇，和他所說的全不相同，那麼，你就未免眞是金子鑄的了[18]！最平庸的作家也不至於句句都不對。就拿我們談的這個題目來說吧！若是不讚揚沒有愛情的人們謹愼，指責有愛情的人們不謹愼，誰能做得出文章呢？這些都是題中應有之義，丟掉它們就無話可說。所以我以爲對於作者，不用在這方面苛求，對於這一類題目的文章，不必較量裡面的意思，只消看這些意思怎樣安排。只有對於原無題中應有之義的那類題目的文章，意思才是難能可貴的，在安排之外，我們還須看意思本身。

斐 我承認你說的有理，我就給這個題目讓你作出發點，就是說，有愛情的人在神志上不如沒有愛情的人清醒。如果你做出一篇文章比呂西亞斯的那篇更富麗、更有價值，而且用不同的說法，我再說一遍，我就用純金來鑄你的像，擺在奧林庇亞和庫塞勒斯[19]的兒子所立的巨像並列。

蘇 我和你要好，和你開玩笑，你就認眞起來嗎？你眞以爲我要做一篇，來和呂西亞斯這樣大才子爭勝負嗎？

斐 得了吧，蘇格拉底！你原來怎樣對付我，我現在就要那樣對付你，你只有盡力去做你的文章。別讓我們要像丑角用同樣的話反唇相譏，別讓我拿你向我說的話來向你說：

---

18 「金子鑄的」就是「愚蠢」的意思。

19 庫塞勒斯是科林斯僭主，他的兒子珀里安德是希臘「七哲人」之一。

「啊，蘇格拉底！若是我不懂得你，我就不懂得我自己，你本來想說，卻又扭扭捏捏的不肯說。」告訴你吧！你若是不把心裡所想的文章說出來，我們就待在這裡不能走。這裡只有你和我，我比你年輕也比你強壯，想想吧，別逼得我動武！

蘇 但是，我的好人，以我這樣一個外行，要臨時口占一篇文章，來和呂西亞斯那樣大作家爭勝負，那多麼可笑！

斐 別再和我囉嗦了，放明白一點。不然，我有我的辦法，讓你非說不可。

蘇 千萬別使用那個辦法。

斐 不用！哼，馬上就用！我的辦法就是發一個誓；「我憑你發誓」，憑誰？憑哪一位尊神？對了，憑這棵梧桐樹，「我憑這棵梧桐樹發誓，如果你不肯說出你的文章，你就永遠不會從我口裡聽到任何作者的文章，永遠不會聽到我背誦或是提起！」

蘇 壞家伙，你就知道我的心病，酷愛文章如我者就只有向你屈服了。

斐 還有什麼旁的花樣呢？

蘇 沒有。你既然發了誓，我怎能拋開這樣一件樂事呢？

斐 那麼，就請說下去吧！

蘇 你知道我預備怎樣說？

斐 怎樣？

蘇 我要蒙起臉，好快快地把我的文章說完，若是我看到你，就會害羞起來，說不下去了。

斐 只要你說，一切都隨你的便。[20]

蘇 求你們降臨啊，聲音清妙的詩神們！你們有這樣稱呼，也許是由於你們的歌聲的特質，也許是由於你們來自利勾那個長於音樂的民族[21]，求你們保佑我把這位朋友逼我說的故事說出來，使他所忠心崇敬的那位作家顯得更可崇敬！

從前有一個漂亮孩子，或者毋寧說，一個美少年，他有很多的愛人，其中有一個特別狡猾，雖然和旁人一樣愛這個少年，卻故意要使這個少年相信他並不愛他。有一天他向這個少年獻殷勤，用這樣的話來說服他，說一個沒有愛情的人應該比一個有愛情的人更有理由得到恩寵。下面就是他說的話：

無論討論什麼問題，都要有一個出發點，這就是必須知道所討論的對象究竟是什麼，否則得不到什麼結果。許多人對於事物本質，都強不知以爲知；既自以爲知，他們就不肯在討論的出發點上先求得到一個一致的看法，於是愈討論下去，就愈見分歧，結果他們既互相矛盾又自相矛盾。現在你和我不要再犯我們指責旁人的那種錯誤。我們的

20 以上蘇格拉底對呂西亞斯的文章作初步的批評，說丟開內容思想暫且不說，它的布局太亂。斐德羅不服，挑蘇格拉底用同樣題目做一篇較好的文章。

21 詩神叫作繆斯，共九姊妹，分管各種藝術。在希臘她們有Ligaean的徽號，這字有「清亮」的意思，同時它與Ligures形聲相近。這是一個好音樂的民族。

問題是：應該得恩寵的是有愛情的人，還是沒有愛情的人？我們就應該對於愛情的本質和效能先找到一個你我公認的定義，以後我們討論愛情的好處和壞處，就時時刻刻把眼光注在這個定義上。

人人都知道，愛情是一種慾念；人人也都知道，連沒有愛情的人們對於美的和好的東西也有慾念。那麼，沒有愛情的人和有愛情的人應該怎樣區別呢？我們須想到我們每個人都有兩種指導的原則或行爲的動機，我們隨時都受它們控制，一個是天生的求快感的慾念，另一個是習得的求至善的希冀。這兩種傾向有時互相調和，有時互相衝突，有時甲占優勢，有時乙占優勢。若是求至善的希冀借理性的援助，引導我們趨向至善，那就叫作「節制」；若是求快感的慾念違背理性，引導我們貪求快感，那就叫作「縱慾」。縱慾有多種名稱，因爲它有多種形式。某一種形式顯得特別刺目時，犯那毛病的人就因而得到一個不很光榮的稱號。例如食慾若是壓倒了理性和其他慾念，就叫作「饕餮」，犯這毛病的人就叫作「饕餮漢」。若是飲慾挾暴烈的威力使一個人貪酒，那也有一個稱號，用不著說。其他可以由此例推，有一種癖嗜，就有一種名稱。我這番話的意旨你大概已經明白了，它是很明顯的。不過默契不如言喻，我還是明說爲是。有一種慾念，失掉了理性，壓倒了求至善的希冀，浸淫於美所生的快感，尤其是受到同類慾念的火上加油，浸淫於肉體美所生的快感，那就叫作「愛情」。

親愛的斐德羅，我且暫停一下來問你一句話，我覺得有神靈憑附著我，你聽我誦讀時是否也有這樣的感覺？

斐 真的，蘇格拉底，你的話源源而來，滔滔不絕，倒是不常見的。

蘇 別作聲，聽我說！這地方像是神聖的境界！所以在我誦讀之中，若是我有時像有神靈憑附著，就別驚訝。我現在所誦的字句就激昂的差不多像酒神歌了。

斐 眞的是那樣。

蘇 這都是你的過錯！且靜聽下文。也許我感覺要來憑附的那陣迷狂可以過去，不過一切都由神靈決定。我且回到向那位少年談的話：

好，親愛的朋友，要討論的對象究竟是什麼，已經說過了，下過定義了。把眼光投注在這定義上，讓我們來研究研究，有愛情的人和沒有愛情的人，對於接受他們的殷勤的人。究竟有哪些好處或壞處。一個人讓慾念控制住了，變成快感的奴隸了，就自然想設法從他的愛人方面取得最大限度的快感。他於是就有一種心病，喜歡一切不和他的慾念作敵的，厭惡一切比他優越或和他平等的。因此，他的愛人若是有比他優越或和他平等的地方，他也會不樂意，一定常想設法降低愛人，使她顯得比較低劣。愚昧不如聰慧、怯懦不如勇敢、木訥不如雄辯、遲鈍不如敏捷。若是愛人有這些缺點以及其他缺點，無論是天生的或是習成的，都是他的情人[22]所喜歡的，他使本有的缺點變本加厲，

22 西文中「鍾愛的人」和「被愛的人」有主動和被動之分，各有一字，不能混淆。這裡前者譯「情人」，後者譯

未有的缺點逐漸形成，否則他就享受不到那飄忽的快感。因此可想而知，他是很妒忌的，設法不讓愛人接近親友，尤其不讓她接近能幫助她形成高尚人格的人們。這樣他就使愛人遭到大損害，而最大的損害是不讓她接近可以使她在思想上升到最高境界的那些影響。這正是神聖的哲學，情人一定不讓愛人接近哲學，深怕自己因此遭到鄙棄。他要用盡方法使愛人完全愚昧，無論什麼事情都要靠他。這樣，愛人就使情人開心而自己倒霉。總之，說到理智，說到教導合作，從有愛情的人那方面絕對得不到什麼好處。

說到身體方面，一個不顧善惡只顧快感的情人希望他的愛人有什麼樣身體？什麼樣顏色？做什麼樣打扮呢？他不是寧可選嬌柔脆弱的，不肯要強壯魁梧的嗎？他所要的愛人不是在太陽光裡而是在暗室裡長大的，向來不知道出力發汗是怎麼一回事，吃的全是山珍海味；沒有天然的健康顏色，全靠擦脂敷粉。這種生活人人都可以想像到的，不用我多說了，我只需總結一句，然後再說別的。這樣一種人若是遇到戰爭，或是遇到任何緊急關頭，倒可以提高敵人的勇氣，叫親友們和情人自己嚇得發抖！

其次，我們來看看在身家財產方面，有愛情的人交接和管教，對愛人會有什麼好處或壞處。人人都知道得很清楚，一個情人對於他的愛人所認爲最親愛的，最體己的，最

「愛人」。在一般情形下，情人是男的，愛人是女的，在希臘「男風」盛行的社會中，情人是年齡較長的男子，愛人是少年男子。

神聖的，父母也好，親友也好，都一律希望他們滅絕。他心裡想，這批人都是些障礙，都是些對他和愛人的歡聚說短評長的傢伙！還不僅此，他還想到一個愛人若是有財產，無論是金錢或是貨物，就不容易得到手，到了手也不容易駕馭。因此，他妒忌愛人有財產，等它損失完了，他才高興。此外，他還希望愛人長久不結婚、沒有兒女、沒有家庭，因爲他想盡可能地長久霸占著愛人，供他自私的享樂。

世間的災殃確是有許多種類的。它們大半還摻雜一點一時的樂趣。比方說諂媚人，本來是很奸險討厭的，可是當面奉承你的時候，滋味還是不壞。再比方說娼妓，你可以說這類人和她們所做的勾當都是有害的，可是至少在暫時間還能給你很大的快樂。情人對於愛人卻不然，他不僅有害，而且天天在面前囉嗦，叫人生厭。老古話說的好：「幼有幼朋，老有老伴。」年齡相近的人，我猜想，氣味也就相投，友誼就從此產生。可是就連這種友誼過久了也還是膩味。勉強敷衍對於雙方都是一種沉重的負擔。這種情形在情人和愛人的關係上就壞到極點。照例，情人年老而愛人年輕，說不上氣味相投。那年老人日日夜夜都不甘寂寞，受著需要和慾念的驅遣，去從色、香、聲、味、觸各種感覺方面在愛人身上尋求快感，所以他時常守住愛人，拿他來開心。至於那愛人自己，他能得到什麼快感或安慰呢？他看到的是一張起皺的蒼老面孔和蒼老面孔所帶來的一切醜形態，提起來都叫人發嘔，而他卻迫於情勢，非天天受他玩弄不可，他能不極端嫌厭嗎？還不僅此，他天天在衆人面前受到猜疑的監視和偵察，聽些不倫不類的過分的誇獎，也聽此責罵。這些責罵，在那老傢伙清醒的時候，已夠難受，在他醉的時候，就不僅難受，而且到處傳遍，叫人更煩心。

還不僅此，情人在有愛情的時候已經是夠麻煩討厭的，到了愛情消失的時候，他就成爲失信背義的仇人了。從前他發過許多誓、說過許多好話、允許過許多好東西，借這些花言巧語勉強達到目的，愛人所以隱忍敷衍，是希望將來能得到他所允許的那些好處。可是到了還債的日子，那老傢伙變成另樣一個人了，愛情和痴狂都已過去，他現在是一位有理性、有節制的人了。愛人還不知道，還向他索取報酬，提醒他過去發了什麼樣的誓，說了什麼樣的話，滿以爲他還是和從前一樣的人。而他卻只有慚愧，既沒有勇氣說明他已改邪歸正，也找不出辦法去履行痴狂時代所立的誓約，既然變成有理性、有節制了，就不願故態復萌。他現在只好背棄過去了，非做負心人不可了，蚌殼完全翻一個身了[23]，從前他追，現在他逃了。至於那愛人咧？迫於需要，還是要央求他，心裡常懷怨恨，向老天訴苦。他所以走到這步，是由於在原則上不曾了解他不應接受一個神魂顛倒的有愛情的人，應該接受一個神志清醒的沒有愛情的人。若不然，他就不會落到一個沒有信義的人手裡，那人性格又壞、又妒忌、又沒趣，損害了他的財產，損害了他

23 希臘人有一種遊戲，一人先在場中擲一塊蚌殼，看它是正面還是背面落地（有如小孩戲銅錢），決定兩隊遊戲人哪一隊逃，哪一隊追。這裡「蚌殼翻身」指愛人原是被追求者，現在卻變成追求者，情人則恰相反。

的身體健康，尤其是損害了他的心靈的修養——人神所同崇敬的再沒有比這種修養更高的。

想一想我這番話，美好的少年。要明白情人的友誼不是從善意來的，他有一種癮，要拿你來過癮。情人愛愛人，有如狼愛羊。

話就是這樣，斐德羅，我早就說過，我是由神靈憑附來說的，現在話說完了，你不能從我口裡再聽到一個字了。

斐 還沒有完，我想你才說了一半，還有接受沒有愛情的人的好處那一半須拿來對仗起來。你為什麼停在半路呢？

蘇 你沒有看到我的聲調已由酒神歌體轉到了史詩體嗎？這還只是譴責，若是還要讚揚沒有愛情的人，我會變成什麼樣呢？你沒有覺得我已經由詩神憑附上了嗎？這是由於你故意要作弄我。所以我只消補充一句：凡是有愛情的人的壞處，反過來就是沒有愛情的人的好處。這就夠啦，拖長有什麼用處呢？不管我說的這番話會有什麼樣遭遇，那是它的遭遇，我卻要過河，打最近的路回家，免得你讓我倒更大的楣。24

斐 慢點走，蘇格拉底，等著大熱氣過去再走。你沒有注意到現在已快到正午了嗎？正午太

24 以上是蘇格拉底的第一篇文章。他戲擬詭辯家的口吻說明有愛情的人的短處，這種人貪求快感，一味自私，對於愛人的心身、財產和社會關係三方面都不利。

陽停在天中央，緊曬著咧。我們且留在這裡，談一談剛才所說的話。等天氣涼爽了，我們再回去。

蘇 你對文章的愛好眞到了極致啦，斐德羅，我只有驚嘆。你的時代倒產生了一些文章，但是沒有人能趕上你，催生出那麼多的文章，或是你自己口誦的，或是你逼旁人做出的。我看只有忒拜人西米亞斯[25]是例外，旁人都趕不上你。我看你現在又要把我的另一篇文章催生出來。

斐 呵呵，好消息！怎樣？這篇是什麼？

蘇 剛才我正要過河的時候，我又感到那種神旨。那種神旨來臨，通常都是禁止我要做的某一樁事。我彷彿聽見一種聲音在我耳裡說，我犯了謾神罪，沒有懺悔贖罪，就不能走開。這足見我是一個天眼通。固然不是一個很高明的，也夠我自己受用，像一個壞作家看自己的文章對自己是夠好的一樣。我現在很明顯地覺得我犯了罪。談到通天眼，最會通天眼的倒是人類心靈，斐德羅！我剛才口誦我的文章時，心裡就感到一種說不出來的惶恐，像伊比庫斯[26]所說的，怕「求榮於人而得罪於神」。現在我明白我的罪過了。

斐 什麼罪過？

---

25 西米亞斯是一位哲學家，寫過二十多種對話，已不存。

26 伊比庫斯是西元首六世紀希臘抒情詩人。

蘇 你逼我口誦的那篇文章眞是罪該萬死、罪該萬死呀！

斐 這話怎樣說？

蘇 一篇廢話，而且多少是一篇謾神的文章！還能比這更可怕麼？

斐 如果這篇文章眞是像你所說的，倒是頂可怕的。

蘇 哼！厄洛斯不是阿佛洛狄忒的兒子嗎[27]？他不是一個神嗎？

斐 至少照傳說他是如此。

蘇 但是呂西亞斯的那篇文章，和你作弄我從我口裡掏出的那篇文章，都沒有顧到他是神呀！如果厄洛斯是神（他本是神），他就不能是壞東西。可是剛才誦讀的那兩篇文章都把他描寫成爲一種壞東西，在這一點上它們都犯了謾神罪。還不僅此，兩篇雖都是廢話，卻都頂巧妙；說的都不是正經話，卻充得像說出什麼道理似的，來欺哄人們，博得聲譽。所以我必須設法贖我的罪。在神話方面犯罪的有一個古老的贖罪法，連荷馬都不知道，是由斯特西克魯斯[28]發明的。他由於罵過海倫[29]，瞎了眼，卻是不像荷馬那樣糊

27 據神話，愛神叫作厄洛斯（Eros）。是女愛神阿佛洛狄特的兒子，而她又是天帝宙斯的女兒，火神的妻。

28 斯特西克魯斯是西元前七世紀希臘抒情詩人。

29 海倫是墨涅拉俄斯的妻，希臘最美的女人，愛上特洛亞王子帕里斯，跟他私奔，希臘人引以為恥，發動了荷馬在《伊利亞特》裡所歌詠的特洛亞戰爭。

塗[30]；他知事識理，懂得他是爲什麼瞎了，急忙作了一首詩。詩是這樣開頭的：

這番話全不真實！
不，海倫，你根本不曾上船，
不，你根本不曾到特洛亞！

他作完了這首「認錯詩」（這就是詩題），馬上眼睛就不瞎了。我哩，要比這批人聰明一點，在罵了厄洛斯還沒有受他懲罰之前，我就要作我的「認錯詩」。可是這回我不像剛才誦那篇文章時含羞蒙面了，卻要光著頭露出面孔了！

斐 呵，呵，蘇格拉底，那樣我就再快活不過了！

蘇 我的好斐德羅，這就足見你見出我的那篇文章和你從你的鈔本讀出來的那篇文章都太不體面了。假使有一個高尚而和善的人在愛著或曾經愛過一個和他一樣高尚而和善的人，假使他聽到我們念的文章，聽到我們談的那些情人們對愛人們那樣妒忌、那樣仇恨、那樣橫加損害，他會怎樣想呢？他不會以爲我們的愛情觀念是從向來沒有見過眞正愛情的水手們那裡沾染來的吧？他對我們指責厄洛斯的那番話絕不會贊同吧？

30 傳說荷馬是一位瞎眼詩人，這裡的意思像說他瞎眼是由於把十年戰爭歸罪於海倫的私奔。

斐 我的老天，他絕不會贊同！

蘇 哼，你知道，我沒有臉見這樣一個人，我怕厄洛斯自己。所以我希望再做一篇文章，讓它的清泉來洗淨剛才那番話的苦鹹味。我也要勸呂西亞斯趕快另寫一篇，證明在旁的情形相同時，應該給恩寵的不是沒有愛情的人，而是有愛情的人。

斐 你放心，他會寫！你對有愛情的人頌揚了之後，我一定逼呂西亞斯也用同樣題目另寫一篇。

蘇 我相信你，只要你還保持你固有的性格。[31]

斐 儘管放心，請你就開始說吧。[32]

蘇 呀，我剛才向他說話的那位美少年到哪裡去了？他也應該聽聽這一篇。如果他不聽這篇，我怕他會接受一個沒有愛情的人。

斐 他就在你身邊，隨時聽你指使。

蘇 那麼，美好的少年，你要知道，剛才我念的那篇是密里努人，庇托克利斯的兒子斐德羅的話，現在我要念的這篇是希麥剌人，攸費穆的兒子斯特西克魯斯[33]的話。他的話是這

31 斐德羅癖好文章，由本篇可見。

32 以上敘蘇格拉底反悔瀆謾愛神，要另做一篇翻案文章來贖罪，同時對於前兩篇文章又做一番批評。

33 參看第一四三頁註28。動機在認錯贖罪，所以歸原於斯特西克魯斯。

樣說的：

我的話全不眞實，說愛人應該接受沒有愛情的人，儘管有一個有愛情的人在那裡，說這是因爲一個是清醒的，一個是迷狂的。如果迷狂絕對是壞的，這話倒還可說；但是也有一種迷狂是神靈的稟賦，人類的許多最重要的福利都是從它來的。就拿得爾福的女預言家和多多那的女巫們[34]來說吧，她們就是在迷狂狀態中替希臘造了許多福澤，無論在公的方面或私的方面。若是在她們清醒的時候，她們就沒有什麼貢獻。再比方說西比爾女仙們[35]以及一般受神靈感召而能預言的人們，對於許多人們都預先指出未來的路徑，免得他們走錯。像這類事情是人人都知道的，用不著多舉了。

有一件事實是値得引證的，就是古代制定名字的人們不把迷狂（mania）看成恥辱，或是可以拿來罵人。若不然，他們就不會拿這名字加到預知未來那個最體面的技術上面，把它叫作「迷狂術」（manike）。他們所以這樣定名，是因爲把迷狂看成一件美事，是由神靈感召的。後世人沒有審美力，加上一個t，把它變成mantike（「預言術」）。這正猶如用鳥和其他徵兆來測知未來那個技術，本來是借助於思索，使人「心意」（oiesis）中知道「理」（nous）和「事」（historia），所以古人定名爲

34 求阿波羅預言者到得爾福，求宙斯預言者到多多那，兩地預言都由女巫掌管。

35 西比爾女仙十人都能預言。

oionoistike（「占卜術」）；後世爲了要聲音好聽些，加上一個 o 長音，就把它變成 oiönistik（「鳥占術」）了。[36]正如預言術在完善程度和在身分地位上都高於占卜術，迷狂也遠勝於清醒，像古人可以作證的，因爲一個由於神力，一個只由於人力。

其次，有些家族常由於先世血債，遭到災禍疾疫之類天譴，綿延不絕，有一種迷狂可以找到消除的方法。這種迷狂附到一些命數預定的人們身上，使他們禱告祈神，舉行贖罪除災的儀式，結果那參加儀式的受災的人也就進到迷狂狀態，找到免除災禍疾疫的祕訣，從此以後他就永脫各種苦孽了[37]。

此外還有第三種迷狂，是由詩神憑附而來的。它憑附到一個溫柔貞潔的心靈，感發它，引它到興高採烈神飛色舞的境界，流露於各種詩歌，頌讚古代英雄的丰功偉績，垂爲後世的教訓。若是沒有這種詩神的迷狂，無論誰去敲詩歌的門，他和他的作品都永遠站在詩歌的門外，儘管他自己妄想單憑詩的藝術就可以成爲一個詩人。他的神志清醒的詩遇到迷狂的詩就黯然無光了。[38]

---

36 希臘「預言術」與「占卜術」是兩件事，前者由神靈憑附來預示將來禍福，後者憑鳥飛星變之類跡象推斷禍福，前者要迷狂，後者要清醒。

37 希臘人迷信罪孽遺傳，一人犯了罪，子孫幾代都要受懲罰，因此有一種消災的宗教儀式。這裡說的是第二種迷狂——宗教的迷狂。前面預言的迷狂是第一種。

38 這段談詩的迷狂是有名的一段，詩的迷狂即詩的靈感。參看《伊安篇》。

由神靈憑附而來的迷狂就有這些美滿的效果，還有許多其他在這裡說不盡的。所以迷狂並不是可怕的，我們也不要讓任何話嚇唬倒，來相信一個神志清醒的比一個痴狂的是更好的情人。話本來不能這樣說，相信這種話的人要想勝利的話，他就得證明；老天拿愛情給相愛的兩個人，對他們彼此毫無一點益處。至於我們呢，所要證明的卻正和這話相反，老天要賜人最大的幸福，才賜他這種迷狂。我的證明不一定能說服弄巧好辯的人們，可是在眞正的哲人看，卻是千眞萬確的。第一步我要研究靈魂的本質，無論它是人的或是神的。要知道這方面的眞理，先要考察靈魂的情況和功能。[39]

凡是靈魂都是不朽的——因爲凡是永遠自動的都是不朽的。凡是能動另一物而又爲另一物所動的，一旦不動時，就不復生存了。只有自動的，因爲永不脫離自身，才永動不止，而對於一切被動的才是動的本源和初始。初始不是創生的，因爲凡是創生的都由一個初始創生而來，而初始本身卻不由另一物創生而來，否則它就不成其爲初始。它既不是創生的，就必然是不可毀滅的；因爲若是初始毀滅了，它自身就不能無所自而創

39 希臘文Pnemna，拉丁文Anima，法文Ame，英文Soul，一字含義甚廣，指「生命」，「生命的主宰」，與身體相對的「心」，「有生命的人或物」。希臘人相信這是可離身體生存而且不朽的，原帶有宗教迷信意味，所以譯「靈魂」，還它的迷信本色。至於單指「心」時則譯「心靈」，因為古代人看「心」都不脫「靈魂」的意思。我們現代人可以把它作「生命」和「心」去了解。古代人對這東西也有一個唯物的看法，就是把它看作生時有，死時去的那個「氣」。

生，而它物也就不能由它而創生，如果凡物不能不由初始創生的道理是眞確的。從此可知：凡是自動的才是動的初始，就其爲初始而言，既不能由它物創生，也不能毀滅，否則全體宇宙和萬事萬物就同歸於盡，永不能再有一物使它們動，使它們又開始生存。自動者的不朽既然證明了，我們就可毫不遲疑地說：這種自動性就是靈魂的本質和定義。凡是由它動的物體可以叫作無靈魂的，凡是由自動的物體可以叫作有靈魂的，因爲靈魂的性質原來如此。如果自動者確實就是靈魂，它就必然不是創生的。不可毀滅的了。關於靈魂不朽的話這就夠了。

至於靈魂的性質，若要詳說，話就很長，而且要有神人的本領，較簡易的而且是人力所能做到的是說一說靈魂的形似。我們姑且把靈魂比喻爲一種協合的動力，一對飛馬和一個御車人。神所使用的馬和御車人本身都是好的，而且血統也是好的，此外一切生物所使用的馬和御車人卻是複雜不純的。就我們人類來說，御車人要駕馭兩匹馬，一匹馴良，另一匹頑劣，因此我們的駕馭是一件麻煩的工作。這裡我們要問：所謂「可朽」和「不朽」是怎樣區別出來的呢？凡是靈魂都控制著無靈魂的，周遊諸天，表現爲各種不同的形狀。如果靈魂是完善的，羽毛豐滿的，它就飛行上界，主宰全宇宙。如果它失去了羽翼，它就向下落，一直落到堅硬的東西上面才停，於是它就安居在那裡，附上一個塵世的肉體，由於靈魂本有的動力，看去還像能自動，這靈魂和肉體的混合就叫作「動物」，再冠上「可朽的」那個形容詞。至於「不朽者」之所以叫作「不朽者」，卻不是人類理智所能窺測，我們既沒有見過神，又不能對神有一個圓滿的觀念，只能假想他是一個不朽的動物，兼具靈魂和肉體，而這兩個因素是無始無終地緊密接合在一起的。不過關於這個問題，我們究竟怎樣說，最好委之於神。我們姑且只問靈魂何以失去它的羽翼。

羽翼的本性是帶著沉重的物體向高飛升，升到補的境界的，所以在身體各部之中，是最近於神靈的。所謂補靈的就是美、智、善以及一切類似的品質。靈魂的羽翼要靠這些品質來培養發展，遇到醜、惡和類似的相反品質，就要遭損毀。諸天的上皇，宙斯，駕馭一輛飛車，領隊巡行，主宰著萬事萬物；隨從他的是一群神和仙，排成十一隊，因爲只有赫斯提亞[40]留守神宮，其餘列位於十二尊神的，各依指定的次序，率領一隊。諸天界內，賞心娛目的景物，東西來往的路徑，都是說不盡的，這些極樂的神和仙們都在當中徜徉遨遊，各盡各的職守，凡是有能力又有願心的都可以追隨他們，因爲神仙隊中無所謂妒忌。每逢他們設宴尋樂，他們都沿那直陡的路高升一級，一直升到諸天的絕頂。載神的車馬是平衡排著的，而且聽調度的，所以升起來很容易；但是其他的上升很困難，因爲他們的馬有頑劣的，若是沒有受過御車人的好教練，就會拖他們下降到地

40 希臘神話中有十二位大神，都由宙斯領導。赫斯提亞是其中之一，她是家庭神，終身不嫁，象徵貞潔。她困守天宮，所以這裡只有十一位神領隊巡行諸天。

上，於是靈魂感到極端痛苦和衝突。至於不朽者們到達絕頂時，還要進到天外，站在天的背上，隨著天運行，觀照天外的一切永恆的景象。

天外境界還沒有，也永不會有塵世的詩人來好好地歌頌。我現在要把它描繪一下，因爲我必須敢照眞理說，既然眞理是我的題旨。就在這天外境界存在著眞實體，它是五色無形，不可捉摸的，只有理智——靈魂的舵手、眞知的權衡——才能觀照到它。因此，神的心思，由於從理智和眞知滋養成的——以及每個能求合宜滋養的那種靈魂的心思，到了能見眞實體的火候——見到事物的本體，就怡然自得，而眞理的光輝就成爲它的營養，使它發揚光大，一直到天的運行滿了一周，帶它回到原點的時候。在運行的期間，它很明顯地，如其本然地，見到正義、美德和眞知，不是像它們在人世所顯現的，也不是在雜多形象中所顯現的——這些是我們凡人所認爲眞實的——而是本然自在的絕對正義、絕對美德和絕對眞知。它既然以同樣方式見到一切事物的本體而心曠神怡了，它又回到天內，回到它的家。到了家，御車人把馬牽到馬房，拿仙露神漿來給它們吃。

神的生活如此。至於旁的靈魂咧，凡是能努力追隨神而最近於神的，也可以使御車人昂首天外，隨著天運行，可是常受馬的拖累，難得洞見事物的本體；也有些靈魂時升時降，駕馭不住頑劣的馬，就只能窺見事物本體的局部。至於此外一些靈魂對於上界雖有願心而無眞力，可望而不可攀，只困頓於下界擾攘中，彼此爭前，時而互相踐踏，時而互相碰觸，結果鬧得紛紛亂鬨、汗流浹背，由於御車人魯莽滅裂，許多靈魂因此受傷，羽翼也損壞了。費盡大力，看不見眞理，這批靈魂就引身遠退，於是他們的營養就只有妄言妄聽的意見[41]了。爲什麼靈魂要費那樣大力來求見眞理大原呢？因爲那大原上長著靈魂的最高尙的部分所需要吃的草，以高舉靈魂爲本性的羽翼也要借這種草來滋養。

現在就要講阿德拉斯提亞[42]的詔命了。凡是靈魂緊隨著神而見到事物本體的，一直到下一次運行的開始，都可不受傷害；如果它能常保持這狀態，它就可永不受傷害；如果它不順隨神，沒有見到事物本體，或是由於不幸，受著昏沉和罪惡的拖累，它就沉重起來，終於失去羽翼而沉到地上。於是它就依一種定律，在第一代裡不能投生於任何獸類。如果它對於眞理見得最多，它就附到一個人的種子，這個人注定成爲一個愛智慧者、愛美者，或是詩神和愛神的頂禮者。這是第一流，第二流的種子成爲守法的君主，戰士或是長於發號施令者。第三流投生爲一個政治家，或者至少是一個經濟家或財政家。第四流投生爲一個愛好體育的或是以治療身體爲業的。第五流投生爲一個預言家或是掌宗教典禮的。第六流最適宜於詩人或是其他模仿的藝術家。第七流爲一個工人或農

41 柏拉圖所謂「意見」是和「知識」相對的，前者只是對於現象的未經證實的了解，後者才是對眞實本體的理性的認識。

42 阿德拉斯提亞是司命運的神。

人。第八流爲一個詭辯家或煽惑群衆者。第九流則爲一個僭主。

在這九種不同的情況中，凡是依正義生活的以後可以升到一種較好的情況，不依正義生活的以後就要降一級。因爲每個靈魂不過一萬年，不能回到他的原來出發點，也就不能恢復他的羽翼，僅有的例外是愛智慧的哲學家，或是以哲學的愛去愛少年人的。他們的靈魂如果連續三次都維持這樣生活而不變，到了千年運行一度的第三度，就可以恢復羽翼；到了三千年滿了，就可以高飛而去。此外一切靈魂，到第一生終了時都要應傳受審，依審判的結果，或是到地下監獄裡，爲他們的罪過受懲罰，或是飄然升到天上某一境界，過一種足以酬報在世功德的生活。但是到了一千年終了時，這兩批靈魂都要回來選擇次一生的生活，這選擇是全憑自願的。就是在這種時會，本來是人的靈魂有轉到獸類生活的，也有本來是人，由人轉到獸，現在又轉回到人的。但是向來沒有見過眞理的靈魂，就絕不能投生爲人。

這原因在人類理智須按照所謂「理式」[43]去運用，從雜多的感覺出發，借思維反

43 柏拉圖所謂「理式」（cidos，即英文idea）是真實世界中的根本原則，原有「範形」的意義。如一個「模範」可鑄出無數器物。例如「人之所以為人」就是一個「理式」，一切個別的人都從這個「範」得他的「形」，所以全是這個「理式」的摹本。最高的理式是真、善、美。「理式」近似佛家所謂「共相」，似「概念」而非「概念」；「概念」是理智分析綜合的結果；「理式」則是純粹的客觀的存在。所以相信這種「理式」的哲學，屬於客觀唯心主義。

省，把它們統攝成爲整一的道理。這種反省作用是一種回憶，回憶到靈魂隨神周遊，憑高俯視我們凡人所認爲眞實存在的東西，舉頭望見永恆本體境界那時候所見到的一切。現在你可以明白只有哲學家的靈魂可以恢復羽翼，是有道理的，因爲哲學家的靈魂常專注在這樣光輝景象[44]的回憶，而這樣光輝景象的觀照正是使神成其爲神的。只有借妥善運用這種回憶，一個人才可以常探討奧祕來使自己完善、才可以眞正改成完善。但是這樣一個人既漠視凡人所重視的，聚精會神來觀照凡是神明的，就不免被眾人看成瘋狂，他們不知道他其實是由神憑附著的。

以上所講的都是關於第四種迷狂。有這種迷狂的人見到塵世的美，就回憶起上界裡眞正的美，因而恢復羽翼，而且新生羽翼，急於高飛遠舉，可是心有餘而力不足，像一隻鳥一樣，昂首向高處凝望，把下界一切置之度外，因此被人指爲迷狂。現在我們可以得到關於這種迷狂的結論了，就是在各種神靈憑附之中，這是最好的一種，無論就性質還是就根源來說，無論就迷狂者本人還是就他的知交來說；鍾愛美少年的人有了這種迷狂，就叫作愛情的迷狂。每個人的靈魂，我前已說過，天然地曾經觀照過永恆眞實界，否則它就不會附到人體上來。但是從塵世事物來引起對於上界事物的回憶，這卻不是凡是靈魂都可容易做到的，凡是對於上界事物只暫時約略窺見的那些靈魂不易做到這

44 「光輝景象」指靈魂在上界所見到的絕對的眞、善、美。

一點，凡是下地之後不幸習染塵世罪惡而忘掉上界偉大景象的那些靈魂也不易做到這一點。剩下的只有少數人還能保持回憶的本領。這些少數人每逢見到上界事物在下界的摹本[45]，就驚喜不能自制，他們也不知其所以然，因爲沒有足夠的審辨力。

正義、智慧以及靈魂所珍視的一切，在它們的塵世仿影中都黯然無光，只有極少數人借昏暗的工具[46]，費極大的麻煩，才能從仿影中現出原來眞相。過去有一個時候，美本身看起來是光輝燦爛的。那時我們跟在宙斯的隊伍裡，旁人跟在旁神的隊伍裡，看到了那極樂的景象，參加了那深密教的人教典禮——那深密教在一切深密教中可以說是達到最高神仙福分的；那時我們頌讚那深密教還保持著本來眞性的完整，還沒有染到後來我們要染到的那些罪惡；那時隆重的人教典禮所揭開給我們看的那些景象全是完整的，單純的、靜穆的、歡喜的，沉浸在最純潔的光輝之中讓我們凝視，而我們自己也是一樣純潔，還沒有葬在這個叫作身體的墳墓裡，還沒有束縛在肉體裡，像一個蚌束縛在它的殼裡一樣。暫且放下回憶不談吧！因爲留戀過去，我的話說得太長了！

我回到美。我已經說過，她在諸天境界和她的伴侶們同放著燦爛的光芒。自從我們來到人世，我們用最明朗的感官來看她，發現她仍舊比一切更明朗，因爲視官在肉體感

45 「上界事物」是「理式」，「下界摹本」是由「理式」來的具體事物。
46 「昏暗的工具」指感官，有肉體蒙蔽，所以昏暗。

官之中是最尖銳的；至於理智卻見不著她。假如理智對她自己和其他可愛的眞實體也一樣能產生明朗的如其本然的影像，讓眼睛看得見，她就會引起不可思議的愛了。但是並不如此，只有美才賦有一種能力，使她顯得最出色而且最可愛。

一個人如果不是新近參加入教典禮，或是受了汙染，他就很遲鈍，不易從觀照人世間叫作美的東西，而高升到上界，到美本身。他也不能抱著敬心朝這方向去望，卻把自己拋到淫慾裡，像畜牲一樣縱情任慾，違背天理，既沒有忌憚，也不顧羞恥。至於剛參加入教典禮的人卻不然，他所常觀照的是過去在諸天境界所見到的眞實體，如果他見到一個面孔有神明相，或是美本身的一個成功的仿影，他就先打一個寒顫，彷彿從前在上界掙扎時的惶恐再來侵襲他，他凝視這美形，於是心裡起一種虔敬，敬它如敬神；如果他不怕人說他迷狂到了極頂，他就會向愛人馨香禱祝，如向神靈一樣。當他凝視的時候，寒顫就經過自然的轉變，變成一種從未經驗過的高熱，渾身發汗。因爲他從眼睛接受到美的放射體，因它而發熱，他的羽翼也因它而受滋潤。感到了熱力，羽翼在久經閉塞而不能生長之後又甦醒過來了。這種放射體陸續灌注營養品進來，羽管就漲大起來，從根向外生長，布滿了靈魂胸脯——在過去，靈魂本是周身長著羽毛的。在這過程中，靈魂遍體沸騰跳動，正如嬰兒出齒時牙根感覺又癢又疼，靈魂初生羽翼時，也沸騰發燒，又癢又疼。

每逢他凝視愛人的美，那美就發出一道極微分子的流（因此它叫作「情波」）[47]，流注到他的靈魂裡，於是他得到滋潤，得到溫暖，苦痛全消，覺得非常歡樂。若是他離開了那愛人，靈魂就失去滋潤。他的毛根就乾枯，把向外生發的幼毛窒塞住，不讓它們生長。這些窒塞住的幼毛和情波融在一起，就像脈搏一樣跳動，每一根幼毛都刺戳它的塞口，因此靈魂遍體受刺，疼得要發狂。但是只要那愛人的美一回到記憶裡來，他就轉痛為喜了。這痛、喜兩種感覺的混合使靈魂不安於他所處的離奇情況，彷徨不知所措，又深恨無法解脫，於是他就陷入迷狂狀態，夜不能安寢，日不能安坐，只是帶著焦急的神情到處徘徊，希望可以看那具有美的人一眼。若是他果然看到了，從那美吸取情波了，原來那些毛根的塞口就都開起來，他吸了一口氣，刺疼已不再來，他又暫時享受到極甘美的樂境。所以他盡可能地不肯離開愛人的身邊，不把任何人放在眼裡，父母親友全忘了，財產因疏忽而遭損失，他也滿不在意，從前他所引以自豪的那些禮節和規矩，也被他唾棄了。他甘心做奴隸，只要人家允許他，緊靠著他所渴望的人躺著，因為他不

47 希臘文himeros一同由「向前動」、「極微分子」、「流」三個意義合成的。柏拉圖以為一見鍾情時，對方發出一種極微液體流到鍾情人的靈魂裡。這是愛情的一種唯物的解釋。依近代心理學，對方在容貌或其他生理方面有某種特點，刺激了性慾本能，引起愛的情緒。這裡依原文字義譯「情波」，英譯本有乾脆譯為「情緒」或「欲望」的。

僅把他當作具有美的人來崇敬，而且把他看成消災除病的醫生。

我的美好的少年，這番話本是向你說的，這種情感在人間叫作「厄洛斯」[48]，如果我告訴你們怎樣稱呼它，少不更事的像你當然不免發笑。有兩句歌頌「厄洛斯」的詩——我想是模仿荷馬的詩人們的手筆，其中第二句很不高明，而且音節也簡直不調，這兩句詩是這樣：

凡人叫他做憑翼而飛的厄洛斯；
但神們叫他做羽客，因為他生性能長羽翼。

信不信由你，但是愛的原因和效果卻都像這裡所說的。

如果鍾情人從前在宙斯的隊伍裡站過班，他對以羽翼得名的那個神所加的負擔，就可以比旁人負得重些。如果他追隨過戰神阿瑞斯巡行諸天，現在鍾情了，他就會幻想他的愛人對不起他，動了殺機，不惜讓愛人和自己同歸於盡。追隨其他諸神的人們也可以例推。每個人曾經站在那個神仙隊裡，就盡力尊敬那個神，模仿那個神，只要他還沒有受汙染，他的人間生命還在第一代；他和愛人以及一般人的交往態度也就按照他所追隨

48 厄洛斯是希臘文，意思是「愛情」，參看第一四三頁註27。

的神的性格。因此，每個人選擇愛的對象，都取氣味相投的，那被選擇的對象彷彿就是他的神，就像他所雕飾的一尊神像，備他供奉禱祝。比如說，宙斯的隨從者就找性格像宙斯的愛人，所以要看他在本性上是不是一個哲人，是否宜於督導。他們若找到了這樣對象，就鍾情於他，盡力使他眞正成為哲人，宜於督導。如果他們從前沒有做過這種事，現在就開始學習，請教凡是可以賜教的人，或是自己研討。他們憑自力循路前進，要發現他所追隨的那神的性格，通常是能如願以償，因為他們不得不聚精會神地凝視那神。到他們從追憶達到那神，就得到他的感發，從他那裡學得他們的性格和習慣，凡是凡人所能分取於神的他們都得到了。於是他們就把所獲得的這些果實拿給愛人，愛他比從前更深摯。他們從宙斯那裡所吸取的甘泉，像酒神的女信士飲酒一樣，他們都拿來灌注到愛人的靈魂裡，使他盡量類似他們所追隨的神。再比如說天后赫拉的隨從者所尋求的少年人是有帝王氣象的，到尋求到手了，就恰恰按照天后的性格去對付他。阿波羅以及其他諸神的信徒都可以此例推。他們都跟著自己的神的腳步走，找愛人都要他符合那神的性格。找到了這樣對象，他們一方面自己盡力模仿那神，一方面督導愛人，使他在行為風采上都和那神相似。這要看愛人們各人的能力，至於他們對於愛人卻不存妒忌，而要盡一切努力使他類似他們自己，也類似他們所尊敬的神。凡是眞正能愛的人們用情都是這樣完美，如果他們成就了他們的愛情，他們就算參加了神聖深密教的人教典禮，而愛人也從他們手裡得到美滿的幸福，只要他讓愛征服了。他是怎樣讓愛征服的？請聽下文：

在這故事的開始，我把每個靈魂劃分為三部分，兩部分像兩匹馬，第三部分像一個御車人。我們現在姑且還依這種劃分。你也許還記得，這兩匹馬之中一匹馴良，一匹頑劣。究竟它們馴良在哪裡，頑劣在哪裡，我們現在就要說明。頭一匹馬占較尊的位置，樣子頂美、身材挺直、頸項高舉、鼻子像鷹勾、白毛黑眼。它愛好榮譽、謙遜和節制，因為懂事，要駕馭它並不需鞭策，只消勸導一聲就行。至於頑劣的馬恰相反，龐大、彎曲而醜陋、頸項短而粗、面龐平板、皮毛黝黑、眼睛灰土色裡帶血紅色，不規矩而又驕橫、耳朵長滿了亂毛、又聾，鞭打、腳踢都難得使它聽調度。所以每逢御車人看到引起愛情的對象，整個靈魂讓感覺惹得發燒，情慾刺戳得他又癢又疼的時候，那匹馴良的馬知羞識恥，不肯向那愛人冒然跳去；而那匹頑劣的馬卻不顧主人的鞭策或刺棍，就亂蹦亂跳，給它的主人和馬伴惹出說不盡的麻煩，逼主人向那愛人跑，去追求愛情的歡樂。它的主人和馬伴起初對它所慫恿的那種違法失禮的罪行都憤然抗拒，可是後來被它鬧得不休，也就順從了它，讓它帶著走，做它所慫恿的事了。

因此，他們來到那美少年面前，看見他滿面紅光。那御車人因而回想起美的本體，回想起她和節制並肩站在一個神座上。他在這幅景象面前一邊惶恐，一邊肅然起敬，不覺失足向後倒在地上，這一失足猛地把韁子往後一拉，拉得兩匹馬都屁股坐地，一匹很馴服地不動，另一匹卻掙扎個不休。人、馬倒退了幾步之後，那匹馴良的馬又羞又懼，渾身汗溼；而那匹頑劣的馬在跌倒和被口鐵碰擊之後剛止了疼，剛喘了一口氣，就破口痛罵，罵它的主人和馬伴，罵他們懦弱，退了隊伍，不守約。它又催他們向前衝，儘管他們不肯，它還是催，他們央求下次再說，它才勉強應允。約定的時候到了，他們裝著忘記了這回事，它提醒他們，踢著、叫著、拖著要走，逼他們再度到那愛人面前去做與前次一樣的提議。後來他們人馬快要走到了，它向前低下頭，咬緊口鐵，死勁向前拖。但是御車人又感到前次的那種情緒，而且更強烈，像賽跑人跑到終點的柵欄一樣，向後一倒退，韁子比前次拉的更猛，把那匹頑馬的口鐵往後猛扯，扯得它口破血流，屁股和腿都栽在地上栽破了，惹得它只好挨痛。這經驗重複了許多次，那匹壞馬終於學乖了，丟掉它的野性了，低頭貼耳地聽御車人的調度，一看到那美的對象就　得渾身發抖。到了這個時候，情人的靈魂才帶著肅敬和畏懼去追隨愛人。

因此那愛人受到無限的崇拜，就像是一個神，而那情人並非開玩笑，是出自眞心眞意。在愛人方面，他對這個忠僕也自然有一種友誼。雖然在從前他的學友或旁人也許警告過他，說接近情人是不體面的事，因而使他要拒絕情人，可是時過境遷，到了適當的年齡，他就改變態度，准許情人和他來往了。因爲壞人和壞人天生注定的不能做朋友，好人也天生注定的只和好人做朋友。他既然接受了情人，聽過他的言論，親近過他的風采，雙方的情感就日漸親暱，他就不免爲情人的恩愛所感動，覺得凡是他的親親友友對他的友誼加在一起，也遠遠比不上這位神靈憑附的朋友所給他的恩情。他以後繼續親近那情人，在健身場或其他會場上和他擁抱，於是就有我已說過的那種泉流——宙斯鍾情於伽尼彌德[49]的時候把它叫作「情波」——大量地向情人流注。它一部分注進他身體裡面，一部分在他裝滿之後又流出來了。像一陣風或是一個聲音碰到平滑而堅硬的東西就往回竄，竄回原出發點一樣，那從美出發的情波也竄回到那美少年，由天然的渠道——他的眼睛——流到他的靈魂。到了靈魂，把它注滿了，它的羽翼就得滋潤，開始發出新羽毛，這樣一來，愛人的靈魂也和情人一樣裝滿愛情了。

這樣的他在愛了。愛什麼呢？他說不出，也說不出他嘗得什麼樣滋味，爲了什麼理由。他就像一個人看了別人的砂眼，自己也得了砂眼。他的情人像一面鏡子，在這裡面他看見了自己的形象，何以如此，他卻莫名其妙。情人在面前，像情人自己所曾經驗的一樣，苦惱就一去無蹤影了；情人不在面前，也像情人自己所經驗的一樣，就渴望能再見。他可以說有了回愛，或是愛情的返照。他不把這個叫作「愛情」，只肯把它叫作「友誼」，可是他情人所想望的他也想望，只是比較淡薄一點，他也想望見面、接觸、接吻、擁抱。以後的情形就可想而知了。他們倆在同床時，那情人的不受約束的馬就有好多話向主人說，勸他要在一點快活事裡得到許多心血的報酬；愛人的劣馬雖不作聲，可是熱得發燒，莫名其妙地神魂不寧伸出胳臂去抱那情人，吻他，心裡想，這也不過像

49 伽尼彌德是希臘神話中最美的少年，替宙斯斟酒。

吻一個密友一樣。他們既然擁抱在一起了，情人若是要求什麼，愛人也就不至於拒絕了。但是那另一匹馬，那匹馴良的馬，卻和主人站在一起，受了貞潔和理性的感召，向那匹劣馬進行掙扎抵抗。

姑且假定他們的本性中高尚的成分占了優勝，因而讓他們過著有紀律而且有哲學意味的生活，那麼，他們在世的時候就會終身諧和快樂了，因爲他們能做自己的主宰，循規蹈矩，降伏了惡根，開放了善源。到了他們去世的時候，他們就身輕如燕，舉翼升天，在三次奧林匹克競賽中，他們得過第一次勝利了[50]。這是最大的福分，凡人所能憑人類智慧或神靈迷狂而得到的福分都莫過於此了。姑且假定和這相反的情形，假定他們過著一種較粗鄙的生活，不愛智慧而只愛榮譽，那匹劣馬就很可能在沉醉或放肆的時候，趁靈魂不戒備，把他們帶到一個地方，選擇凡人以爲快樂的事來做。既然做了一回，他們以後就陸續地做，可是還不敢做的太多，因爲他們所做的並不是他們全心全意所抉擇的。他們倆也相親相愛，可是不如上面所說的那兩位深摯；他們相依相靠，無論是在愛情旺盛還是在愛情衰竭的時候，因爲他們深信彼此已交換過最神聖的信誓，若是有一天因爲反目而背棄了那信誓，就不免冒犯神明。到臨終的時候，他們固然沒有羽翼，可是也並非沒有在長羽翼上努過力，他們的靈魂也離開了肉體。這對於他們的愛情

50 依希臘慣例，在奧林匹克競賽中，摔跌連勝三次才算勝利。

的迷狂不算是一個小報酬，因爲按照規律，凡是提過腳預備走登天大路的人們，就不至於要走陰間黑路；他們就要手牽著手一陣前行，過著光明而愉快的生活，到了應長羽翼的時候，他們還是長羽翼，爲了他們的愛情的緣故。

我的美好的少年，有愛情的人的友誼就能給你這樣偉大的神仙福分！但是如果和沒有愛情的人來往，雙方的關係就混雜著塵世的小心謹愼和塵世的寒酸打算，結果就不免在愛人的靈魂裡養成俗人認作品德的庸陋，注定要在地面和地下滾來滾去，滾過九千年，而且常在愚昧狀態裡滾。

親愛的愛神啊！這是我盡我的能力所能作到的一篇最好的認錯詩，我拿它來作爲獻禮也作爲洗罪書。「從各方面看，尤其從辭藻方面看」，都是用詩的聲調，斐德羅使我不得不如此。求你對前一篇文章寬宥，對這篇文章獎掖，求你保佑我，不要生氣把你已經給我的那套愛情學問收回，也不要讓它有毛病；求你保佑我在美少年們面前比從前更能博得信任。若是在前一篇文章裡，斐德羅和我說了什麼話得罪了你，請你把它記在呂西亞斯的帳上，沒有他就不會有那篇文章，請你醫好他的毛病，不再做這類文章，讓他像他的哥哥波勒馬庫斯[51]一樣，轉到哲學方面去。那麼，現在也在你面前的他的這位情人就不會像今天這樣在兩種意見中徘徊，舉棋不定，就會全心全意地把生命貢獻給愛情

51 波勒馬庫斯可能是蘇格拉底的弟子，《理想國》對話第一部分就是在他家裡舉行的。

和哲學言論。[52]

斐　我參加你的禱祝，如果這樣對我們比較好，我就禱祝我們能像這樣。至於你這篇文章，我老早就欽佩不置了，比前一篇做的真要美得多了！我恐怕呂西亞斯要顯得是小巫見大

---

52 以上是蘇格拉底的第二篇文章，目的在推翻前兩篇文章的論點，說明愛情的神聖，以及愛情與靈魂的關係。這裡包含柏拉圖哲學的精華，和《會飲篇》的第俄提瑪的啟示一段有同等的重要。文長意多，又摻雜神話，驟讀不易了解，現在把它的脈絡理清，以便初學。全文分三大段，每段又常分數節。㈠迷狂的神聖性：前兩文詆毀愛情，都以為愛情是一種瘋狂狀態，所以這裡頌揚愛情先從頌揚迷狂出發：㈡靈魂的本質和演變：要明白迷狂的神聖性，我們須進一步了解靈魂。(A)靈魂在本質上是不朽的（意即「神聖的」），用自動的道理證明；(B)靈魂的活動如一人御兩飛馬（象徵理智駕馭賞志和慾念）遊行，遊行順暢與否，看兩馬是否馴良，御者是否駕馭有方，神與凡人由此分別，(C)靈魂的巡遊（象徵生命的經歷，學問道德的修養）：諸神分隊巡行諸天，凡人的靈魂隨行；御良馬馴者高飛天外，窺見真實本體（真善美諸理式），御與馬較差者各隨能力所至，愈飛低所見愈淺，御劣馬頑者鍛羽墮地，與肉體結合，成為各種高低不同的人物，(D)靈魂的輪迴，與肉體結合的靈魂視其修行努力的程度，和羽翼的長短強弱，依一定時限輪迴，上升諸天或下墮畜界：(E)靈魂的記憶，人在世間的感官經驗可以喚起投生前巡行諸天時所見真實本體或理式的記憶，因為這些感官經驗本是理式的摹本；這種記憶使靈魂復生羽翼，準備再度高飛。㈢愛情的本質與表現：(A)愛情就是因美的感官印象而回憶美的理式時的心理緊張煥發狀態，一般人以為它是迷狂，其實是受神靈憑附，在愛情中靈魂吸取營養，滋長羽翼；愛情是對於美的本體的眷戀，所以它就是哲學；(B)愛情的種類隨遊行諸天時所見深淺而不同，未見理式者美的感官印象只能引起獸慾，曾見理式者美的感官印象引起對於美的崇拜，而且要對所崇拜的對象起教育作用，使他更加完美，逼近神明；(C)修行淺薄者的愛情往往是意志（馴馬）與慾望（劣馬）的衝突，御者（理智）須能逐漸約束劣馬，使它就範，才能克服衝突，達到勝利。從此可知和真正有愛情的人來往是一種很大的福分。

巫——若是他肯另寫一篇和你的比賽。我倒不相信他肯。因為就在不久以前，有一位政客攻擊他，就抓著他的這個短處，口口聲聲說他是一個「文章作家」，為顧全他的名譽，他也許不再作為這勾當了。

蘇 你倒想的怪，我的小伙子！如果你以為你那位朋友那樣容易嚇唬倒，你就錯認了人！同時，你一定相信攻擊他的那人說的是眞心話？

斐 顯然像是眞心話。你自己也知道。國內最有名有勢的人物都覺得寫文章，留下著作給後世人，是很可恥的事，深怕後世人叫他們做「詭辯家」[53]。

蘇 你沒有看見，斐德羅，那是「甜蜜的拐彎抹角」[54]。你也沒有看見，凡是自視甚高的政客們都很歡喜寫文章，而且渴望留下著作傳到後世。每逢他們寫了文章，對贊助那文章的人們特別感激，所以在文章開頭就特別加一句聲明，說在哪些場合得到了哪些人的贊助。

斐 你的話是什麼意思，我不懂。

蘇 你不懂？他們在文章開頭就把贊助人的姓名寫下。

---

53 詭辯家是當時以販賣知識，教人辯論演說為職業的學者們，他們站在新興的民主運動方面，所以蘇格拉底對他們深惡痛絕。本篇所譏嘲的呂西亞斯就是詭辯家的代表。

54 這句各英譯本所據原文有問題，現依羅本的校正文。引語來源不明，意思是說「繞彎子說話，不可靠」。

斐 怎樣寫？

蘇 他們這樣寫：「承元老院、承人民，或元老和人民贊助，由於某某人的建議」。建議人就是作者自己，他這樣莊重其詞地替自己吹噓一番，然後向那些贊助人顯自己的聰明，就寫將下去，往往寫的很冗長。你看這種作品不就是寫的文章嗎？

斐 可不就是寫的文章！至少在我看是如此。

蘇 如果那篇文章受到喝彩，作者就高高興興地離開劇場，如果沒有人理睬，他寫文章的權利和當寫作家的尊嚴都被剝奪了，他自己和他的同黨人就只好哭喪了。

斐 他們確是如此。

蘇 很顯然的，他們對寫文章，不但不鄙視，而且羨慕。

斐 一點也不錯！

蘇 再說，若是一個演說家或是一個國王既有權勢，又有才能，比得上來古格士、梭倫、或是達柔斯，[55]能在一國成爲不朽的文章作家，他不會當在世時就把自己比作一個神嗎？而且後世人看一看他的作品，不也是這樣看待他嗎？

斐 確實如此。

蘇 既然如此，你想像這樣一個人，儘管他多麼討厭呂西亞斯，他會拿寫作家當作醜事來罵

---

55 三人是斯巴達、雅典、波斯三國的立法者。法律也是一種文章。

他嗎？

斐 他當然不會，至少是根據你的話來說，若是他罵呂西亞斯，那就等於罵他自己的癖好。

蘇 因此，寫文章本身並沒有什麼可恥，這是很顯然了。

斐 那有什麼可恥呢？

蘇 我想寫文章可恥，是在寫得壞的時候。

斐 顯然是如此。

蘇 寫作的好壞究竟怎樣來確定呢？要研究這個問題，斐德羅，我們是否需要根據呂西亞斯，根據凡是寫作過的或是有意於寫作的人們，無論所寫作的是關於國家大事或是個人私事，無論所寫作的形式是像詩有韻律或是像散文沒有韻律呢？

斐 你問我們是否需要？研究文章是樂事，人活著幹嘛？若是不爲著這樣樂事，難道還是爲著那些體膚的快樂？這些體膚的快樂都先經過苦痛而後才可以享受，所以說它們是「奴役性的」快樂是很正當的。

蘇 無論如何，我們好像還有時間。並且我還有一個念頭，那些蟬正在我們頭上歌唱，它們的習慣向來就是這樣，到正午大熱時就唱，我想它們的眼睛在朝你和我看著，若是它們看見我們倆像普通人一樣，在正午時就丟下話不談，只管睡覺，垂下頭懶洋洋地讓它們的音樂催眠，它們會有理由瞧不起我們，以爲不知哪裡來了這兩個奴隸，找到這泉水旁邊來睡午覺，像羊子一樣！但是如果它們看見我們談話，我們的船走過它們像走過莎林仙女們一樣，不受它們的清歌誘惑，[56]它們也許要佩服我們，因而就把神們賜給它們的那套迷人的法寶傳給我們哩。

蘇 什麼法寶？我好像沒有聽見過。

斐 那倒怪，一個詩神的信徒連這樣事都沒有聽見過！故事是這樣：從前蟬都是人，詩神降生以前的一種人。後來詩神降生了，歌唱新出現了，這種人就有些歡喜得要發狂，只管唱歌，忘記了飲食，一直到死為止。就是這批人變了蟬。它們從詩神那裡得到一個法寶，一生下地就不須有營養，乾著喉嗓、空著肚皮馬上就歌唱，一直到死為止。死後它們就去見詩神們，報告世間哪些人崇拜她們，哪些人崇拜她們中間哪一個。它們向托普西科神報告在合唱隊舞蹈中崇拜她的人們，使他們更得她寵愛；向愛刺托神報告愛人們；其餘依次例推，向每一個詩神報告她所掌的那一行中崇拜她的情形。向九詩神中年紀最長的卡利俄珀以及年紀較次的烏剌尼，她們報告終身從事哲學而且就拿哲學這種音樂來崇拜她們的人們，因為這兩位詩神所掌管的是天以及神和人的各種問題，所以發出的聲調是最和美的。[57]斐德羅，你看。我們有許多理由不睡午覺，應該談下去。

56 見《奧德賽》卷十二。莎林仙女們住在一個海島上，以歌舞誘過客登陸，把他們餓死。俄底修新乘船過島時用蠟封住水手的耳，把自己綁在桅桿上，所以免於誘惑。

57 九詩神各有所掌，托普西科掌舞蹈和歌唱，愛刺托掌情詩和摹仿舞，卡利俄珀掌史詩，烏剌尼掌天文學。

斐　好，我們就談吧！[58]

蘇　我們就談我們剛才提出要討論的問題，文章的好壞究竟在哪裡，無論它是口說的或是筆寫的。

斐　頂好，就談這個。

蘇　文章要做的好，主要的條件是作者對於所談問題的眞理要知道清楚。你是否這樣看？

斐　可是關於這個問題，我聽到人說的是這樣：預備要做辭章家的人絲毫不需要知道眞正的正義，只要知道裁判的群衆大概認爲是正義的；他也不需要知道眞正的善和美，只要知道群衆所認爲善和美的。他們說，說服的效果是從群衆意見而不是從眞理得來的。

蘇　我們不能隨便就把一句話拋開，斐德羅。它既然是有學問的人們所說的，我們就得研究它是否有點道理。所以你剛才所說的那種話不能置之不理。

斐　當然。

蘇　我們且這樣來看，假如我要說服你去買一匹馬去打仗，可是我們倆都不知道馬是什麼，只是我知道這一點，就是你斐德羅相信馬是一種耳朵最長的家畜。

58　以上是蘇格拉底說究第二篇文章後的一段插曲。斐德羅以為呂西亞斯不敢另做一篇來比賽，因為他怕人說他是「詭辯家」或「文章寫作家」，蘇格拉底說明寫文章並不是醜事，寫得壞才可恥。於是討論轉到文章好壞的問題。

斐 那就荒謬可笑了，蘇格拉底！

蘇 還不僅此，假如我要好好地說服你，就寫一篇文章，寫一篇頌驢文，裡面就把驢當作馬，說它有多麼大的價值，無論放在家裡使用或是騎著打仗，不但可以騎著打仗，還可以載行李，還可以有許多其他用途。

斐 那就更荒謬可笑了。

蘇 一個朋友的荒謬可笑比起一個敵人的凶猛可怕，還要較勝一籌吧？

斐 那是無疑問的。

蘇 那麼，若是一個辭章家不知道分別好壞，要和一國辦交涉，那國人也不知道分別好壞，他要說服他們，做一篇頌文，不是拿驢當馬來頌，而是拿壞當好來頌；若是他把群眾意見研究透徹之後，居然說服了他們，使他們做壞事不做好事，你想這種修辭術所種的因會收什樣果呢？

斐 當然不會好。

蘇 不過我們這樣攻擊修辭術，是否太粗魯呢？修辭術會回答我們說：「你這批聰明老爺們，這番廢話有什麼用處呢？我並沒有強迫過哪一個人不知眞理就去學說話；相反地，我勸告過人，如果我的勸告值得聽，要先學得眞理然後才來向我請教。有一句話我卻敢大膽地說：『一個人儘管知道了眞理，若是沒有修辭術，還是不能按照藝術去說服。』」

斐 你看她的申辯有沒有道理？

蘇 我承認它有道理，不過先要假定有論證可以出庭證明她確是一種藝術。因爲我好像聽到一些反面論證的聲音，在責備她是一個騙子，說她並不是一種藝術，只是一種毫不藝術的蹈襲陳規的玩藝。斯巴達人說的好，「在言辭方面，脫離了眞理，就沒有，而且也永不能有眞正的藝術。」

斐 你所說的論證是哪些？請它們出庭作證，我們可以審訊它們，看它們說些什麼，怎麼說。

蘇 請出來，美好的論證們，看這位斐德羅，他養過和你們一般美好的兒女，請你們說服他：若是他不會哲學，他也就絕不會對任何問題能做出好文章。現在就請斐德羅和你們對質。

斐 請審問吧！

蘇 一般說來，修辭術是用文辭來影響人心的，不僅是在法庭和其他公共集會場所，而且在私人會談裡也是如此，討論的問題或大或小，都是一樣；無論題材重要不重要，修辭術只要運用得正確，都是一樣可尊敬的。你看這個看法對不對？你所聽說的是不是這樣？

斐 不，我所聽說的並不是那樣！修辭術主要地是用在法庭，在議會裡也用得著它。我就沒有聽說過它還可以用在別處。

蘇 那倒怪，你沒有聽過涅斯托和幽立塞斯的修辭術嗎？那是他們在特洛亞城下做來消磨時光的。還有帕拉墨得斯的你也沒有聽過嗎？[59]

斐 沒有，連涅斯托的也沒有聽過！除非你說的是涅斯托，指的是高爾吉亞；說的是幽立塞斯，指的是特剌什馬克，或是西奧多羅斯。[60]

蘇 也許是如此。我們姑且不管這些人吧！我再問你，在法庭裡原告和被告兩方幹什麼呢？是不是互相爭辯？

斐 一點也不錯。

蘇 爭辯的是是非問題吧？

斐 是的。

蘇 若是一個人按照修辭術來爭辯是非，他可以把同一件事對同一批人時而說的像是，時而說的像非，他愛怎樣說就怎樣說。是不是？

斐 可不是那樣！

蘇 若是政治演說，他會把同一個措施時而說的像很好，時而說的像很壞吧？

---

59 涅斯托和幽立塞斯（即俄底修斯）是荷馬史詩中兩個多計謀善辭令的人物。帕拉墨得斯也見於荷馬史詩，與幽立塞斯有仇。有一說，他是度量衡的發明人，有幾個希臘字母是他造的。他長於修辭術，卻無可考。看下文可知蘇格拉底以這些古人的名字影射當時人。

60 高爾吉亞是當時一位詭辯家和修辭家，柏拉圖有一篇對話以他為名。特剌什馬克是同時人，也是詭辯家和修辭家。西奧多羅斯是東方拜占廷的修辭家。

斐 不錯。

蘇 我們也聽說過埃利亞人帕拉墨得斯，他運用修辭術使他的聽眾覺得同一事物像同又像異，像一又像多，像動又像靜。[61]

斐 我確是聽說過。

蘇 那麼，辯論就不僅限於法庭和政治演說了，各種各樣言語都用得著這修辭的藝術了——如果眞有這種藝術——用她我們就可以使一切可以顯得像類似的事物顯得類似，並且旁人若是這樣做，儘管掩蓋的很巧，我們也可以把它明明白白地指出了。

斐 我不大明白你的意思。

蘇 我們且這樣看，你就會明白了；若是要欺騙人或迷惑人的話，要事物的差異小，還是要它們的差異大呢？

斐 差異小容易迷惑。

蘇 對了！若是你慢慢地一步接著一步地從正面走到反面，每一步和前一步差異小，旁人就看不出破綻；若是你一步就轉到反面，旁人一眼就看出了。

斐 當然。

---

61 這是當時埃利亞（Elea）的詭辯派哲學家芝諾（Zeno）的學說，可見帕拉舉得斯的名字就是影射芝諾。實際上這裡則引語現出一種樸素的辯證觀點。

蘇 因此一個人若想迷惑旁人而自己不迷惑，他就要能精確地辨別事物的同異。

斐 一定要那樣才行。

蘇 如果他不知道一件事物的眞正性質，他能否看出這事物和其他事物的差異是大還是小呢？

斐 那不可能。

蘇 那麼，人們受了欺騙，所見的和眞理相差甚遠的時候，都是由於從那眞理的小類似逐漸走到它的大不類似，這樣就不知不覺地陷到錯誤裡去了。

斐 事情確實如此。

蘇 一個人若是有顚倒是非的藝術，用一連串的類似點逐步引旁人入迷途，使他終於把是的看成非的，而他自己卻明白哪是是的，哪是非的，如果他自己不先就知道每件事物的眞正性質，他能否辦到這層呢？

斐 不能。

蘇 那麼，若是一個人不知眞理，只在人們的意見上捕風捉影，他所做出來的文章就顯得可笑，而且不成藝術了。

斐 那是可想而知的。

蘇 我們就來談談在你手裡的呂西亞斯的那篇文章，和我剛才念的那兩篇，看看裡面有沒有我們所認爲合藝術和不合藝術的例證，你看好不好？

斐　那就再好不過了。我們現在實在是懸空來談，因爲沒有恰當的例證。

蘇　你說的對，並且事情像是很湊巧，那兩篇文章都可以做例證，說明一個人儘管知道眞理，還可以拿文字做遊戲，使聽衆看不見眞理。我的那篇應該歸功於這地方的神靈；不然就是詩神們的代言者，在我們頭上的那些歌蟬，給了我的靈感。因爲我知道自己，至少我是不懂修辭術的。

斐　就依你那麼說吧，只要你證明你所說的，講下去。

蘇　好，請把呂西亞斯的文章開頭一段念出來。

斐　「你已經知道我的情形怎樣了，也知道我期望這件事的實現對你我雙方都有利益了。現在我就要希望我的請求不至於因爲我不是一個對你有愛情的人，而遭你的拒絕。因爲有愛情的人們一旦他們的慾望滿足了，對於所施與的恩惠就覺得追悔……」

蘇　停住！我們要指出作者所犯的藝術上的毛病，是不是？

斐　是的。

蘇　人人都看得清楚的一點就是：在這類問題上面，有些點是我們都同意的，也有些點是我們不同意的。

斐　我相信我懂得你的意思，但是你還是把話說明白一點才好。

蘇　我們說到「鐵」或「銀」，我們是否都想到同一件東西呢？

斐　當然。

蘇　如果說到正義和善，情形怎樣？是不是各人有各人的看法？是不是互相衝突甚至自相矛盾？

斐　一點也不錯。

蘇　那麼，對於某些事物我們能同意，對於另一些事物我們不能同意。

斐　確實如此。

蘇　在這兩類事物之中哪一類容易使人迷惑或受欺騙呢？對於哪一類事物修辭術有更大的效能呢？

斐　顯然是我們沒有把握的那類事物。

蘇　如果是這樣，一個人若是要研究修辭術，他就必須先把這兩類事物區別得有條有理，知道每類事物的特性，知道對於哪一類事物群眾的思想是很不確定的，對於哪一類是確定的。

斐　很好的分別，抓住這個分別的人倒是有了把握。

蘇　其次，我想遇到每一個事例，他都不能出岔子，必須很銳敏地看出他所談的那種題材屬於哪一類。

斐　很對。

蘇　那麼，你看愛情應該屬於哪一類呢？我們該把它放在確定的那一類，還是不確定的或是可爭辯的那一類呢？

斐　愛情顯然屬於不確定的、可爭辯的一類，若不然，你想還可能讓你說出剛才那番話，一會兒把愛情說成情人和愛人雙方的災禍，一會兒又把它說成他們的大幸福嗎？

蘇　說的好！不過還要請你告訴我——你知道，我當時在神靈憑附的狀態，現在不大記得了——我在文章開頭裡替愛情下過定義沒有？

斐　你下過定義，而且下的非常之周密。

蘇　那麼，呂西亞斯可是很不幸了！阿刻羅俄斯的女兒們以及赫耳墨斯的兒子潘[62]的修辭術比起呂西亞斯的就要高明多啦！要不然，就是我說的全錯了，呂西亞斯在他的文章開頭裡也就應該讓我們對於愛情得到一個明確的概念——他自己所提出的那個概念——然後根據這個概念去安排全文的意思，一直達到一個合適的結論，他是否是這樣做過呢？請你把他的文章開頭一段再念一遍如何？

斐　隨你的意，可是你所找的東西卻不在那裡。

蘇　念著看，看他到底是怎樣說的。

斐　「你已經知道我的情形怎樣了，也知道我期望這件事的實現對你我雙方都有利益了。現在我就要希望我的請求不至於因爲我不是一個對你有愛情的人，而遭你的拒絕。因爲有

62　阿刻羅俄斯是河神，他的女兒們是女河神，潘是牧神和鄉村神。他們的修辭術實在就是蘇格拉底的修辭術，因為他屢次說他受當地神靈的憑附，才能做出他那兩篇文章，所謂當地神靈就是這些河神和牧神。

愛情的人們一到他們的慾望滿足了，對於所施與的恩惠就覺得追悔……」

蘇 毫無疑問，我們所要找的在這裡找不到，這位先生並且不在開頭的地方開頭，而在收尾的地方開頭，好像泅水的人仰著浮，向頭的方向倒退！你看，他開頭所說的那番話是情人要在收場時向愛人說的話！親愛的斐德羅，我說的對不對？

斐 倒是眞的，蘇格拉底，他開頭所說的話應該在收尾。

蘇 你看其他部分怎樣？各部分是不是像隨便拼湊在一起？你看有沒有一個明顯的原則，使下一句就確須擺在下一句的地位，不能拿別的話擺在那裡？我是不懂得什麼的，在我看來，他像是不管三七二十一，想到什麼就寫下什麼。也許你可以看出一種修辭的道理，使他的字句段落排成那樣的次序？

斐 你若是以爲我有那樣批判的能力，能看出他的用意，那你就錯認了人啦！

蘇 但是你至少要承認：每篇文章的結構應該像一個有生命的東西，有它所特有的那種身體，有頭尾、有中段、有四肢、部分和部分、部分和全體，都要各得其所，完全調和。

斐 那是無可否認的。

蘇 那麼，看看你的朋友的那篇文章是否按照這個原則做出來的，你會看出它和佛律癸亞人密達斯[63]的墓銘沒有多大分別。

63 密達斯是傳說中的大富翁，祈神得點金術，點食物也成金，因而餓死。

斐 那墓銘有什麼可注意的地方？

蘇 它是這樣念的：

我是青銅雕的女郎，守在密達斯的墓旁，
只要河水在流，大樹在長枝椏，
我要守著這墓，長年地眼淚汪汪，
告訴一切過路人，密達斯躺在這一方。

這墓銘的每一行擺在開頭或是收尾，都可以隨便，我想你已經看出來了。

斐 你在和我們所談的那篇文章開玩笑！

蘇 免得你不高興，姑且放下那篇文章不談吧。可是我還相信它裡面有許多例子，研究起來很有益處，只是不要摹仿它。現在我們且來談談另外那兩篇，在我看，它們裡面有許多東西，是值得留心修辭術的人們研究的。

斐 你所說的是指什麼？

蘇 如果我記得不差，那兩篇是相反的，一篇說應該接受有愛情的人，一篇說應該接受沒有愛情的人。

斐 它們都做得頂有精神！

蘇 你應該說「頂迷狂」。我原來想做到的實在就是迷狂。我們說過，愛情就是迷狂。是不是？

斐 是。

蘇 但是迷狂有兩種：一種是由於人的疾病，一種是由於神靈的憑附，因而使我們越出常軌。

斐 一點不錯。

蘇 神靈憑附的迷狂我們分成四種：預言的、教儀的、詩歌的、愛情的，每種都由天神主宰，預言由阿波羅，教儀由狄俄尼索斯，詩歌由繆斯姊妹們，愛情由阿佛洛狄忒和厄洛斯[64]。我們說過，在這四種迷狂之中，愛情要算首屈一指。我們形容愛情的時候，用了一種比喻，其中我們當然也看到了一些眞理，但是恐怕也走了一些錯路。我們做了一篇頗娓娓動聽的文章之後，還用了激昂虔敬的心情歌頌過厄洛斯，你的護神也是我的護神，一切美少年都在他的庇蔭之下。

斐 我聽到那歌頌心裡頗愉快。

蘇 我們現在要研究這文章本身，看看它何以能從貶責轉到讚揚。

斐 你的意思怎樣？

---

64 阿波羅是預言神，掌文藝和預言；狄俄尼索斯是酒神，希臘宗教起於酒神崇拜。

蘇 我認爲這篇文章在大體上只在開玩笑，不過在信手拈來之中倒有兩個明顯的法則，各有它的功能，頗值得我們求得一個系統的了解，假如我們能的話。

斐 什麼法則呢？

蘇 頭一個法則是統觀全體，把和題目有關的紛紜散亂的事項統攝在一個普遍概念下面，得到一個精確的定義，使我們所要討論的東西可以一目了然。我們剛才討論愛情時就應用了這個法則，我們把愛情的本性下了定義，無論做的好壞，這篇文章的明晰和始終一致卻要歸功於這個定義。

斐 另一個法則是什麼呢？

蘇 第二個法則是順自然的關節，把全體剖析成各個部分，卻不要像笨拙的屠夫一樣，把任何部分弄破。我們剛才那兩篇文章就應用了這個法則，先把心理迷狂看作一個全體，猶如全體有左右四肢，我們也就把心理迷狂分成左右兩部分，再就左邊部分細加分析，一直到不能再分析爲止，發現其中有一種左愛情，我們對它加了應得之罪，然後在第二篇文章裡照樣分析右邊的迷狂，結果發現一種也和左愛情一樣叫作「愛情」的原素，可是實在是相反的，是一種神聖的愛情，我們把它放在眼前凝視，把它讚揚爲人類最大福分的根源。

斐 眞的是那樣。

蘇 就我這方面來說，我所篤愛的就是這兩種法則，這種分析和綜合，爲的是會說話和會思想。不僅如此，若是我遇見一個人，他能如其本然地看出一和多[65]，我就要追隨他，「追隨他的後塵像追隨一個神」。凡是有這種本領的人們，我都一直把他們叫作「辯證術家」[66]；叫的對不對，只有天知道。請你告訴我，你和呂西亞斯這一派門徒該叫作什麼呢？你們所用的是不是特剌什馬克那班人所用的修辭術呢？那班人用這種修辭術，不但自己會說話，還教會他們的學生們都會說話，只要這些學生們肯送他們的禮物，把他們奉承得像皇帝一樣。

斐 他們倒眞是一批皇帝氣派的人物，不過他們確實不懂得你現在所討論的方法。你把這種方法叫作「辯證術」，在我看，這似乎是對的；不過修辭術是什麼，我們似乎還沒有抓住。[67]

---

65 這裡「一」是綜合得來的概念或原理，「多」是分析得來的要素或個別具體事例。「如其本然地看出一和多」就是哲學的任務。

66 蘇格拉底或柏拉圖的「辯證術」在本文有了明確的定義，它用綜合與分析，研究現象與規律，感覺與概念的關係，目的在求牢不可破的真理。

67 以上是論修辭術三大段中的第一大段。在這段裡蘇格拉底攻破當時詭辯派所用的修辭術，建立他自己的修辭術。詭辯派修辭術的目的在利用聽衆的弱點，投合捕風捉影的意見，用似是而非的論調強詞奪理，姑且博得聽衆的讚許，蘇格拉底的修辭術卻要尋求事物的本質真理，用綜合分析的方法，見出現象與規律，感覺與概念的關係，所以先要對所討論的事物下定義，然後加以分析，將所含道理做妥善的安排。這其實就是「辯證術」或哲學。他用前面三篇論愛情的文章為例來說明這個分別。依他看，辯證術以外就無所謂修辭術。斐德羅沒有明白這道理，所

蘇　你指的是什麼？此外還有一種不通辯證術而可學得的好學問嗎？若是有，你我當然不能輕視它，我們且來看看此外剩下給修辭術的究竟還有些什麼？

斐　多得很，蘇格拉底，只要你翻一翻關於修辭術所寫的書籍！

蘇　眞的，謝謝你提醒我！如果我記得不錯，第一個就是「序論」，一篇文章開頭就應該有它。這就是你所謂「藝術的點綴」吧？

斐　是的。

蘇　其次就是「陳述」，跟著又是相關的「證據」，第三是「證明」，第四是「近理」[68]；此外如果我記得不錯，還有「引證」和「佐證」，根據那位咬文嚼字的拜占廷人所說的。

斐　你是不是指赫赫大名的西奧多羅斯呢[69]？

蘇　不錯。他還告訴我們怎樣用「正駁」之後用「附駁」，無論是控訴還是辯護。此外還有一位了不起的帕若斯人厄文努斯首先發明「暗諷」和「側褒」。還有人說，他把「側貶」做成韻文，使人容易記憶。眞是聰明人！我們也不要忘記蒂西亞斯和高爾吉亞，他

以還在問修辭術是什麼。

68 「近理」並非「真理」，是指在某種情況下，某件事可能發生與否，說它發生，是否能自圓其說。

69 西奧多羅斯見本書第一七三頁註60。以下所提到的諸人都是當時的詭辯家或修辭術課本的作者，原書多已失傳。

們看出「近理」比「眞理」還更要看重，他們借文字的力量，把小題得很大，把大題得很小，把新說得像舊，把舊說得像新；他們並且替每種題材都發明一個縮得很短和拖得極長的辦法。可是有一次我和普若第庫斯談起這個辦法，他付之一笑，據他說，只有他才發現了文章的祕訣：合於藝術的文章既不能太長，也不能太短，要長短適中。

斐　普若第庫斯眞是絕頂聰明！

蘇　還有希庇亞斯，我們能丟開他不談嗎？我相信普若第庫斯和他是站在一起的。

斐　不錯。

蘇　還有泡路斯，他有一大堆法寶，諧聲體、格言體、繪象體，還有他的老師利昆紐斯所贈送給他的《詞彙學》，備他寫《文字之美》時參考。

斐　蘇格拉底，普羅達哥拉斯不也做過這種研究麼？

蘇　對的，年輕人，他做過一部《文字之精確》，還有許多其他好東西。說句老實話，若是談到「窮」、「老」之類問題可以引人落淚的話，我看本領最大的莫過於那位考爾塞頓的大人物了[70]。他也很會激起群衆的情緒，激動起來之後，他還有方法使它平靜下去，借他的迷人的聲調，據他自己說。對於毀謗和破毀謗，他也很在行，用不著什麼根據。不過丟開這些來談文章收尾吧！一般人都承認在收尾時應該有一段「複述」，不過名稱

70　即特剌什馬克。

有時不同。

斐 你說的是「總結」，在文章收尾時把全文所說到的提要再說一次來提醒聽眾？

蘇 正是。關於修辭術，你還有什麼別的可說呢？

斐 此外還有一些瑣碎的玩藝，值不得說了。

蘇 既然是瑣碎的玩藝，就丟開不談吧！我們且把已經提到的那些，看看它們在藝術上有什麼性格和功用。

斐 它們的功用倒是很不小，蘇格拉底，至少是用在公眾會議的時候。

蘇 小是不小，但是我的好朋友，我看它們有許多破綻，請你也仔細看看它們是否如此。

斐 你指給我看吧！

蘇 好，請問你，「假如一個人拜訪你的朋友厄里什馬克或是他的父親阿庫門，向他們說：我知道一些處理身體的方法，要它發熱它就發熱，要它發冷它就發冷；我要人吐就吐，要人瀉就瀉，這類方法我知道的還很多。既然有這些知識，我敢說我能行醫，並且能教旁人行醫，只要我肯把這些知識傳給他們。」你想他們聽到這番話之後，會怎樣回答他呢？

斐 他們當然要問他除此以外，是否還知道那樣病人在哪些病況之下該受哪樣處理，並且用多少分量。

蘇 假如他回答說：「這些我全不知道，可是我指望我的學生跟我學得我所說的那些方法之後，自己會臨機應變」，他們會怎樣說？

斐 他們一定說：這個人是瘋子，他讀過一點醫書或是碰見一些診方，就自以爲是個好醫生，其實對於醫道全是外行。

蘇 再假如有一個人去看索福克勒斯和歐里庇得斯，[71]向他們說：「我能隨意就小事情做很長的演辭，就大事情做很短的演辭；我並且能隨意寫出悲慘的或恐怖的語調；此外我還會許多同樣的玩藝。我若是拿這些東西教人，就可以使人有做悲劇的能力了。」

斐 他們也會笑他，我想，蘇格拉底，笑他不知道悲劇要把這些要素安排成一個整體，使其中部分與部分以及部分與全體都和諧一致。

蘇 不錯，不過他們也不會很粗暴地罵他，他們會像一個音樂家碰見一個人自以爲會調音協律，因爲他碰巧會在一根弦子上彈出最高的音和最低的音。那音樂家不會很粗野地向這個人說：「你這倒楣蛋，你瘋了！」他會用音樂家的風度向他說：「我的好朋友，一個人若是想會調音協律，固然要知道這些，但是一個人知道了你所知道的這些，還是可以對調音協律完全外行，因爲你所知道的這些是調音協律的初步，而不是調音協律本身。」

斐 這樣回答確是很得體。

71 希臘的第二個和第三個大悲劇家。

蘇 索福克勒斯也會這樣回答那位賣弄悲劇的人，說他所知道的是悲劇的初步，而不是悲劇的本身；阿庫門也會這樣回答那位賣弄醫道的人，說他所知道的是醫道的初步，而不是醫道本身。

斐 一點也不錯。

蘇 假使言甘如蜜的阿德剌斯托斯，或是伯里克里斯[72]，聽到我們剛才所列舉的那些修辭的奇方妙訣，什麼格言體、繪象體以及我們認為應該研究明白的那各種體，他們會怎樣說呢？他們對於以為這些伎倆就是修辭術，拿它們來寫作或教授門徒的人們，會像你和我一樣粗野，動火開罵麼？不，他們比我們聰明，會用手拍拍我們說：「斐德德、蘇格拉底，有些人不通辯證術，因而無法下修辭術的定義，碰巧知道一些修辭術的初步，便自以為是修辭術的發明人；他們並且拿這些初步教人，以為教了這些，就算教了修辭術的精微奧妙，至於怎樣運用每個方法來把話說得娓娓動聽，怎樣把它們安排成一個整體，他們卻以為無關宏旨，一字不提，讓門徒們自己要寫文章的時候自己去設法；若是遇到這種人，你們不該動火開罵，應該寬容一點。」你看他們是否會這樣說？

斐 的確，蘇格拉底，那批人在寫作和傳授中所談的修辭術確是如此，我想你所說的都是對

---

72 阿德剌斯托斯是埃斯庫羅斯的悲劇《七英雄攻忒拜》中的一個人物，以辭令著名，伯里克里斯是西元前五世紀雅典文化極盛時代的大政治家和大演說家。

的。但是眞正能動聽的修辭術從哪裡可以學得，如何可以學得呢？

蘇 在修辭方面若想能做到完美，也就像在其他方面要做到完美一樣，或許——毋寧說，必然——要有三個條件：第一是天生來就有語文的天才；其次是知識；第三是練習，你才可以成爲出色的修辭家。這三個條件如果缺一個，你就不能做到完美。就修辭術是一個藝術來說，我想在呂西亞斯和特剌什馬克所走的路上卻找不到眞正的方法。

斐 在哪條路徑上可以找到呢？

蘇 在我看，在修辭術方面成就最高的要算伯里克里斯。

斐 請說明這個道理。

蘇 凡是高一等的藝術，除掉本行所必有的訓練以外，還需要對於自然科學能討論，能思辨；我想凡是思想既高超而表現又能完美的人們都像是從自然科學學得門徑。伯里克里斯的長處就在此，除掉他的天才以外，他還有自然科學的訓練。因爲他從阿那克薩哥拉[73]受過教，這位就是一位自然科學家，傳授給伯里克里斯一些玄奧的思想，引他窮究心物的本質。因此，伯里克里斯能夠把這方面的訓練應用到修辭術方面去。

斐 請再說明白一點。

蘇 修辭術和醫學恰是一樣。

73 阿那克薩哥拉是當時的哲學家，除伯里克里斯以外，悲劇家歐里庇得斯從他受過教。

斐　這話怎樣說？

蘇　它們都要窮究自然。醫學所窮究的是肉體，修辭術所窮究的是心靈，如果你不甘拘守經驗陳規而要根據科學，在醫學方面處方下藥，來使肉體康強，在修辭術方面命意遣詞，來使心靈得到所希冀的信念和美德。

斐　道理倒像是這樣，蘇格拉底。

蘇　不知道全體宇宙的本質而想知道心靈的本質，你想這可能不可能？

斐　如果我們相信希波克拉底——他是從埃斯庫勒普[74]傳下來的——不窮究全體宇宙的本質，就連肉體的本質也無從知道。

蘇　他說的好，斐德羅，可是我們不能引他的話作證就算了事，還要追問理由，看他的話是否能自圓其說。

斐　不錯。

蘇　那麼，看看關於自然，希波克拉底怎樣說，真理又怎樣說。無論什麼事物，你若想窮究它的本質，是否要用這樣方法？頭一層，對於我們自己想精通又要教旁人精通的事物，先要研究它是純一的還是雜多的；其次，如果這事物是純一的，就要研究它的自然本質，它和其他事物發生什麼樣主動和被動的關係，向哪些事物發出什麼樣影響，從哪些

74　希波克拉底是當時名醫。埃斯庫勒普參看第二一頁註2。

事物受到什麼樣影響；如果這事物是雜多的，就要把雜多的分析成為若干純一的，再看每一個純一的原素有什麼樣自然本質，向哪些事物發生什麼樣影響，從哪些事物受到什麼樣影響，如上文關於純一事物所說的一樣辦。

斐　這方法可能是對的。

蘇　有一點至少是確實的，不用這些研究的方法就不免像瞎子走路。至於對任何事物做科學研究的人卻不能拿盲聾來作比。但顯然地，修辭術的傳授，若是按照科學方法，必須對於門徒要向它說話的那對象的本質給一個精確的說明，而這對象無疑地就是心靈。

斐　那是無可辯駁的。

蘇　所以他的全副精力就要向著這個對象；他所要說服的實在就是它，是不是？

斐　是。

蘇　所以對於特剌什馬克和其他把傳授修辭術認眞去做的人們來說，首先要做的事顯然是心靈的精確描繪，看看它在本質上是純一的，還是像肉體一樣，是雜多的。我們說過，只有這樣辦，才能見出一件事物的本質。

斐　的確。

蘇　第二點，他們須說明心靈在哪方面是主動的，發生影響的，對哪種事物發生什麼樣影響；在哪方面是被動的，承受影響的，從哪種事物承受什麼樣影響。

斐　不錯。

蘇 第三點，他們須把文章的類別和心靈的類別以及它們的各別的情況都條分縷析出來，然後列舉它們之中的因果關係，定出某類與某類相應，因此顯出某類文章適宜於某類心靈，某種原因會使某種文章對於某種心靈必能說服，對於另一種心靈必引起疑心。

斐 無論如何，他若是能做到這樣，顯然是再妙不過了。

蘇 除此以外，就絕沒有其他說或寫的方法，示範的文章也好，尋常的文章也好，這個題目也好，那個題目也好，方法就只有這一個。但是你所聽說過的那班近代「修辭術」的著作者都是狡猾的騙子，儘管他們對於心靈懂得很清楚，卻把它隱藏起來。除非他們按照我們所說的這個方法來說話寫文章，別讓我們相信他們有什麼修辭術！

斐 你所謂「這個方法」是什麼？

蘇 仔細說倒不容易，但是一個人若想盡量按照藝術來寫作，他應該走的大路我倒可以談一談。

斐 就請你談下去。

蘇 文章的功能既然在感動心靈，想做修辭家的人就必須知道心靈有哪些種類。這些種類的數目既不同，每種類的性質就不一致，因此，人的性格也就隨人而異。這些區別既然釐定明白了，就要釐定文章的種類數目，每種也有每種的確定的性質。某種性格的人，受到某種性質的文章的影響，由於某種原因，必然引生某種信念。至於另樣性格的人就不易被說服，雖然其他情況相同。在這些類別性質上費過足夠的思索了，以後就要研究它們在實際運用上的情況，還要有銳敏的感覺力，知道隨風轉舵，臨機應變，否則他對於此道所懂得的還不過是像從前在學校所聽的功課一樣。等到他不但能夠辨明某種人會受某種文章說服了，而且碰到一個人，一眼就能看出他的性格了，他就會這樣向自己說：「我從前在老師的課本裡所遇見那種人，那種性格，就是他！他在實際中出現在我的眼前了！現在我要用這種辭令，採這種方法，引起他起這種信念！」到了這步功夫，我說，到了他掌握住這些知識，再加上能辨別哪時應該說話、哪時應該緘默、哪時應該用簡要格、悲劇格、憤怒格，以及原先學過的一切風格，哪時不應該用，只有到了這步功夫，他的藝術才算達到完美，否則就不能算。如果這些條件之中缺了任何一個，無論是寫作，是教學或是演講，儘管他自以爲是按照藝術去做，聽眾不相信他，他就算是失敗了。不過我們的「修辭術」的著作者也許這樣質問我們：「但是斐德羅和蘇格拉底，這就是你們的唯一的修辭術嗎？是不是還可以承認修辭術有另一個看法呢？」

斐 不可能有另一個看法，蘇格拉底。不過你所說的這種修辭術倒不是一件輕易事。

蘇 你說的對，斐德羅，正是因爲這個理由，我們須要從各方面看看所有的修辭理論，看其中有沒有修辭術的較容易較短捷的路徑，免得我們去走一條漫長而艱難的路，徒勞而無功，而實際上卻有一條容易而短捷的路可走。你也許從呂西亞斯或旁人那裡聽到過一些話，對我們可以有用處，請你設法回想一下。

斐 如果有法可設，我當然要設法。不過現在我回想不起什麼。

蘇 那麼，我把我從談修辭術的先生們所聽到的話重述一下，好不好？

斐 好。

蘇 至少我記得一句格言；豺狼也應該陳述它的理由[75]。

斐 不錯，它有什麼理由，你替它說一說看。

蘇 那班談修辭術的先生們說，在這類事情上用不著那樣鄭重其事，也用不著兜大圈子找出原原本本。人們若想成爲高明的修辭術家，絲毫用不著管什麼眞理、正義或善行，也用不著管什麼正義或善行是由於人的天性還是由於他的教育（這套話我們在開始時就已經提到）。他們說，在法庭裡人們對於這類問題的眞相是毫不關心的，人們所關心的只是怎樣把話說得動聽。動聽要靠逼眞或自圓其說，要照藝術說話，就要把全副精力擺在這上面。事實有時看來不逼眞，你就不必照它實際發生的情形來說，只要設法把它說得逼眞，無論是辯護或是控訴，都應該這樣做。總之，無論你說什麼，你首先應注意的是逼眞，是自圓其說，什麼眞理全不用你去管。全文遵守這個原則，便是修辭術的全體大要了。[76]

斐 眞的，以修辭術專家自命的人們所說的那一套話，你說得一字不差，蘇格拉底。我記得

75 意謂壞人的話也應該讓它說出來。

76 這裡所謂「逼真」就是上文所謂「真理」，與真理不同，只是看來像是真理。這套話是詭辯家的法寶。

我們在這次討論的開始，就已約略提及這種原則了。從事於修辭術的人們都把它當作法寶。

蘇 不過還有蒂西亞斯，是你反覆研究過的，他所說的逼眞除掉符合群衆意見以外，還有沒有其他意義呢？

斐 眞的，還有什麼其他意義呢？

蘇 我想他所發明的修辭術祕訣是這樣：假想一個孱弱而勇猛的人打倒了一個強壯而怯懦的人，剝去他的衣服或是搶去其他東西，後來提到法庭受審。蒂西亞斯以爲這兩人都不該說眞話。那懦夫須先說明那勇漢打他的時候還有旁人幫凶，而那勇漢卻須先說明當時沒有旁人在場，然後運用那「逼眞」祕訣，申辯說：「像我這樣一個孱弱的人怎樣能打他那樣強壯的人呢？」至於那原告，當然不能說他自己怯懦，須另扯一個謊，而這個謊又恰好供給對方以反駁的論證。案情儘管不一樣，按照修辭術來申辯，程序總是一律如此。是不是這樣，斐德羅？

斐 確實是那樣。

蘇 哼，這種法術眞是深奧萬分，而它的發明人也眞是絕頂聰明，不管他是蒂西亞斯或是另一個人，也不管他給這種法術什麼樣名稱。不過我們有沒有話可以應付這種人呢，斐德羅？

斐 什麼樣的話？

蘇 我們可以向他這樣說：蒂西亞斯，在你還沒有參加進來老早以前，我們就已說過，你所誇口的「逼眞」在群衆心中發生影響，是由於它類似眞理；而我們後來也證明過，唯有明白眞理的人才最會看出眞理的類似。因此，如果你對於修辭術還有旁的話可說，我們倒願領教；如果沒有，我們就可維持我們剛才所已說明的那番道理，這就是說，除非把聽衆的不同的性格區別清楚，除非把事物按照性質分成種類，然後把個別事例歸納成爲一個普遍原則，除非能這樣做，我們說，一個人對修辭術就不能盡人力所能做到地去登峰造極。但是要想能這樣做，就不能不吃苦，這種辛苦是哲人在所不辭的，爲的倒不是想在言行上見好於世俗，而是想一言一行，都無愧於神明。蒂西亞斯，比你、我較聰慧的人們都說，凡是有理性的人所要盡力討好的不是奴隸同輩（除非是偶然破格），而是本身和祖先都善良的主人們。所以我們的路徑縱然是漫長的，你也不必驚奇，因爲我們的目標是偉大的境界，不是你所想的那種。不過就連你的那種目標要想達到，也還是以採取我們的辦法爲最妥善，像我們所已經證明的。

斐 你所說的那種境界倒是頂美，只要人可以達到的話。

蘇 如果我們所追求的境界美，儘管遭遇到困難，這追求本身也還是美的？

斐 確是如此。

蘇 關於修辭的藝術和不藝術，我們的話已說得很夠了。

斐 夠了。[77]

蘇 還有一個問題，就是寫作的適當與不適當，在哪種情形下才該寫，哪種情形下不該寫。

斐 是的。

蘇 關於辭章，你知道在哪種情形下，一個人才可以取悅於神明呢？

斐 我全不知道，你知道麼？

蘇 至少我可以報告一個古代的傳說。它眞不眞，只有古人知道；不過我們自己如果能發現象眞相，我們還要問人們從來怎樣想嗎？

斐 那就不必要了，不過請你把所聽到的傳說講一講。

蘇 好。我聽說在埃及的瑙克剌提斯附近，住著埃及的一個古神，他的徽幟鳥叫作白鷺[78]，他自己的名字是圖提。他首先發明了數目、算術、幾何和天文；棋骰也是他首創的，尤

---

[77] 以上是論修辭術三大段中的第二大段。在這段裡蘇格拉底討論修辭術究竟是不是一種藝術，以及它如何學習的問題。依希臘人的看法，每種「藝術」（我們寧可說「技藝」）有一套專門技巧知識，學會了它就學會了那種藝術。詭辯家在他們的修辭學課本裡也給了一些規矩。但是學會了這些規矩，不一定就能說話寫文章，就如拾得幾個醫方不能當醫生。可見詭辯家所傳授的那一套並不能算修辭的藝術。要學修辭，不能走他們的那種捷徑。首先須有適當的資稟，然後加以學問和練習。在學問方面，蘇格拉底特別著重兩種，一是科學，用科學方法去求事物的本質，一是心理學，看聽眾在心理上屬於某種類型，就用與那種心理類型相應的某種文章或辭令去說服他們，感動他們。這些學問都需要長時期的辛苦的努力。

[78] 白鷺（Ibis）是古埃及的聖鳥。

其重要的是他發明了文字。當時全埃及都受塔穆斯統治，他住在上埃及一個大城市，希臘人把它叫作埃及的忒拜。這城市的神叫作阿蒙。圖提晉見了塔穆斯，把他的各種發明獻給他看，向他建議要把它們推廣到全埃及。那國王便問他每一種發明的用處，聽到他的說明，覺得是好的就加以褒揚，覺得是壞的就加以貶斥。據說關於每一種發明，塔穆斯都向圖提說了許多或褒或貶的話，細說是說不完的。不過輪到文字，圖提說：「大王，這件發明可以使埃及人受更多的教育，有更好的記憶力，它是醫治教育和記憶力的良藥！」國王回答說：「多才多藝的圖提，能發明一種技術是一個人，能權衡應用那種技術利弊的是另一個人。現在你是文字的父親，由於篤愛兒子的緣故，把文字的功用恰恰說反了！你這個發明結果會使學會文字的人們善忘，因爲他們就不再努力記憶了。他們就信任書文，只憑外在的符號再認，並非憑內在的腦力回憶。所以你所發明的這劑藥，只能醫再認，不能醫記憶。至於教育，你所拿給你的學生們的東西只是眞實界的形似，而不是眞實界的本身。因爲借文字的幫助，他們可無須教練就可以吞下許多知識，好像無所不知，而實際上卻一無所知。還不僅此，他們會討人厭，因爲自以爲聰明而實在是不聰明。」

斐　蘇格拉底，你眞會編故事，說它是埃及的也好，說它是另一個奇怪的國家的也好，你都脫口而出！

蘇　我的好朋友，多多那地方宙斯神廟裡有一個傳說，說最初的預言是從一棵橡樹發出來的。這足見當時人沒有你們近代年輕人聰明，在他們的天眞之中，安心聽一棵橡樹或是一塊石頭，只要它的話是眞理。但是你卻不然，對於你最關重要的是說話人是誰，他是從哪國來的。至於他的話是否符合事實，還在其次。

斐 我承認你指責的對。關於文字問題，我相信那位忒拜人[79]說的對。

蘇 所以自以爲留下文字就留下專門知識的人，以及接受了這文字便以爲它是確鑿可靠的人，都太傻了，他們實在沒有懂得阿蒙[80]的預測，以爲文字還不只是一種工具，使人再認他所已經知道的。

斐 你說的頂對。

蘇 文字寫作有一個壞處在這裡，斐德羅，在這一點上它很像圖畫。圖畫所描寫的人物站在你面前，好像是活的，但是等到人們向他們提出問題，他們卻板著尊嚴的面孔，一言不發。寫的文章也是如此。你可以相信文字好像有知覺在說話，但是等你想向它們請教，請它們把某句所說的話解釋明白一點，它們卻只能複述原來的那同一套話。還有一層，一篇文章寫出來之後，就一手傳一手，傳到能懂的人們，也傳到不能懂的人們，它自己不知道它的話應該向誰說，和不應該向誰說。如果它遭到誤解或虐待，總得要它的作者

79 忒拜人指埃及國王塔穆斯。

80 做預測的本是塔穆斯，阿蒙是埃及的神，這句話是說塔穆斯預測文字流弊時，憑阿蒙的靈感。

來援助；它自己一個人卻無力辯護自己，也無力保衛自己。

斐 這話也頂對。

蘇 此外是否還有另一種文章，和上述那種文章是弟兄而卻是嫡出的呢？我們來看看它是怎樣生出來的，以及它在本質和效力兩方面比上述那種要強多少。

斐 你說的是哪種文章？依你看，它是怎樣生出來的？

蘇 我說的是寫在學習者心靈中的那種有理解的文章，它是有力保衛自己的，而且知道哪時宜於說話，哪時宜於緘默。

斐 你說的是哲人的文章，既有生命，又有靈魂。而文字不過是它的影像，是不是？

蘇 對極了，我說的就是那種。現在我請問你。如果一位聰明的農人有了種子，是他所珍視的而且希望它們結實的，他是否趁大熱天把它們種在阿多尼斯的小花園[81]裡，看它們到了第八天就長得頂茂盛呢？若是他這樣做，是不是只因爲逢到祭典，當作一種娛樂來玩呢？若是他認眞耕種，他是否要應用園藝的知識，把它們種在合宜的土壤裡，安心等到第八月才看它們成熟呢？

---

81 阿多尼斯是一位美少年，女愛神阿佛洛狄忒愛他。打獵時他被野獸撞死，女愛神甚哀慟，下界神們憐憫她，讓阿多尼斯每年復活六個月。他象徵植物的生死循環，古代農業社會所以特別看重他的祭典。在這祭典中，農人用人工在盆裡培養一些花木，幾天之內就茂盛起來，但死得也很快。

斐 當然，蘇格拉底，我相信他會像你所說的那樣辦，一種是認眞耕種，一種只是消遣。

蘇 若是一個人有了關於眞、善、美的知識，我們能說他對於他的那種子的處理，反而不如農人聰明嗎？

斐 當然不會。

蘇 所以你得知道，他不會把那些知識寫在水上，用筆墨做播種的工具，借助於一種文字，既不能以語言替自己辯護，又不能很正確地教人知道眞理。

斐 他當然不會那樣做。

蘇 當然不會。這種小花園裡的文章，如果他寫的話，也只是爲著消遣；可是當他眞正寫作的時候到了，他就把所寫的看作一種備忘寶庫，既防自己到了老年善忘，也備後來同路人的借鑒。他會怡然自得地看著自己所耕種的草木抽芽發條。當旁人在旁的消遣中找樂趣的時候——例如飲食徵逐之類——他卻寧願守著我剛才所說的那種消遣，他的畢生的消遣。

斐 你所說的這種消遣比起另外那種消遣就高尙多啦！一個人能拿做文章來消遣，討論正義和德行之類題目來度日，那是多麼高尙的消遣！

蘇 它是高尙的，親愛的斐德羅。但是我想還有一種消遣比這更高尙，就是找到一個相契合的心靈，運用辯證術來在那心靈中種下文章的種子，這種文章後面有眞知識，既可以辯護自己，也可以辯護種植人，不是華而不實的，而是可以結果傳種，在旁的心靈中生出許多文章，生生不息，使原來那種子永垂不朽，也使種子的主人享受到凡人所能享受的最高幸福。

斐 你所說的這種的確是更高尙。

蘇 斐德羅，這一點既然確定了，我們可以解決從前所提的那些問題了。

斐 哪些問題呢？

蘇 我們想把那些問題弄明白，才有這番討論，才達到現在這一點，你忘記了嗎？第一個是研究對於呂西亞斯寫文章的指責對不對；其次是關於文章本身，怎樣才算寫得合藝術，怎樣才不合藝術。關於合不合藝術的分別，我想我們已經弄得很明白了。

斐 我們原來已弄明白，不過請你再提醒我一下。

蘇 作者對於所寫所說的每個題目須先認明它的眞正的本質，能把它下一個定義，再把它分析爲種類，分到不可分爲止；然後用同樣方法去研究心靈的性格，找出某種文章宜於某種心靈；然後就依這種分類來草創潤色所要做的文章，對象是簡單的心靈，文章也就簡單，對象是複雜的心靈，文章也就複雜；在他還沒有做到這步功夫以前，他就不能盡量地按照藝術去處理文章，無論他的目的是在教學還是在說服。這就是前面辯論所得的結論。

斐 不錯，我們所得的結論大致如此。

蘇 其次，在哪些情形下寫文章和口說文章是好事或是壞事，在哪些情形下寫文章和口說文章才理應受指責，我們在上文所討論的對這問題已弄明白了沒有？

斐　弄明白了什麼？

蘇　就是說，呂西亞斯或是另一個人寫過文章或是預備寫文章，無論他站在私人的地位著作，或是站在國家官吏的地位制定法律，自以為所寫作的都千眞萬確，在這種情形下他就理應受指責，無論人們確實指責過沒有。因為一個人若是完全不能分別是非好壞，儘管他博得世俗的一致讚許，仍然不能逃去他所應得的指責。

斐　當然。

蘇　還有另外一種人，他以為一篇寫的文章，無論題目是什麼，必然含有許多不嚴肅的東西；無論是詩是散文都值不得寫，也值不得朗誦——像誦詩人朗誦他們的作品那樣——如果它既不先經研討，又非存心給人教益，而只是把說服作為唯一的目標；他以為這類文章最好的也不過是一種備忘錄，讓人回思他所已知道的東西；至於另外一類文章卻是可以給人教益的，而且以給人教益為目標的，其實就是把眞、善、美的東西寫到讀者心靈裡去，只有這類文章才可以達到清晰完美，也才值得寫、值得讀；他以為這類文章才應該叫作他的兒女，他的嫡子，第一是因為是他創造的就是由他的心靈生育的；其次是因為他的種子在旁的心靈中所滋生的文章也還是他的嫡傳；他只顧這類文章，此外他一律謝絕。像這樣一個人，斐德德，就是你和我所要追攀的了。

斐　你所說的就是我的心事，我願馨香禱祝我能成為這樣一個人！

蘇 修辭的問題給我們的消遣已足夠了，斐德羅，請你去告訴呂西亞斯，說我們倆走到了女神的河，一直走到她們的祭壇，女神們吩咐我們把所聽到的話傳給呂西亞斯以及凡是寫文章的人們，傳給荷馬和凡是作詩的人們，無論他們的詩伴樂不伴樂，傳給梭倫和凡是發表政論制定法律的人們，告訴他們說：「如果你們的著作是根據眞理的知識寫成的，到了需要審訊的時候，有能力替它們辯護，而且從你們所說的語言可以看出你們所寫的著作比起它們來是渺小的，你們就不應該用世人慣常稱呼你們的那些名號，就應該用更高貴的名號，才符合你們的高貴的事業。」

斐 你給他們什樣名號呢？

蘇 稱呼他們爲「智慧者」我想未免過分一點，這名稱只有神才當得起；可是稱呼他們爲「愛智者」或「哲人」[82]或類似的名目，倒和他們很相稱，而且也比較好聽些。

斐 倒很恰當。

蘇 但是在另一方面，若是一個人所能擺出來的不過是他天天絞腦汁改了又改，補了又補的那些著作，你就只能稱呼他們爲詩人、文章作者、或是法規作者。

---

82 理在所謂「哲學」在希臘文是philosophia，由philos（愛好）和sopbio（智慧）兩字合成，所以「哲學家」的原義是「愛智者」。依希臘文原義「哲學」不只是一種「學問」，也是一種「修行」。

斐 當然。[83]

蘇 那麼，你去把這話告訴你的朋友。

斐 你呢？你怎麼辦？我們也不應該忘記你的那位朋友。

蘇 你指的是誰？

斐 漂亮的伊索克拉底[84]呀！你有什麼話帶給他呢？你想他是哪一類人？

蘇 伊索克拉底還很年輕，斐德羅，可是我對於他的未來有一個預測，倒不妨告訴你。

斐 預測他什麼樣？

蘇 我看論天資的話，他比呂西亞斯要高出不知多少倍，而且在性格上也比較高尚，所以等到他年紀漸長，他對於現在他已著手練習的那種文章，若是叫前此一切作家都像小孩一樣落在後面，望塵莫及，那就毫不足為奇；並且他如果還不以這樣成就為滿足，還要受

---

83 以上是論修辭術三大段中的最後一段。在這段裡蘇格拉底討論寫的文章（書籍）的限制和流弊。書籍使人不肯自己思索，強不知以為知，而且可以滋生誤解。所以大思想家不把自己的思想寫在紙上，而把它寫在心靈裡，自己的心靈裡和弟子們的心靈裡。所以依蘇格拉底的看法，文章實在有三種，頭一種是在心靈中孕育的思想，這是一個作家的最偉大的一部分；其次是說出來的文章，還不失為活思想的活影像；最後是寫出來的文章，只是活思想的死影像。文字意本在傳達，憑筆傳不如憑口傳和人格感化。至於詭辯家的修辭伎倆是渺小不足道的。

84 在結局裡蘇格拉底對伊索克拉底大加讚賞。這人是一個新興的修辭家和詭辯家，和呂西亞斯還是一樣人物，所以這段讚賞頗引起懷疑。泰勒（A. E. Taylor）以為它是誠懇的，羅本（Léon Robin）卻以為它全是諷刺。

一種更神明的感發，引到更高尚更神明的境界，那也毫不足爲奇；因爲自然在這人心靈中已種下了哲學或愛智的種子。這就是我要從此地神靈帶給我的愛人伊索克拉底的消息，你就把我剛才說的那個消息帶給你的愛人呂西亞斯吧！

斐 就那麼辦吧！我們就此分手吧！大熱已退了。

蘇 在我們未走以前，要不要向本地神靈做一個禱告？

斐 當然。

蘇 「啊！敬愛的牧神，以及本地一切神靈，請保佑我具有內在美，使我所有的身外物都能和內在物和諧。讓我也相信智慧人的富足，讓我的財產恰好夠一個恬淡人所能攜帶的數量！」斐德羅，我們還有旁的祈求麼？就我來說，我們祈禱的已經足夠了。

斐 請替我也祈求同樣的東西，朋友之中一切都應該是共同的。

蘇 我們走吧！

根據Léon Robin參照J. Wright和Jowett譯

題解

西元前五世紀是希臘文化的大轉變期，光輝燦爛的悲劇時期已漸過去，光輝燦爛的哲學時期才漸起來。在過渡之中詭辯家風起雲湧。詭辯家大半是修辭家，算是徘徊於文學與哲學之間的。從文學看，他們是文學頹廢期的學者，想把文學窄狹化到文法與修辭的伎倆，把生氣蓬勃的東西肢解為規律公式，而他們所建立的規律公式又大半是瑣碎零亂的。從哲學看，他們以思想為遊戲，想在信口雌黃，顛倒是非上顯聰明才智，不肯徹底深入，探求眞理；但是他們的詭辯也刺激了人們的思想，引起激烈的辯論，對哲學的興起也不為無功。他們是職業的學者，一方面像近代的律師，常替原告、被告作控訴詞和辯護詞，一方面像近代的語文教授，開館授徒，寫修辭術教科書，做修辭的模範文，訓練學生去做像他們自己那樣的詭辯家。他們的生活資源就全靠這兩種職業。

蘇格拉底對這班詭辯家是深惡痛絕的，一方面因為他們大半同情民主黨；一方面因為他們以學問為職業，加以商業化，沒有尋求眞理的高尚理想，在人格上是可鄙視的。這批詭辯家也敵視他，三九九年蘇格拉底以迷惑青年罪被雅典法庭處死，主要的控訴人就是一個詭辯家萊康。

柏拉圖寫這篇對話，依法國學者羅本和英國學者泰勒的研究，是在蘇格拉底屈死之後，也就是說，在《會飲篇》和《理想國》兩大對話之後。篇中攻擊的對象呂西亞斯是一個詭辯家兼修辭家的代表，當時在雅典是赫赫有名的。對話人斐德羅是一個詭辯家和修辭家的信徒，愛好學問而頭腦簡單，沒有批判力。討論的問題是修辭術怎樣才是藝術，是否要從探討眞理出發。這正是當時哲學家與詭辯家所激烈爭辯的一個中心問題。無疑地，柏拉圖對詭辯家的譏嘲多少帶有發洩對於老師屈死的忿恨的意味。

這篇對話的主題曾經引起長久的爭論。從表面看，它顯然分成兩大部分，前半討論愛情，順帶地談到靈魂不朽的問題，後半討論修辭術，進一步談到探求眞理的辯證術，即柏拉圖心目中的哲學，好像前後漠不相關。實際上這篇對話的結構是非常緊湊細密的，而主題也實在只有一個，就是修辭術與辯證術的關係。前半包含三篇討論愛情的文章，一篇是詭辯家呂西亞斯教修辭術的模範文，主題是愛人應該接受沒有愛情的人，因爲愛情有許多毛病——一個典型的顚倒是非的詭辯家的論調——一篇是蘇格拉底採取這個詭辯家的主題，戲擬一篇在藝術上比原作較成功的文章；第三篇是蘇格拉底的翻案文章。愛情的歌頌，文章不僅是文字的撥弄——像頭兩篇那樣——而是眞理的表現，根據眞理，頭兩篇文章便應根本推翻。愛情不是利害的打算或是肉慾的滿足，而是由神靈憑附的迷狂，從人世間美的摹本窺見美的本體所起的愛慕，靈魂藉以滋長的營養品。總之，它和哲學是一體的。下半篇轉到修辭術即文章怎樣才能做得好的問題，就以這三篇文章爲實例，加以分析和說明。前半是經驗事實，後半是由經驗事實提高到原理。《斐德羅篇》在文學批評史上可以說是最早的一篇分析作品的批評。

蘇格拉底首先奠定了文學藝術的基本大原則：文章必須表現眞理。這也就是中國儒家的「修辭立其誠」。詭辯派從頭便錯，他們所謂「修辭」是迎合聽衆的成見，強詞奪理，淆亂是非，在小伎倆上顯聰明，來博得觀衆的讚賞。由於不重視眞理，他們不在探求事物本質上下功夫，所以思想條理紊亂，文章的布局不是思想的、有系統的發展而是雜亂堆砌。蘇格拉底要推翻這種流行的錯誤的修辭術，而建立一個根據眞理表現眞理的修辭術。無論討論什麼題目，先要定義正名，把所討論的事物本質揭開，使參加討論者和聽衆都有一個一致的目標，不致甲指的是馬而乙指的是驢，各說其是而實在都是文不對題。所以在文章方面：

「頭一個法則是統觀全局，把和題目有關的、紛紜散亂的事項統攝在一個普遍概念下面，得到一個精確的定義，使我們所要討論的東西可以一目了然。」

這一步綜合的功夫做到了，第二步便是分析。「順自然的關節，把全體剖析成各個部分」，因此見出全體與部分、原則與事例、概念與現象的關係。這兩步功夫合在一起就是「辯證術」（dialectic）。這就是眞正的修辭術，此外別無所謂修辭術。

一般修辭術課本的作者們愛定下一些瑣屑破碎的規矩，以爲學者學得了這一套規矩，如法炮製，就可以做出好文章。蘇格拉底以爲這無異於拾得幾個醫方就去行醫。依他看，離開尋求眞理的辯證術，把文章只當作文章來教，是不可能的。文章作者要有三個條件：「第一是生來就有語文的天才；其次是知識；第三是訓練」。蘇格拉底看重「天才」，所以處處說文學離不掉「靈感」或「迷狂」。在本篇談愛情迷狂時他就說：

「此外還有第三種迷狂，是由詩神憑附而來的。它憑附到一個溫柔貞潔的心靈，感發它，引它到興高采烈、眉飛色舞的境界，流露於各種詩歌，頌讚古代英雄的豐功偉績，垂為後世的教訓。若是沒有這種詩神的迷狂，無論誰去敲詩歌的門，他和他的作品都永遠站在詩歌的門外，儘管他自己妄想單憑詩的藝術就可以成為一個詩人。」

所謂「詩的藝術」就是詩的「技巧」，正是修辭家拿來教人的。蘇格拉底以爲修辭術本身是無可教的。如果要在知識學問方面下功夫的話，倒有兩種學問是有裨益的。第一是自然科學：

「凡是高一等的藝術，除掉本行所必有的訓練以外，還需要對於自然科學能討論，能思辨；我想凡是思想既高超而表現又能完美的人都像是從自然科學學得門徑。伯里克里斯的長處就在此。」

所謂「本行所必有的訓練」並非修辭家的瑣碎規矩，而是他所提倡的「辯證術」，其實就是哲學。問津於自然科學，正是取它的方法來充實辯證術。其次是近代所謂「心理學」。

「修辭術所窮究的是心靈……命意遣詞，使心靈得到所希冀的信念和美德」。心靈是有各種各樣的，文章也是有各種各樣的。作者應能了解哪一類文章宜於感動哪一類心靈，然後有的放矢。蘇格拉底早就看出文學藝術與聽眾的重要關係，這是值得特別注意的。

在蘇格拉底時代，除掉詩以外，還很少有寫的文章（只有希羅多德的歷史之類少數著作是寫的散文），當時修辭術所研究的主要還是怎樣說話，在法庭裡辯護，在公共場所裡演說，或是在私人集會裡討論。不過散文寫作已經開始流行了，這要歸功於詭辯派學者，尤其是本篇所攻擊的呂西亞斯和伊索克拉底。當時還有人以爲「文章寫作」（Logographie）是一件不光榮的事。蘇格拉底一方面以爲它本身沒有什麼可恥，寫得壞才可恥；一方面可也以爲文字書籍有它的限制和流弊，它是啞口的，你不能和它對質；而且它養成思想的懶惰。它的最大功用不過是備忘。比它較勝的是口說的文章。但是最好的文章是哲學思想的孕育，不是寫在紙上而是寫在直接受教者的心靈裡的。文章是人格的表現，一個作者永遠比他的作品要偉大。

這篇對話和《會飲篇》可以看作姊妹篇，都是一般學者公認爲柏拉圖思想的精華。對話集所常討論的主題如「理式」、「愛情」、「靈魂不朽」、「哲學修養」、「靈與肉的衝突」之類在這裡都得到透闢的討論。「蘇格拉底式的辯證術」在這裡也得到一個簡要的說明。

大希庇亞斯篇

——論美

對話人：蘇格拉底
希庇亞斯

蘇 只要老天允許，你朗誦大作時，我一定來聽。不過談到文章問題，你提醒了我須先要向你請教的一點。近來在一個討論會裡，我指責某些東西醜，讚揚某些東西美，被和我對話的人問得無辭以對。他帶一點譏諷的口吻問我：「蘇格拉底，你怎樣才知道什麼是美，什麼是醜，你能替美下一個定義麼？」我由於愚笨，不能給他一個圓滿的答覆。會談之後，我白怨自責，決定以後如果碰見你們中間一個有才能的人，必得請教他，把這問題徹底弄清楚，然後再去找我的論敵，再和他做一番論戰。今天你來得正好，就請你把「什麼是美？」給我解釋明白，希望你回答我的問題時要盡量精確，免得我再輸一次，讓我丟臉。你對於這個問題一定知道非常透徹，它在你所精通的學問中不過是一個小枝節。

希 蘇格拉底，這問題小得很，小得不足道，我敢說。

蘇 愈小我就愈易學習，以後對付一個論敵，也就愈有把握了。

希 對付一切的論敵都行，蘇格拉底，否則我的學問就很平庸淺薄了。

蘇 你的話真叫我開心，希庇亞斯，好像我的論敵沒有打就輸了。我想設身處在我的論敵的地位，你回答，我站在他的地位反駁，這樣我可以學你應戰，你看這個辦法沒有什麼不方便吧？我有一個老習慣，愛提出反駁。如果你不覺得有什麼不方便，我想自己來和你對辯，這樣辦，可以對問題了解更清楚些。

希 你就來對辯吧。那都是一樣，我再告訴你，這問題簡單得很；比這難得多的問題，我都可以教你怎樣應戰，教你可以把一切反駁者都不放在眼裡。

蘇 哈，老天，你的話眞開心！你既然答應了，我就盡我的能力扮演我的論敵，向你提問題。你如果向這位論敵朗誦你剛才告訴我的那篇討論優美的事業的文章，他聽你誦完之後，一定要依他的習慣，先盤問你「美本身究竟是什麼？」，他會這樣說：「厄利斯的客人，有正義的人之所以是有正義的，是不是由於正義？」[1] 希庇亞斯，現在就請你回答吧，假想盤問你的是那位論敵。

希 我回答，那是由於正義。

蘇 那麼，正義是一個眞實的東西？

希 當然。

蘇 有學問的人之所以有學問，是由於學問；一切善的東西之所以善，是由於善？

希 那是很明顯的。

1 有了「正義」這麼一個品質，個別的人得到這個品質，才成其為有「正義」的。正義是共相，個別的人有正義是殊相。

蘇 學問和善這些東西都是眞實的，否則它們就不能發生效果，是不是？

希 它們都是眞實的，毫無疑問。

蘇 美的東西之所以美，是否也由於美？

希 是的，由於美。

蘇 美也是一個眞實的東西？

希 很眞實，這有什麼難題？

蘇 我們的論敵現在就要問了：「客人，請告訴我什麼是美？」

希 我想他問的意思是：什麼東西是美的？

蘇 我想不是這個意思，希庇亞斯，他要問美是什麼。

希 這兩個問題有什麼分別呢？

蘇 你看不出嗎？

希 我看不出一點分別。

蘇 我想你對這分別知道很多，只是你不肯說。不管怎樣，他問的不是：什麼東西是美的？而是：什麼是美？請你想一想。

希 我懂了，我來告訴他什麼是美，叫他無法反駁。什麼是美，你記清楚，蘇格拉底，美就是一位漂亮小姐。

蘇　狗呀[2]，回答的美妙！如果我對我的論敵這樣回答，要針對他所提的問題做正確的回答，不怕遭到反駁嗎？

希　你怎麼會遭到反駁，如果你的意見就是一般人的意見，你的聽衆都認爲你說的有理？

蘇　姑且承認聽衆這樣說。但是請准許我，希庇亞斯，把你剛才說的那句話作爲我說的，我的論敵要這樣問我：「蘇格拉底，請答覆這個問題；如果你說凡是美的那些東西眞正是美，是否有一個美本身存在，才叫那些東西美呢？」我就要回答他說：「一個漂亮的年輕小姐的美，就是使一切東西成其爲美的。你以爲何如？」

希　你以爲他敢否認你所說的那年輕小姐美嗎？如果他敢否認，他不成爲笑柄嗎？

蘇　他當然敢，我的學問淵博的朋友，我對這一點很有把握。至於說他會成爲笑柄，那要看討論的結果如何。他會怎樣說，我倒不妨告訴你。

希　說吧！

蘇　他會這樣向我說：「你眞妙，蘇格拉底，但是一匹漂亮的母馬不也可以是美的，既然神在一個預言裡都稱讚過它？」你看怎樣回答，希庇亞斯？一匹母馬是美的時候，能不承認它有美嗎？怎樣能說美的東西沒有美呢？

希　你說的對，蘇格拉底，神說母馬很美，是很有道理的。我們的厄利斯就有很多的漂亮的

2　參看第七十五頁註64。

母馬[3]。

蘇 好，他會說，「一個美的豎琴有沒有美？」你看我們該不該承認，希庇亞斯？

希 該承認。

蘇 他還會一直問下去，我知道他的脾氣，所以敢這樣肯定。他要問：「親愛的朋友，一個美的湯罐怎樣？它不是一個美的東西嗎？」

希 這太不像話了，蘇格拉底，這位論敵是什麼樣一個人，敢在正經的談話裡提起這些不三不四的東西？他一定是一個粗俗漢！

蘇 他就是這樣的人，希庇亞斯，沒有受過好教育，粗鄙得很，除掉眞理，什麼也不關心。可是還得回答他的問題。我的臨時的愚見是這樣，假定是一個好陶工製造的湯罐，打磨得很光，做得很圓，燒得很透，像有兩個耳柄的裝三十公升的那種[4]，它們確是很美的，我回答他說，假如他所指的是這種湯罐，那就要承認它是美的。怎樣能不承認美的東西有美呢？

希 不可能否認，蘇格拉底。

蘇 他會說，「那麼，依你看，一個美的湯罐也有美了？」

3 希庇亞斯是厄利斯人，厄利斯是希臘南部一個城邦，以產馬著名。

4 原文是「六康稽」。康稽是希臘的量名，每康稽約等於三個半公升。

希 我的看法是這樣：像這種東西若是做得好，當然也有它的美，不過這種美總不能比一匹母馬，一位年輕小姐或是其他眞正美的東西的美。

蘇 就讓你這麼說吧，希庇亞斯，如果我懂得不錯，我該這樣回答他：「朋友，赫拉克利特[5]說過，最美的猴子比起人來還是醜，你沒有明白這句話的眞理，而且你也忘記，依學問淵博的希庇亞斯的看法，最美的湯罐比起年輕小姐來還是醜。」你看是不是應該這樣回答？

希 一點不錯，蘇格拉底，答得頂好。

蘇 他一定這樣反駁：「蘇格拉底，請問你，年輕小姐比起神，不也像湯罐比起年輕小姐嗎？比起神，最美的年輕小姐不也就顯得醜嗎？你提起赫拉克利特，他不也說過，在學問方面，在美方面，在一切方面，人類中學問最淵博的比起神來，不過是一隻猴子嗎？」我們該不該承認，最美的年輕小姐比起女神也還是醜呢？

希 這是無可反駁的。

蘇 如果我們承認這一點，他就會笑我們，又這樣問我：「蘇格拉底，你還記得我的問題麼？」我回答說：「你問我美本身是什麼。」他又會問：「對這個問題，你指出一種美來回答，而這種美，依你自己說，卻又美又醜，好像美也可以，醜也可以，是不是？」

5 赫拉克利特是西元前五世紀初希臘大哲學家，主張火為萬物之源，世界常在流動的。

那樣我就非承認不可了。好朋友，你教我怎樣回答他？

希　就用我們剛才所說過的話，人比起神就不美，承認他說的對。

蘇　他就要再向我說：「蘇格拉底，如果我原先提的問題是。什麼東西可美可醜？你的回答就很正確。但是我問的是美本身，這美本身把它的特質傳給一件東西，才使那件東西成其爲美，你總以爲這美本身就是一個年輕小姐、一匹母馬或一個豎琴嗎？」

希　對了，蘇格拉底，如果他所問的是那個，回答就再容易不過了。他想知道凡是東西加上了它，得它點綴，就顯得美的那種美是什麼。他一定是個傻瓜，對美完全是門外漢。告訴他，他所問的那種美不是別的，就是黃金，他就會無話可說。不再反駁你了。因爲誰也知道，一件東西縱然本來是醜的，只要鑲上黃金，就得到一種點綴，使它顯得美了。

蘇　你不知道我的那位論敵，希庇亞斯，他愛吹毛求疵，最不容易應付。

希　管他的脾氣怎樣！面對著眞理，他不能不接受，否則就成爲笑柄了。

蘇　他不但不接受我的答覆，還會和我開玩笑，這樣問我：「你瞎了眼睛嗎？把菲迪亞斯[6]當作一個凡庸的雕刻家？」我想應該回答他說，沒有這回事。

希　你是對的，蘇格拉底。

蘇　當然。但是我既承認了菲迪亞斯是一個大藝術家，他就要問下去：「你以爲菲迪亞斯不

6　菲迪亞斯是希臘的最大的雕刻家，西元前五世紀人，雅典娜女神像是他的傑作之一。

知道你所說的那種美嗎？」我問他：「你爲什麼這樣說？」他會回答：「他雕刻雅典娜的像，沒有用金做她的眼或面孔，也沒有用金做她的手足，雖然依你的看法，要使她顯得更美些，就非用金不可。他用的卻是象牙，顯然他犯了錯誤，是由於不知道金子鑲上任何東西就可以使它美了。」希庇亞斯，怎樣回答他？

希　很容易回答，我們可以說，菲迪亞斯並沒有錯，因爲我認爲象牙也是美的。

蘇　他就會說：「他雕兩個眼珠子卻不用象牙，用的是雲石，使雲石和象牙配合得很恰當。美的石頭是否也就是美呢？」我們該不該承認，希庇亞斯？

希　如果使用得恰當，石頭當然也美。

蘇　用得不恰當，它就會醜？我們是否也要承認這一點？

希　應該承認，不恰當就醜。

蘇　他會問我：「學問淵博的蘇格拉底，那麼，象牙和黃金也是一樣，用得恰當，就使東西美，用得不恰當，就使它醜，是不是？」我們是否要反駁，還是承認他對呢？

希　承認他對，我們可以說，使每件東西美的就是恰當。

蘇　他會問我：「要煮好蔬菜，哪個最恰當，美人呢？還是我們剛才所說的湯罐呢？一個金湯匙和一個木湯匙，又是哪個最恰當呢？」

希　蘇格拉底，這是什麼樣一個人！你肯把他的名字告訴我麼？

蘇　就是告訴你，你還是不知道他。

希　至少我知道他是簡直沒有受過教育的。

蘇　他簡直討人嫌，希庇亞斯！不管怎樣，我們怎麼回答他呢？對於蔬菜和湯罐，哪一種湯匙最恰當呢？木製的不是比較恰當麼？它可以叫湯有香味，不致打破罐子，潑掉湯，把火弄滅，叫客人有一樣美味而吃不上口；若是用金湯匙，就難免有這些危險。所以依我看，木湯匙比較恰當，你是否反對這個看法？

希　木湯匙當然比較恰當。不過我不高興和提出這樣問題的人討論。

蘇　你說得很對，朋友。這種粗話實在不配讓像你這樣一個人聽，你穿得這樣好，全希臘都欽佩你的學問。至於我，我倒不介意和這種人接觸。所以我求你爲著我的益處，預先教我怎樣回辯。他會問我：「木湯匙既然比金湯匙恰當，而你自己既然又承認，恰當的要比不恰當的較美，那麼，木湯匙就必然比金湯匙較美了，是不是？」希庇亞斯，你看有什麼辦法可以否認木湯匙比金湯匙較美呢？

希　你要我說出你該給美下什麼樣定義，免得你再聽他胡說八道嗎？

蘇　對的，不過先請你告訴我怎樣回答他的問題：木湯匙和金湯匙哪種最恰當、最美？

希　如果你高興，回答他說木湯匙最恰當、最美。

蘇　現在要請你把你的話說明白一點。如果我回答他說過美就是黃金，現在又承認木湯匙比金湯匙美，我們好像看不出金在哪方面比木美了。不過就現在說，你看什麼才是美呢？

希　我就要告訴你。如果我懂的不錯，你所要知道的是一種美，從來對任何人不會以任何方式顯得是醜？

蘇　一點也不錯，這回你很正確地抓住我的意思了。

希　聽我來說，如果他再反駁，那就算我糊塗了。

蘇　老天呀，請你快點說出來。

希　我說，對於一切人，無論古今，一個凡人所能有的最高的美就是家裡錢多、身體好、全希臘人都尊敬、長命到老、自己替父母舉行過隆重的喪禮、死後又由子女替自己舉行隆重的喪禮。

蘇　呵，呵！希庇亞斯，這番話眞高妙，非你說不出來！憑著赫拉天后，我欽佩你，這樣好心好意地盡你的力量來替我解圍。但是我們的論敵卻毫不動心，他要嘲笑我們，大大地嘲笑我們，我敢說。

希　那是無理的嘲笑，蘇格拉底。如果他沒有話反駁而只嘲笑，那是他自己丟人，聽衆們會嘲笑他。

蘇　你也許說的對，可是我怕你的回答還不僅引起他的嘲笑。

希　還會引起什麼？

蘇　他身邊也許碰巧帶了一個棍子，如果我跑得不夠快，他一定要打我。

希　什麼？這傢伙是你的主人嗎？他能打你不要上法庭判罪嗎？雅典就沒有王法了嗎？公民們就可以互相毆打，不管王法嗎？

蘇 怕的倒不是這些。

希 那麼，他打你打得不對，就該受懲罰。

蘇 不是那樣，希庇亞斯，並非打得不對；如果我拿你的話來回答他，我相信他就很有理由可以打我。

希 蘇格拉底，聽你說出這樣的話，我倒也很相信他很有理由可以打你！

蘇 我可不可以告訴你，我爲什麼認爲剛才那番回答該挨棍子？你也要不分青紅皀白就打我嗎？你肯不肯聽我來說？

希 若是我不准你說話，我就罪該萬死了。你有什麼說的？

蘇 讓我來說明，還是用剛才那個辦法，就是站在我的論敵的地位來說話，免得使他一定要向我說的那些冒昧唐突的話看來像是我向你說的。他會問我：「蘇格拉底，你唱了這一大串讚歌[7]，所答非所問，若是打你一頓，算不算冤枉？」我回答說：「這話從何說來？」他會說：「你問我從何說來？你忘記了我的問題嗎？我問的是美本身，這美本身，加到任何一件事物上面，就使那件事物成其爲美，不管它是一塊石頭、一塊木頭、一個人、一個神、一個動作，還是一門學問。我提到美本身，是一個個字說得很清楚響亮的，我並沒有想到聽我說話的人是一塊頑石，既沒有耳朵，又沒有腦筋！」你別

7 讚歌指上文希庇亞斯所說的「錢多、身體好、受尊敬」那段話。

生氣，希庇亞斯，如果這時候我被他嚇唬倒了，向他說：「可是給我替美下這樣定義的是希庇亞斯呀！我向他提的問題正和你所提的一模一樣，問的正是不拘哪一種時境的美。」你怎麼說？你願不願我這樣回答他？

希 像我所給它的定義，美是而且將來也還是對於一切人都是美的，這是無可辯駁的。

蘇 我的論敵會問：「美是否永遠美呢？」美應該是永遠美吧？

希 當然。

蘇 現在是美的在過去也常是美的？

希 是的。

蘇 他會問我：「依厄利斯的客人看，對於阿喀琉斯來說，美是否就是隨著他的祖先葬下地呢？對於他的祖先埃阿科斯[8]，對於一切其他神明之冑的英雄們，對於神們自己，美是否也是如此呢？」

希 你說的是什麼怪話？眞該死！你那位論敵所提的問題太無禮了[9]！

蘇 你要他怎樣呢？對這問題回答「是」，是否就比較有禮呢？

8 阿喀琉斯在特洛亞戰爭中戰死，所以葬在異國。他的祖先埃阿科斯據說是天神宙斯的兒子，死後做了陰間三判官之一。

9 「太無禮」原文有「大不敬」、「瀆神」的意思。因為蘇格拉底提到神和英雄。

希　也許。

蘇　他會說：「也許，你說在任何時候對於任何人，美就是自己葬父母、子孫葬自己，你這番話也許就也是無禮，」要不然，就要把赫剌克勒斯[10]以及我們剛才所提名的那些人作爲例外，是不是？

希　我向來沒有指神們呀！

蘇　看來像也沒有指英雄們？

希　沒有指英雄們，他們是神們的子孫。

蘇　此外一切人都包括在你的定義裡？

希　一點不錯。

蘇　那麼，依你的看法，對於像坦塔羅斯、達達諾斯、仄托斯那樣的人是有罪的、不敬的、可恥的事，對於像珀羅普斯以及和他出身相似的那種人卻是美的[11]？

希　我的看法是這樣。

蘇　他就會說：「從此所得出的結論就和你的原來意見相反了，自己葬了祖先，以後又讓子

10　赫剌克勒斯是希臘神話中最大的力士，也是宙斯的兒子。

11　據希臘神話，坦塔羅斯、達達諾斯、仄托斯都是宙斯的兒子，珀羅普斯是坦塔羅斯的兒子、宙斯的孫子。這句話的意思是說：自己葬父母，子孫葬自己，這件事對於神和英雄有時光榮，有時不光榮。

孫葬自己，這一件事有時候對於某些人是不光榮的；因此，把這件事看成在一切時境都是美的，比起我們從前所舉的年輕小姐和湯罐的例，同樣犯著時而美時而醜的毛病，而且更滑稽可笑。蘇格拉底，你顯然對我老是不能答得恰如所問，我的問題是：『美是什麼？』」親愛的朋友，如果我依你的話去回答他，他要向我說的討嫌的話就大致如此，並不見得無理。他向我說話，通常是用這樣的口吻；有時他好像憐惜我笨拙無知，對他所提的問題自己提出一個答案，向我提出一個美的定義，或是我們所討論的其他事物的定義。

希 他怎樣說，說給我聽聽，蘇格拉底。

蘇 他向我說：「蘇格拉底，你眞是一個奇怪的思辨者，別再給這種回答吧，它太簡單，太容易反駁了。再回頭把先前你所提的而我們批判過的那些美的定義，挑一個出來看看。我們說過：黃金在用得恰當時就美，用得不恰當時就醜，其他事物也是如此。現在就來看看這『恰當』觀念，看看什麼才是恰當，恰當是否就是美的本質。」每次他向我這樣談論，我都無辭反駁。只好承認他對。希庇亞斯，你看美是否就是恰當的？

希 這和我的看法完全一樣，蘇格拉底。

蘇 還得把它研究一番，免得又弄錯了。

希 我們來研究吧！

蘇 姑且這樣來看：什麼才是恰當？它加在一個事物上面，還是使它眞正美呢？還是只使它在外表上顯得美呢？還是這兩種都不是呢？

希　我以爲所謂恰當，是使一個事物在外表上顯得美的。舉例來說，相貌不揚的人穿起合適的衣服，外表就好看起來了。

蘇　如果恰當只使一個事物在外表上顯得比它實際美，它就會只是一種錯覺的美，因此，它不能是我們所要尋求的那種美，希庇亞斯；因爲我們所要尋求的美是有了它，美的事物才成其爲美，猶如大的事物之所以成其爲大，是由於它們比起其他事物有一種質量方面的優越，有了這種優越，不管它們在外表上什麼樣，它們就必然是大的。美也是如此，它應該是一切美的事物有了它就成其爲美的那個品質，不管它們在外表上什麼樣，我們所要尋求的就是這種美。這種美不能是你所說的恰當，因爲依你所說的，恰當使事物在外表上顯得比它們實際美，所以隱瞞了眞正的本質。我們所要下定義的，像我剛才說過的，就是使事物眞正成其爲美的，不管外表美不美。如果我們要想發現像美是什麼，我們就要找這個使事物眞正成其爲美的。

希　但是恰當使一切有了它的事物不但有外表美，而且有實際美，蘇格拉底。

蘇　那麼，實際美的事物在外表上就不能不美，因爲它們必然具備使它們在外表上顯得美的那種品質，是不是？

希　當然。

蘇　那麼，希庇亞斯，我們是否承認一切事物，包括制度習俗在內，如果在實際上眞正美，就會在任何時代都被輿論一致公認其爲美呢？還是恰恰與此相反，無論在人與人、或國與國之中，最不容易得到人們賞識，最容易引起辯論和爭執的就是美這問題呢？

希 第二個假定是對的，蘇格拉底，美最不容易賞識。

蘇 如果實際離不開外表——這是當然的——如果承認恰當就是美本身，而且能使事物在實際上和在外表上都美，美就不應該不易賞識了。因此[12]，恰當這個品質如果是使事物在實際上成其爲美的，它就恰是我們所要尋求的那種美，但是也就不會是使事物在外表上成其爲美的。反之，如果它是使事物在外表上成其爲美的，它就不會是我們所尋求的那種美。我們所要尋求的美是使事物在實際上成其爲美的。一個原因不能同時產生兩種結果，如果一件東西使事物同時在實際上和外表上美（或具有其他品質），它就不會是非此不可的唯一原因。所以恰當或是只能產生實際美，或是只能產生外表美，在這兩個看法中我們只能選一個。

希 我寧願採取恰當產生外表美的看法。

蘇 哎喲，美又從我們手裡溜脫了，希庇亞斯，簡直沒有機會可以認識它了，因爲照剛才所說的，恰當並不就是美。

希 呃，倒是眞的，蘇格拉底，這卻出乎我意料之外。

12 因為美不易賞識，實際美與外表美並不是一事。

蘇　無論如何，我們還不能放鬆它。我看我們還有希望可以抓住美的眞正的本質。

希　一定有希望，蘇格拉底，而且不難達到。只要讓我有一點時間一個人來想一想，我就可以給你一個再精確不過的答案。

蘇　請做一點好事，別盡在希望，希庇亞斯。你看這討厭的問題已經給我們很多的麻煩了；當心提防著不讓它發脾氣。一霎就溜走不回來。但是這只是我的過慮，對於你，這問題是非常容易解決的，只要你一個人清靜地想一想。不過還是請你別走，當著我的面來解決這問題；並且如果你情願，和我一道來研究。如果我們找到了答案，大家都好；如果找不到，我就活該認輸，你就可以離開我好去破這個謎語。並且在一塊解決還有這一點便利，就是我不會去麻煩你，迫問你一個人找到的答案究竟是什麼樣。我提出一個美的定義，你看它如何，我說——請你專心聽著，別讓我說廢話——我說，在我們看，美就是有用的。我是這樣想起來的，我們所認爲美的眼睛不是看不見東西的眼睛，而是看得很清楚，可以讓我們用它們的。你看對不對？

希　對。

蘇　不僅眼睛，整個身體也是如此，如果它適宜於賽跑和角鬥，我們就認爲它美。在動物中，我們說一匹馬，一隻公雞或一隻野雞美，說器皿美，說海陸交通工具、商船和戰船美，我們說樂器和其他技藝的器具美，甚至於說制度習俗美，都是根據一個原則：我們研究每一件東西的本質、製造和現狀，如果它有用，我們就說它美，說它美只是看它有用，在某些情境可以幫助達到某種目的；如果它毫無用處，我們就說它醜。你是否也這樣看，希庇亞斯？

希 我也這樣看。

蘇 我們可否就肯定凡是有用的就是頂美的呢？

希 我們可以這樣肯定，蘇格拉底。

蘇 一件東西有用，是就它能發生效果來說，不能發生效果就是無用，是不是？

希 一點不錯。

蘇 效能就是美的，無效能就是醜的，是不是？

希 當然。許多事情可以證明這一點，尤其是政治。在國家裡發揮政治的效能就是一件最美的事，無效能就是頂可恥的。

蘇 你說的頂對。憑老天爺，如果這是對的，知識就是最美的，無知就是最醜的，是不是？

希 你這話是什麼意思，蘇格拉底？

蘇 別忙，好朋友，想起這話的意義，我又有些駭怕了。

希 又有什麼可駭怕的，蘇格拉底？這回你的思路很正確了。

蘇 我倒願如此。但是請幫我想一想這個問題；一個人對於一件事既沒有知識，又沒有能力，他能否去做它？

希 沒有能力做就是不能做，那是很顯然的。

蘇　凡是做錯了的，凡是在行為或作品中做的不好，儘管他們原來想做好的，也總算是做了，若是他們對於所做的沒有能力，他們就不會把它做出來，是不是？

希　當然。

蘇　可是人們之所以能做一件事，是因為他們的能力而不是因為他們的無能力。

希　不是因為無能力。

蘇　所以要做一件事，就要有能力。

希　沒錯。

蘇　但是所有的人們從幼小時起，所做的就是壞事多於好事，想做好而做不到。

希　眞是這樣。

蘇　那麼，這種做壞事的能力，這種雖是有用而用於壞目的的事情，我們叫它們美還是叫它們醜呢？

希　當然是醜的，蘇格拉底。

蘇　因此，有能力的和有用的就不能是美本身了？

希　能力應該用於做好事，有用應該是對好事有用。

蘇　那麼，有能力的和有用的就是美的那個看法就留不住了。我們心裡原來所要說的其實是：有能力的和有用的，就它們實現某一個好目的來說，就是美的。

希　我是這樣想。

蘇 這就等於說，有益的就是美的，是不是？

希 當然。

蘇 所以美的身體、美的制度、知識以及我們剛才所提到的許多其他東西，之所以成其爲美，是因爲它們都是有益的？

希 顯然如此。

蘇 因此，我們認爲美和益是一回事。

希 毫無疑問。

蘇 所謂有益的就是產生好結果的？

希 是。

蘇 產生結果的叫作原因，是不是？

希 當然。

蘇 那麼，美是好（善）的原因？

希 是。

蘇 但是原因和結果不能是一回事，希庇亞斯，因爲原因不能是原因的原因。想一想，我們不是已經承認原因是產生結果的嗎？

希 是。

蘇 結果是一種產品，不是一個生產者？

希　的確。

蘇　產品和生產者不同？

希　不同。

蘇　所以原因不能產生原因，原因只產生由它而來的結果。

希　很對。

蘇　所以如果美是好（善）的原因，好（善）就是美所產生的。我們追求智慧以及其他美的東西，好像就是爲著這個緣故。因爲它們所產生的結果就是善，而善是值得追求的。因此，我們的結論應該是；美是善的父親。

希　好的很，你說的眞好，蘇格拉底。

蘇　還有同樣好的話咧：父親不是兒子，兒子不是父親。

希　一點不錯。

蘇　原因不是結果，結果也不是原因。

希　那是無可辯駁的。

蘇　那麼，親愛的朋友，美不就是善，善也不就是美。我們的推理是否必然要生出這樣一個結論呢？

希　憑宙斯，我看不出有旁的結論。

蘇　我們是否甘心承認美不善而善不美呢？

希　憑宙斯，我卻不甘心承認這樣的話。

蘇　好的很，希庇亞斯！就我來說，在我們所提議的答案之中，這是最不圓滿的一個。

希　我也是這樣想。

蘇　那麼，我恐怕我們的美就是有用的、有益的、有能力產生善的那一套理論實在都是很錯誤的，而且比起我們原來的美就是漂亮的年輕小姐或其他所提到的東西那些理論，還更荒謬可笑。

希　眞是這樣。

蘇　就我來說，我眞不知道怎樣辦才好，我頭腦弄昏了。希庇亞斯，你可想出了什麼意思？

希　暫時卻沒有想出什麼。但是我已經說過了，讓我想一想，我一定可以想得出來。

蘇　但是我急於要知道，不能等你去想。對了，我覺得我找到了一點線索。請注意一下，假如我們說，凡是產生快感的——不是任何一種快感，而是從眼見耳聞來的快感——就是美的，你看有沒有反對的理由？希庇亞斯，凡是美的人、顏色、圖畫和雕刻都經過視覺產生快感，而美的聲音、各種音樂、詩文和故事也產生類似的快感，這是無可辯駁的。如果我們回答那位固執的論敵說：「美就是由視覺和聽覺產生的快感」，他就不能再固執了。你看對不對？

希　在我看，蘇格拉底，這是一個很好的美的定義。

蘇　可是還得想一想，如果我們認爲美的是習俗制度，我們能否說它們的美是由視聽所生的

希 快感來的呢？這裡不是有點差別嗎？

蘇 蘇格拉底，我們的論敵也許見不出這個差別。

希 狗呀，至少我自己的那位論敵會現出，希庇亞斯，在他面前比在任何人面前，想錯了或說錯了，都使我更覺得羞恥。

蘇 這是什麼人？

希 這就是蘇弗若尼斯的兒子蘇格拉底，就是他不容許我隨便作一句未經證實的肯定，或是強不知以爲知。

蘇 說句老實話，既然你把你的看法說出了，我也可以說，我也認爲制度是有點差別，不是由視覺聽覺產生的快感。

希 別忙，希庇亞斯，正在相信逃脫困難了，我恐怕我們又像剛才一樣，又遇到同樣的困難。

蘇 這話怎樣說，蘇格拉底？

希 我且來說明我的意思，不管它有沒有價值。關於習俗制度的印象也許還是從聽覺和視覺來的。姑且把這一層放下不管，把美看作起於這種感覺的那個理論還另有困難。我的論敵或旁人也許要追問我們：「爲什麼把美限於你們所說的那種快感？爲什麼否認其他感覺——例如飲食、色慾之類快感——之中有美？這些感覺不也是很愉快嗎？你們以爲視覺和聽覺以外就不能有快感嗎？」希庇亞斯，你看怎樣回答？

希 我們毫不遲疑地回答，這一切感覺都可以有很大的快感。

蘇 他就會問：「這些感覺既然和其他感覺一樣產生快感，爲什麼否認它們美？爲什麼不讓它們有這一個品質呢？」我們回答：「因爲我們如果說味和香不僅愉快，而且美，人人都會拿我們做笑柄。至於色慾，人人雖然承認它發生很大的快感，但是都以爲它是醜的，所以滿足它的人們都瞞著人去做，不肯公開。」對這番話我們的論敵會回答說：「我看你們不敢說這些感覺是美的，只是怕大衆反對。但是我所要問你的並不是大衆看美是什麼樣，而是美究竟是什麼樣。」我們就只有拿剛才那番話來回答說：「美只起於聽覺和視覺所生的那種快感。」希庇亞斯，你是維持這個說法，還是改正我們的答案呢？

希 應該維持我們的說法，蘇格拉底，不能更改。

蘇 他會說：「好，美既然是從聽覺和視覺來的快感，凡是不屬於這類快感的顯然就不能算美了？」我們是否同意呢？

希 同意。

蘇 他會說：「聽覺的快感是否同時由視覺和聽覺產生，視覺的快感是否也是如此？」我們說，不然，這兩種原因之一所產生的快感不能同時由這兩種原因在一起來產生。我想你的意思也是如此，我們所肯定的是這兩種快感每種是美，所以兩種都是美。是不是應該這樣回答他？

希 當然。

蘇 他就會說：「那麼，一種快感和另一種快感的差別是否在它們的愉快性上面？問題並不在這一種快感比另一種快感大或小、強或弱，而在它們的差別是否在一種是快感而另一種不是快感。」我們不以爲差別在此，是不是？

希 是的。

蘇 他會說：「那麼，你們在各種快感中單選出視聽這兩種來，就不能因爲它們是快感。是不是因爲你們在這兩種快感中看出一種特質是其他快感所沒有的，你們才說它們美呢？視覺的快感顯然不能只因爲是由視覺產生的就成其爲美，如果是這樣，聽覺的快感就沒有成其爲美的理由，因爲不是由視覺產生的。」我們對這話是否同意？

希 同意。

蘇 「同理，聽覺的快感也不能只爲是由聽覺來的就成其爲美，如果是這樣，視覺的快感也就沒有成其爲美的理由，因爲不是由聽覺產生的。」希庇亞斯，我們是否承認這人說的對呢？

希 很對。

蘇 他就會說：「可是你們說，視覺和聽覺的快感就是美。」我們要承認說過這樣的話。

希 不錯。

蘇 「那麼，視覺和聽覺的快感應該有一個共同性質，由於有這個共同性質，單是視覺的快感或聽覺的快感因而美，兩種快感合在一起來說，也因而美。若是沒有這個共同性質，它們或分或合，都不能成其爲美了。」請你把我當作那人，來回答這問題。

希 我回答說，我看他的話是對的。

蘇 一種性質是這兩種快感所共同的，而就每種快感單獨來說，卻沒有這種性質，這種性質能否是原因，使它們成其爲美呢？

希 你這話怎樣說，蘇格拉底？兩種東西分開來各所沒有的性質，合起來如何就能公有那個性質呢？

蘇 你以爲這是不可能的嗎？

希 我不能思議這樣的東西的性質。

蘇 說的很好，希庇亞斯。就我來說，我覺得我窺見一種東西，像你所認爲不可能的。不過我看的不清楚。

希 不能有這樣的東西，蘇格拉底，你一定看錯了。

蘇 可是我確實望見一些影像。但是我不敢自信，因爲這些影像既然不能讓你看見；你是什麼樣人，我是什麼樣人，你憑你的學問賺的錢比當代任何人都多，而我卻從來沒有賺過一文錢。不過我頗懷疑你是否在認眞說話，是否在欺哄我來開玩笑，因爲這些影像在我面前顯得既活躍而又衆多。

希 蘇格拉底，你有一個方法來測驗我是否在開玩笑，那就是，對我說明你以爲你看見的究竟是什麼樣，你就會發現你所說的話荒誕無稽了。你永遠不可能發現一個性質不是你或我單獨所沒有的，卻是你和我所共同有的。

蘇 你這話是什麼意思，希庇亞斯？你也許是對的，可是我不懂得。無論如何，我姑且說明我的想法。在我看，我從來沒有而現在也沒有的一種性質，就你說，也是你從來沒有而現在也沒有的，卻可以由你和我兩人共有。反過來說，我們兩人所共有的，可以是我或你單獨所沒有的。

希 你像一個占卜家在說話，比剛才更玄。想一想，如果我們倆都公正，不是你公正我也公正？同理，如果我們倆都不公正，或是身體都好，不是你如此我也如此？反過來說，如果你是病了、受了傷、挨了打，或是遭遇另一件事，而我也正是如此，不是我們倆都是如此麼？再舉例子來說，假如我們倆都是金、銀或象牙，或者說，都是高貴的、有學問的、受人尊敬的、老的或少的，或是具有人性的任何其他屬性，那麼，你和我分開來說，不是各具有這些屬性嗎？

蘇 當然。

希 蘇格拉底，你和你的對話人們，你們這批人看事物，向來不能統觀全局。你們把美或眞實界其他部分分析開，讓它孤立起來，於是把它敲敲，看它的聲音是眞是假。就是因爲這個緣故，你們捉摸不住各種本質融貫周流的那個偉大眞實界。在目前，你就犯了這個嚴重的錯誤，以至於想入非非，以爲一種性質可以屬於二而不屬於二之中各一，反之，屬於二之中各一的可以不屬於二。你們老是這樣，沒有邏輯、沒有方法、沒有常識、沒有理解！

蘇 我們確實如此，希庇亞斯，像諺語所說的，一個人能什麼樣就是什麼樣，不是願什麼樣就是什麼樣。幸好你的警告不斷地使我們明白。我現在可不可以在等待你的忠告的時候，就我們這批人的荒謬再給你一個例證呢？我可不可以把我們對這問題的意見說給你聽聽呢？

希 你不用說，我就知道你要說什麼，蘇格拉底，因爲我對於凡是說話的人們每一個都看得清清楚楚。不過你還是可以說下去，只要你高興。

蘇 我倒是高興要說。在向你領教以前，親愛的朋友，我們這批人荒謬得很，相信在你和我兩人之中，每個人是一個，因此就不是我們倆在一起時那樣的，因爲在一起我們是兩個，不是一個。我們的荒謬看法就是如此。現在，我們從你所聽到的是這樣：如果在一起我們是兩個，我們倆中間每一個人就絕對必然也是兩個；如果分開來每一個人是一個，兩人在一起也就是一個。依希庇亞斯先生所說的十全十美的本質論，結論就不能不如此，全體什麼樣，部分也就什麼樣；部分什麼樣，全體也就什麼樣。希庇亞斯，你算是把我說服了，我再也無話可說了。不過我還想請教一句，好提醒我的記憶，你和我兩個人是不是一個，我們每一個人是不是兩個？

希 你這是什麼話，蘇格拉底？

蘇　我這話就是我這話。請告訴我：我們倆之中每一個人是不是一個？「是一個」這個屬性是不是每一個人的特徵？

希　毫無疑問地，是。

蘇　如果每一個人是一個，他就不成雙，你當然明白單位不成雙吧？

希　當然。

蘇　我們倆，由兩個單位組成的，就不成雙嗎？

希　沒有這個道理，蘇格拉底。

蘇　因此，我們倆是雙數，對不對？

希　很對。

蘇　從我們倆是雙數，可否得到我們每一個人是雙數的結論？

希　當然不能。

蘇　那麼，一雙不必定有一個的性質，一個不必定有一雙的性質，這不是正和你原來所說的相反嗎？

希　在這一個事例中倒是不必定，但是在我原來所說的那些事例中卻都是必定的。

蘇　那就夠了，希庇亞斯，我們姑且說，這一個事例是像我們所說的，其他事例卻不然。如果你還記得我們討論的出發點，你該記得我原來說的是：在視覺和聽覺所產生的快感中，美並不由於這兩種快感中某一種所特有，而兩種合在一起所沒有的那種性質；它也不由於這兩種快感合在一起所公有，而其中任何一種快感所沒有的那種性質；所需要的那種性質必須同時屬於全體，又屬於部分，因爲你承認過，這兩種快感分開來是美，合在一起也是美，就是說，美在部分，也在全體。從此我推到一個結論：如果這兩種快感都美，那美是由於這種有，另一種也有的那種性質，不是由於只有這種有，而另一種卻沒有的那種性質。現在我還是這樣看。再請問你一次：如果視覺和聽覺的兩種快感都美，就合在一起來說可以，就分開來說也可以——那麼，使它們成其爲美的那種性質是否同時在全體（兩種合在一起），也在部分（兩種分開）？

希　當然。

蘇　使它們成其爲美的是否就是它們每一種是快感，兩種合在一起也還是快感那個事實？快感既是美的原因，它能使視聽兩種快感美，爲什麼就不能使其他各種快感也同樣美，既然它們同樣是快感？

希　我還記得這番話。

蘇　但是我們宣布過，這兩種快感之所以成其爲美，是由於它們由視覺和聽覺產生的。

希　我們是這樣說的。

蘇　請看我的推理是否正確。如果我記得不錯，我們說過美就是快感，不是一切快感，而是由視聽來的快感。

希　不錯。

蘇　但是「由視聽來的」這個性質只屬於兩種合在一起，不屬於單獨的某一種，因為像我們剛才所見到的，單獨一個不是由雙組成的，而雙卻是由單獨的部分組成的。是不是？

希　一點也不錯。

蘇　使每一個成其為美的就不能是不屬於每一個的：「成雙」這個性質卻不屬於每一個。所以在我們的設論中，雙就其為雙來說，可以稱為美，而單獨的每一個卻可以不美。這個推理線索不是很謹嚴麼？

希　看來它是很謹嚴的。

蘇　那麼，我們可不可以就說：美的是雙，每部分卻不然？

希　你看有沒有可以反駁這個結論的？

蘇　我看到的反駁在此。在你所列舉的那些事例中，某些事物有某些性質，而這些性質，我們常見到，屬於全體的也就屬於部分，屬於部分的也就屬於全體。是不是？

希　是。

蘇　在我所舉的事例中卻不然，其中之一就是一雙和一個的例。對不對？

希　很對。

蘇　那麼，希庇亞斯，在這兩類事例中，美屬於哪一類？屬於你所說的那一類吧？你說過，如果我強壯你也強壯，我們倆就都強壯，如果你公正我也公正，我們倆就都公正；如果我們倆都公正，就是你公正我也公正；同理，如果你美我也美，我們倆就都美；如果我們倆都美，就是你美我也美。但是此外還另有一個可能，美可能像數目，我們說過，全體是雙，部分可成雙可不成雙；反之，部分是分數，全體可以是分數可以是整數，由此例推，我想到許多其他事例。在這兩類事例中我們把美放在哪一類呢？我不知道你是否和我一樣想，依我想，如果說我們倆都美而兩人之中卻有一個不美，或是說你美我也美，而我們倆卻不美，這一類的話未免太荒謬了。你的看法如何？

希 我的看法就是你的看法，蘇格拉底。

蘇 那就更好了，因爲我們用不著再討論下去了。美既然屬於我們所說的那一類，視覺和聽覺的快感就不是美本身了。因爲如果這快感以美賦予視覺和聽覺的印象，它所賦予美的就只能是視聽兩種感覺合在一起，而不能單是視覺或單是聽覺。可是你已經和我承認過，這個結論是不能成立的。

希 我們確是這樣承認過。

蘇 這個結論既然不能成立，美就不能是視覺和聽覺所生的快感了。

希 這是不錯的。

蘇 我們的論敵會說，「你的路既然走錯了，再從頭走起吧。你把這兩種快感看作美，把其他快感都不看作美，使它們成其爲美的究竟是什麼呢？」希庇亞斯，我想我們只能這樣回答：這兩種快感，無論合在一起說，或是分開來說，都是最純潔無瑕的，最好的快感。你還知道有什麼其他性質，使它們顯得與衆不同麼？

希 不知其他，它們眞是最好的快感。

蘇 他就會說：「那麼，依你們看，美就是有益的快感了？」我要回答是，你怎樣想？

希 我和你同意。

蘇 他還要說：「所謂有益的就是產生善的。可是我們剛才已經看到，原因和結果是兩回事，你現在的看法不是又回到原路嗎？美與善既然不同，善不能就是美，美也不能就是善。」希庇亞斯，如果我們聰明，最好就完全承認他這話，因爲眞理所在，不承認是在所不許的。

希 但是說句眞話，蘇格拉底，你看這一番討論怎樣？我還要維持我原來所說的，這種討論只是支離破碎的咬文嚼字。美沒有什麼別的，只要能在法院、議事會、或是要辦交涉的大官員之前，發出一篇美妙的能說服人的議論。到了退席時賺了一筆大錢，既可以自己享受，又可以周濟親友，那就是美。這才是值得我們下工夫的事業，不是你們的那種瑣碎的強詞奪理的勾當。你應該丟開這種勾當，不要老是胡說八道，讓人家把你看作傻瓜。

蘇 我的親愛的希庇亞斯，你是一位幸福的人，你知道一個人所宜做的事業，而且把那事業做得頂好，據你自己說。我哩，好像不知道遭了什麼天譴，永遠在遲疑不定中東西亂竄。我把我的疑惑擺出來讓你們學問淵博的先生們看時，我的話還沒有說完，就被你們臭罵一頓。你們說，像你自己剛才所說的，我所關心的問題都是些荒謬的、瑣屑的、沒有意思的。受了你們的教訓的啓發之後，我也跟你們一樣說，一個人最好是有本領在法院或旁的集會上，發出一篇好議論，產生一種有利的結果，我這樣說時又遭我的周圍一些人們痛罵，尤其是老和我討論、老要反駁我的那位論敵。這人其實不是別人，是我的一個至親骨肉，和我住在一座房子裡。我一回到家裡，他一聽到我說起剛才那番話，他就問我知道不知道羞恥，去講各種生活方式的美，連這美的本質是什麼都還茫然無知。這人向我說：「你既然不知道什麼才是美，你怎麼能判斷一篇文章或其他作品是好是壞？在這樣蒙昧無知的狀態中，你以爲生勝於死麼？」你看我兩面受敵，又受你們的罵，又受這人的罵。但是忍受這些責罵也許對於我是必要的；它們對於我當然有益。至少是從我和你們倆的討論中，希庇亞斯，我得到了一個益處，那就是更清楚地了解一句諺語：「美是難的。」

根據A. Croiset譯，未見完全的英譯本，只有Carritt在《美的哲學》裡選擇了幾段。

題解

柏拉圖的三十幾篇對話裡有許多篇連帶地談到美的問題，專以美爲主題的只此一篇。《希庇亞斯》有大小兩篇，大篇談美，小篇談惡起於無知。大篇較長，寫得比較好，時代也略較先，所以叫作「大」。十九世紀學者們多懷疑這篇是柏拉圖的門徒所擬作的，現代學者們多認爲這篇還是柏拉圖自己做的，不過是在早期做的。

希庇亞斯像《斐德羅篇》裡的呂西亞斯一樣，是一個詭辯者，以教辯論爲職業的。他一見到蘇格拉底，就自誇他的聲名和文章，說不久要公開朗誦他的作品，請蘇格拉底去聽。蘇格拉底說，要判別文章的美醜，先要知道美是什麼，他有一個論敵就曾拿這個問題盤問過他，他想請教高明的希庇亞斯，以備下次好去應戰。蘇格拉底就假裝那個論敵，和希庇亞斯對辯美的問題。這位假想的論敵其實還是蘇格拉底。用一個第三者的口吻，他可以痛快地譏嘲他所厭惡的詭辯者一番。這篇只有開場幾段希庇亞斯自誇的話沒有譯。到了美的正題以後，全文都譯在這裡。

蘇格拉底要求的是美本身的定義，希庇亞斯只能拿個別的美的事物來回答他。第一個答案是：「美就是一位年輕漂亮的小姐。」蘇格拉底半開玩笑似的說，一匹母馬或是一個湯罐也可以是美的。如果以爲馬和罐的美不及美人的美，美人的美比起神仙的美就顯得醜了。所以美人的美是相對的，可以看成美，也可以看成醜，全看和她做比較的是什麼。第二個答案是：「黃金是使事物成其為美的。」那麼，一個有名的雕刻家為什麼不用黃金而用象牙去雕女神的面目呢？並且身子用石頭呢？這就引起第三個答案：「恰當的就是美的。」但是「恰當」這個品質使事物美，是在實際還是在外表呢？在蘇格拉底看，實際和外表是不一定相關的，因為如果實際美，外表也就一定美，人們對於美就不應該有分歧和爭辯。並且「恰當」是一個原因，它不能同時產生「實際美」與「外表美」兩個結果。如果依希庇亞斯所承認的，恰當只使事物外表美，那就會只是一種錯覺而不是美本身。至於恰當是否產生實際美，對話並沒有明白地談到。辯來辯去，美終於「從手裡溜脫了」。希庇亞斯窮於應對，頗想臨陣脫逃。蘇格拉底留住他，換了一個討論方式，他自己提出一些可能的定義來逐一討論。

頭一個可能的定義是：美就是有用的。人、物，乃至於習俗制度取某一形式，而那個形式適合他或它的功用，就顯得美。但是有用是能發生效果，效果可好可壞，效果壞，縱然有用，還不能算是美。因此，這定義須修正為：美就是有益的，用於善的方面，產生好效果的。美於是成為善的原因。但是因與果不同，美與善也就不能是一回事。於是提出第三個可能的定義：美就是視覺和聽覺所生的快感。許多美的事物都是悅耳悅目的。但是仔細想起，這定義還是有許多困難。習俗制度的美是否由視聽察覺？如果美就是感覺的愉快性，何以視聽以外的快感如食色之類就不能算是美？視覺所生的快感不能由聽覺生，聽覺所生的快感也不能由視覺生；如果美是「視覺和聽覺所生的快感」，單是視覺或聽覺所生的快感就不能成其為美。依這個推理，美就屬於二而不屬於二之中各一，這卻是希庇亞斯所反對的。因此，使視聽兩種快感成其爲美的便不是這兩種快感本身，而是它們倆所公有而且每種也單獨有的某個共同性質。快感之上還要找一個形容詞，我們是否可以把剛才所放棄的「有益的」那個概念加在快感之上，說「美就是有益的快感」呢？原來駁倒「有益的」那個概念的理由仍然存在：有益的是產生好結果的，因果非一，所以「美」這個因不就等於「有益的快感」這個果。說來說去，「美本身是什麼」，這個問題終無著落。至於希庇亞斯已經一度提起而現在又提起的那個看法——美就是做出作品，博得聽衆讚賞，既得名，又得利——只是拿來嘲笑詭辯家們的，當然不攻自破。對於蘇格拉底自己，他承認了無能，這番討論只給了他一點益處，就是明白了美的問題是難的。

所以這篇對話只推翻了一些流行的看法，並沒有得到一個結論。這是柏拉圖早年的作品，他還在摸索中，既然沒有見到一個結論，就不勉強下一個結論。他使我們看到的是誠實，是正在發展中的思想那種徘徊猶豫的情況。他雖然批駁了「恰當的」、「有用的」，「有益的」、「發生快感的」那些概念，可是從他的後來許多對話看，他始終隱約感到這些概念與美有密切的關聯。他攻擊悲劇喜劇，就因爲它們逢迎快感。他的理想中的藝術是要對國家人民有用有益，參看《理想國》卷十就可以明白。這是一篇未成熟的作品，其中有些不必要的咬文嚼字，也許柏拉圖有意要模仿詭辯家的口吻，藉此嘲弄他們。雖然不成熟，這篇對話卻仍是美學的重要文獻。它是西方第一篇有系統的討論美的著作，後來美學上許多重要思潮都伏源於此。

會飲篇[1]

——論愛美與哲學修養

1 會飲是希臘的一種禮節，大半含有慶祝的意味，有一定的酬神的儀式。儀式舉行之後，座客開始飲酒，通常有樂伎助興。這次會飲以討論哲學問題代替尋常娛樂節目。

對話人：阿波羅多洛斯（這篇對話的轉述者，他本人不在場，關於會飲的經過，是從阿里斯多德穆斯聽來的，他已經向格羅康轉述過一次，現在又向一位朋友轉述）。**阿里斯多德穆斯**（原始的轉述者，他向斐尼克斯談過，又向阿波羅多洛斯談過）。**蘇格拉底**、**阿伽頌**、**斐德羅**、**保薩尼亞斯**、**厄里什馬克**、**阿里斯托芬**、**第俄提瑪**（蘇格拉底向她請教的，不在場）、**阿爾西比亞德斯**。

阿波羅多洛斯 對於你想知道的那回事，我倒很有準備。前天我從法勒雍[2]我的家裡進城，路上碰到一位朋友在後面望見我，他就用滑稽口吻遠遠地喊我：「喂！你這法勒雍住戶名叫阿波羅多洛斯的，爲什麼不等我呀！」我就停下等他，他向我說：「阿波羅多洛斯，我正在找你，想向你打聽打聽，蘇格拉底和阿爾西比亞德斯幾個人在阿伽頌家裡會飲時討論愛情，經過究竟怎樣。有一個人從斐利普的兒子斐尼克斯那裡聽過這回故事，向我約略談過，並且說你也知道。他說的不大清楚，所以我要找你談一談。蘇格拉底是你的朋友，轉述他的話，沒有人比你更合適了。先請你告訴我，你親自參加了那次聚會沒有？」我回答說：「向你轉述的那位顯然談的不很清楚，若不然，你就不會以爲那次聚會的時期很近，連我也可以參加了。」他說：「對的，我原來是這樣想。」

2 法勒雍在雅典西南。離城約三公里。

我說：「這怎麼可能呢，格羅康？阿伽頌離開雅典已多年了，而我向蘇格拉底請教，天天默記他的言行，還不到三年的光景。三年之前，我東西流浪，對生活很自滿，其實是一個最不幸的人，正如你現在一樣，以爲無論作什麼也比研究哲學強！」他說：「別再譏嘲了，且告訴我那次聚會是在什麼時候舉行的。」我回答說：「當時我們都還是小孩子咧，阿伽頌的第一部悲劇得了獎，爲了慶祝勝利，第二天他和他的歌隊舉行酬神的典禮。」他說：「那像是很早的事了。誰向你談過這回事，是不是蘇格拉底本人？」我回答說：「憑宙斯[3]，不是他！是一位阿里斯多德穆斯，奎達特楞區的人，一個矮小漢，時常赤著腳，向斐尼克斯談的也就是他。他親自參加了那次聚會，如果我沒有看錯，當時他是蘇格拉底的一個最熱烈的崇拜者。後來我問過蘇格拉底本人，他證實了阿里斯多德穆斯的話。」格羅康於是說：「就請你把這故事給我講一遍，進城的這條路上正好談話。」

於是我們一邊走，一邊談那次會飲的故事。所以我說過，我對這個題目很有準備，你既然想知道，我可以給你再談一遍。談哲學和聽人談哲學，對於我向來是一件極快樂的事，受益還不用說。此外的談話，尤其是你們這班有錢人和生意人的談話對於我卻是索然無味的。你們既是我的同儕，我不能不憐惜你們，自以爲做的是天大事業，其實毫

3 宙斯是最高天神，希臘人常憑他發誓，表示說的話是真的。

無價值！也許你們也在憐惜我的不幸，不過你們只自信是對的，而我對於你們的可憐情形，不只是相信，而是眞正知道！那位朋友說，「阿波羅多洛斯，你還是那個老脾氣，總是愛咒罵自己，又咒罵旁人！我看你以爲一切人都是不幸的，只除掉蘇格拉底。所以你的綽號是『瘋子』，倒很名副其實。你說話確實像一個瘋子，老是怨恨自己、怨恨旁人，只除掉蘇格拉底！」我說。「對，親愛的朋友，我是一個瘋子，一個精神錯亂的人，因爲我對自己和對你們有剛才所說的那個看法，是不是？」那位朋友說：「阿波羅多洛斯，現在大可不必爲著這個問題來吵嘴，且請你答應我原來的請求，把那次聚會中的言論給我複述一遍。」我說：

好吧，當時談話的經過約略是這樣……不過我最好從頭就按照阿里斯多德穆斯的話給你複述。據他說，故事是這樣的[4]：

阿里斯多德穆斯說：「我在路上碰見蘇格拉底，那天他洗過澡，腳上還穿了鞋，這些在他都是不常有的事。我問他到哪裡去，打扮得那樣漂亮。他回答說：『到阿伽頌家裡去吃晚飯。昨天他慶祝勝利，請我我沒有去，怕的是人太多，但是答應了他今天去。

4　以上可以看作一篇小序，說明這篇對話是怎樣傳下來的，頗像佛經的「如是我聞」。這篇對話經過兩次轉述，由在場的阿里斯多德穆斯談給亞波羅多洛，現在再由亞波羅多洛談給一位生意人。以下才是對話本身。

我打扮得漂亮，就是因爲這個緣故。因爲阿伽頌是一個漂亮少年，去他那裡就得漂亮一點。喂，你和我一道去。做一個不速之客，好不好？』我說：『遵命。』他說：『好極了，跟我一道走。這樣一來我們就可以翻轉一句諺語了，你記得吧？「逢到阿伽頌的宴會」不，「逢到好人[5]的宴會，好人不請自來」。其實詩人荷馬早已就把這句諺語翻轉過，而且把它糟蹋過。他把阿伽門農描寫成一個最英勇的戰士，把墨涅拉俄斯卻描寫成「一個膽小如鼠的操戈者」，可是阿伽門農有一次設筵慶祝，墨涅拉俄斯沒有被邀請，也自動地赴宴了。照這樣看，荷馬不是讓一個不大好的人赴好人的宴會麼[6]？』」阿里斯多德穆斯告訴我，他聽到這番話就說：「蘇格拉底，以我這樣一個不值什麼的人，不請自赴一個聰明人的宴會，恐怕我倒不像你所說的，而是像荷馬所說的。你既然帶我去，就得找一個借口，我絕不肯承認我是不請自來的客人，我只說我是應你的邀請。」蘇格拉底說：「『兩人同伴走』[7]，總有一人先想出拿什麼樣話來說，且往前走吧。」

「在這番談話之後，」阿里斯多德穆斯說，「我們就動身往前走。可是在路上蘇

5 阿伽頌的名字在希臘文中原有「好人」的意思。

6 見荷馬史詩《伊利亞特》卷二和卷十七。阿伽門農和墨涅拉俄斯本來是弟兄，墨涅拉俄斯的妻子海倫和特洛亞國王子私奔，釀成有名的特洛亞故爭。這兩弟兄都是希臘遠徵軍的將領。

7 見《伊利亞特》卷十，原文說：「兩人同伴走，一人先想出有用的辦法。」原文幾成諺語，人人熟習，所以不全引。

格拉底想到一個問題，一個人落在後面凝神默想。我等他，他叫我先走。我走到阿伽頌的家，看見門戶大開，就碰見一件趣事。我一到達，就有一個僕人從裡面出來接我，把我引到客廳裡，那裡客人都已入座，正準備吃晚飯。阿伽頌一望見我，就喊。『哈，阿里斯多德穆斯，你來的正好，歡迎參加我們的晚餐。如果你為旁的事來，請把它放在以後再說。昨天我到處找你，想請你今天來，可是找不到你……蘇格拉底呢？你沒有帶他來？』我回頭一看，看不見蘇格拉底的影子！我就說：『他和我確實是一道來的呀，而且我來還是他邀請的。』阿伽頌說；『你來的好，但是蘇格拉底到哪裡去了呢？』我回答說：『他剛才還跟在我後面走，他怎麼沒有來，我也覺得奇怪。』聽到這話，阿伽頌就吩咐一個僕人：『馬上去找蘇格拉底，把他引到這裡來。阿里斯多德穆斯，請你坐在厄里什馬克旁邊。』」

一個僕人正替阿里斯多德穆斯洗腳，好讓他躺下，另外一個僕人進來說，「要找的那位蘇格拉底已退隱到鄰家的門樓下，在那裡挺直地站著，請他進來他不肯。」阿伽頌說：「眞奇怪！再去請他進來，不要放他。」阿里斯多德穆斯於是說：「不必找，讓他去。他有一個習慣，時常一個人走開，在路上挺直地站著。我想他過一會兒就會來。且不必去打攪他。」阿伽頌說：「好吧，就依你的話吧。」他就喊僕人們來，吩咐他們說：「給我們開飯吧。沒有人監督你們，你們愛擺出什麼就擺出什麼——我向來不用這個辦法——今天你們該設想我和這些客人都是你們邀請來的；所以要好好地侍候，爭取我們的誇獎。」

「於是我們就開始吃飯，」阿里斯多德穆斯往下說，「但是蘇格拉底還沒有來。阿伽頌三番兩次地要派人去找，都讓我攔阻住了。後來他終於到了，比起他的平時習慣，還不算太遲，客人們才把飯吃掉一半。阿伽頌坐在最末的榻上，沒有旁人同坐，就喊：『這裡，蘇格拉底，請坐在我旁邊，好讓我挨到你，就可以沾到你在隔壁門樓下所發見的智慧。你顯然發現到你所找的道理，把它抓住了，若不然，你還不會來。』這時蘇格拉底坐下來就說：『如果智慧能像一滿杯水，通過一根羊毛，就引到一個空杯裡去，如果兩個人只要挨著坐，智慧就從盈滿的人流到空虛的人，那是多麼好的事，阿伽頌！如果智慧是如此，我就該把坐在你旁邊這件事看得非常寶貴，因為你的許多智慧就會流注到我身上來。我的智慧是很淺薄的，像夢一樣，眞僞尙待商討，而你的智慧卻是光輝燦爛的，有無窮發展的，自從幼年起，它就蓬勃煥發，就是在前天，三萬希臘人已經替你的智慧的表現作了見證[8]。』阿伽頌接著說：『蘇格拉底，你在嘲笑人。關於我們的智慧問題，我們等一會兒請酒神狄俄尼索斯做判官，憑他判斷誰優誰劣。現在你最好先吃晚飯。』」

8 希臘在西元前四五世紀戲劇極盛，每年祭神大典中必舉行戲劇競賽。戲院是露天的，看戲是公民的義務，所以阿伽頌的第一部悲劇演出，聽衆就有三萬人。

「於是蘇格拉底入了座，和其他客人們都用過晚飯。他們舉杯敬了神，唱了敬神的歌，舉行了其他例有的儀式，於是就開始飲酒。保薩尼亞斯首先開口說：『在座諸位，今天飲酒，哪一種方式對我們才合適呢？就我個人來說，我不妨告訴諸位，我覺得昨天的酒還沒有醒過來，需要呼吸呼吸。我想諸位的情形也差不多，因爲昨天都參加了。所以請你們想出一個最妥當的方式。』阿里斯托芬就接著說：『保薩尼亞斯，你的提議很好，今天飲酒總得要和緩一點，我自己昨天也是爛醉如泥。』厄里什馬克，阿庫門的兒子，聽到這句話，就插嘴說：『你們的話很對。不過我還得徵求另外一個人的意見，阿伽頌，你的情形怎樣？還能痛飲嗎？』阿伽頌回答：『不能，我也沒有力量了。』厄里什馬克就接著說：『這樣看來，我、阿里斯多德穆斯、斐德羅這批人今天運氣倒好，你們幾位酒量大的人都已經宣告退卻了。我們這批人當然是沒有酒量的。我沒有算蘇格拉底，因爲他能飲，也能不飲，擺在哪一方面都行。現在在座的人既然都不很想痛飲，我就不妨談一談醉酒是怎麼一回事，我的話就不會很刺耳了。我有一種信念——這也許是從我的醫學經驗得來的——醉酒對人實在有害。我自己既不肯飲到過量，也不肯勸旁人過量，尤其是前一天飲過，頭還很沉重的時候。』於是密鋭努人斐德羅就插嘴說：『我向來相信你的話，尤其在醫學方面。旁人今天也該相信你的話，如果他們懂道理。』斐德羅的話得到了一致贊同；大家都答應在今天這次會裡不鬧酒，各人高興喝多少就喝多少。」

「厄里什馬克就說：『既然大家都決定隨意飲酒，不加勉強了，我就建議把剛才進來的吹笛女打發出去，讓她吹給她自己聽，或是她樂意的話，吹給閨裡婦女們聽，我們且用談論來消遣這次聚會的時光。談論什麼問題呢？如果你們同意，我倒準備好了一個題目，情願提出來。』在座的人聽到這話，都說他們樂意這樣辦，請他把題目提出。厄里什馬克於是說：『我的開場白要引用歐里庇得斯的《墨蘭尼普》[9]裡一句話；我要說的話並不是我自己的，而是斐德羅的。他時常很氣忿地向我說：『說起來眞奇怪，厄里什馬克！各種神都引起過詩人們作歌作頌，只有愛神是例外，從來詩人中不曾有一個寫過詩來頌揚他，儘管他是那樣偉大。請想一想那些有本領的詭辯家們，他們寫散文來頌揚的是赫剌克勒斯之類[10]，普若第庫斯就是一個例證[11]。這還不足爲奇，有一天我碰見一部書，作者把鹽的效用大加讚揚一番。還有許多其他類似的事物都有人稱讚過。這些小題居然有人大做，而至今卻沒有一個人寫過一首詩宣揚愛神的功德，這樣大的一個神竟被人忽略到這步田地！』斐德羅的這番話我看是很對的。所以我願意陪著斐德羅向愛

9 《墨蘭尼普》這部劇本現在只存下幾個片段。
10 參看第二二六頁註10。
11 普若第庫斯有一部著作解釋信神的起源，以為原始人把凡是有益於人類的自然事物都尊奉為神。參看第九十八頁註13。

神致敬，同時建議今天這裡與會的人們趁著這個好時機，來禮讚愛神。如果你們贊成，我們就有足夠的談論資料，可以消遣今晚的時光。我建議我們從左到右輪流，每個人都盡他的能力，作一篇最好的頌揚愛神的文章。斐德羅應該開頭，因爲他不僅是坐在第一位，而且也是這次題目的父親。』」

「蘇格拉底說：『厄里什馬克，沒有人會反對你的提議。我自己更不會反對，因爲我什麼都不知道，就只知道愛情；我想阿伽頌和保薩尼亞斯也不會反對，阿里斯托芬更不會反對，他整個的時光就都消磨在酒神和愛神身上。我看其餘在座的人也都不會反對。你的辦法對於我們坐在後面的人們卻不很公平，不過坐在前面的人如果把可說的話都說盡了，而且說得頂好，我們也就心滿意足了。好吧，我們就請斐德羅開始，祝他運氣好！』」

在座的人一致贊成這番話，都跟著蘇格拉底慫恿斐德羅先說。這次聚會中每人所說的話，阿里斯多德穆斯當然不能完全記清楚，我對於他所向我轉述的話，當然也不能完全記清楚。我只記得最重要的部分。凡是我認爲值得記住的話我現在順次給你轉述。[12]

據阿里斯多德穆斯的話，第一個說話的是斐德羅，他的話開端約略如下：

12 以上一段敘述會飲經過和禮贊愛神的建議，以下便是會飲者輪流做的幾篇愛神的頌辭。

「愛神是一個偉大的神，在人與神之中都是最神奇的。這表現在許多方面，尤其在他的出身。他是一位最古老的神，這就是一個光榮。他的古老有一個憑證，就是他沒有父母，從來的詩或散文都沒有提到愛神的父母。赫西俄德說：首先存在的是混沌，『然後寬胸的大地，一切事物的永恆的安穩基礎，隨之而起，隨後就是愛神。』[13]阿庫西拉烏斯[14]也和赫西俄德一樣，說繼著混沌而生的是大地和愛神。根據巴門尼德，世界主宰『所生的第一個神就是愛神』。[15]從此可知許多權威方面都公認愛神在諸神中是最古老的。

「其次，愛神不僅是最古老的，而且是人類最高幸福的來源。就我自己來說，我就看不出一個人從青年時期起，比有一個情人之外，還能有什麼更高的幸福，一個情人有一個愛人也是如此[16]。一個人要想過美滿的生活，他的終身奉爲規範的原則就只有靠愛情可以建立；家世、地位、財富之類都萬萬比不上它。這原則是什麼呢？就是對於壞事的羞惡之心和對於善事的崇敬之心；假如沒有這種羞惡和崇敬，無論是國家還是個人，

13 引語見赫西俄德的《神譜》第一一四至一二〇行。
14 阿庫西拉烏斯是希臘的譜牒學家，據說他把赫西俄德的《神譜》由詩譯成散文。
15 巴門尼德是當時著名的哲學家。著作只存片段。「世界主宰」的原文是說「統治世界的女神」，譯者解說不一，有人以為是「正義」，有人以為是「生殖的大原則」。
16 關於「情人」和「愛人」，參看第一三七頁註22。

都做不出偉大優美的事情來。我敢說，如果一個情人在準備做一件丟人的壞事，或是受旁人凌辱，怯懦不敢抵抗，在這時候被人看見了，他就會覺得羞恥，但是被父親朋友或其他人看見，還遠不如被愛人看見那樣無地自容。愛人被情人發現在做壞事，情形也是如此。所以如果我們能想出一個方法，叫一個城邦或是一個軍隊全由情人和愛人組成，它就會有一種不能再好的統治，人人都會互相競爭，避免羞恥，趨求榮譽。這種人們如果並肩作戰，只要很小的一個隊伍就可以征服全世界了。因爲一個情人如果脫離崗位或放下武器，固然怕全軍看見，尤其怕他的愛人看見；與其要被愛人看見，他寧願死百回千回。也沒有一個情人怯懦到肯把愛人放在危險境地，不去營救；縱然是最怯懦的人也會受愛神的鼓舞，變成一個英雄，做出最英勇的事情來。荷馬說過，神在英雄胸中感發起一股『神勇氣』，這無疑地就是愛神對於情人的特殊恩賜。」

「還有一層，只有相愛的人們才肯爲對方犧牲自己生命，不但男人，連女人也是如此。珀利阿斯的女兒阿爾刻提斯，在全希臘人的面前對我這句話提供了強有力的證據。只有她肯代她的丈夫死，雖然她的丈夫有父有母[17]。她的愛超過了父母的愛，所以父母

17 阿爾刻提斯的丈夫阿德墨托斯病當死，阿波羅神替他求情，准許他的父母或妻之中有一人代他死。他的父母雖然年老，卻不肯替死，於是阿爾刻提斯毅然請替死。神們嘉獎她，讓她死後復活。歐里庇得斯用這個傳說寫了一部悲劇，就以「阿爾刻提斯」為名。

顯出對於兒子有如路人，只有名字的關係。她成就了她的英勇行爲，不但人，連神們也欽佩這行爲的高尙。人死之後，神們讓她的靈魂由陰間回到陽間，這是極稀罕的恩惠，連建立過偉大功勛的英雄們也很少有得到這種恩惠的，而神們卻拿這種恩惠給阿爾刻提斯，准她死後還魂，以表示他們的欽佩。從此可知連神們也尊敬愛情所鼓舞起來的熱忱和勇氣了。俄阿格洛斯的兒子奧菲斯所受的待遇就不同。神們遣他離開陰間，沒有讓他得到他所尋求的，不把他的妻子還他，只讓他看了一下她的魂影；[18]因爲神們看他懦弱沒有勇氣——他本是一個琴師，這是不足爲奇的——不肯像阿爾刻提斯爲愛情而死，只設法活著走到陰間。神們所以給他應得的懲罰，讓他死在女人們手裡。[19]至於忒提斯的兒子阿喀琉斯卻得到神們的優遇，死後到了福人島[20]。因爲他的母親雖然告訴過他，如果他殺了赫克托，自己一定死；如果他不殺赫克托，他就會平安回家，長命到老；他卻勇敢地決定去營救他的情人帕特羅克羅斯，替他報了仇，不僅爲他而死，而且緊跟著他

18 奧菲斯是希臘傳說中琴師和詩人，他的妻子歐律狄刻死了，他懷念甚切，活著走到陰間，要求冥王准他把她帶回人世。他的音樂感動了冥王，冥王准了他的要求，附一個條件：他的妻跟在他後面走，未到陽間之前，不准他回頭看她。快到陽間了，奧菲斯忍不住，回頭看了她一眼，冥王馬上就把她奪回到陰間。

19 傳說奧菲斯被酒神的女信徒們撕死。

20 據希臘傳說，好人死後到西方的一個極樂世界。這一小段穿插好像是文不對題，柏拉圖的用意在譏嘲詭辯派作家引經據典，做無聊的考證。

死。爲了這緣故，神們非常欽佩他，給他特殊的優遇，因爲他知道珍重愛情。（埃斯庫羅斯把阿喀琉斯寫成情人，帕特洛克羅斯寫成愛人，是很荒唐無稽的。阿喀琉斯不僅比帕特洛克羅斯美，而且也比所有的其他英雄們都美，還沒有留鬍鬚，而且根據荷馬，他比帕特洛克羅斯的年紀小得多。）沒有什麼能比愛情所激發的英勇更受神們尊敬，而且愛人向情人所表現的恩愛比起情人向愛人所表現的恩愛，也更博得神們的讚賞，因爲情人是由愛神憑附的，比起愛人要較富於神性。就是因爲這個緣故，神們優遇阿喀琉斯，還超過他們優遇阿爾刻提斯，讓他住在福人島上。

「總結來說，我認爲愛神在諸神中是最古老、最尊嚴的，而且對於人類，無論是生前還是死後，他也是最能引起德行和幸福的。」[21]

斐德德的話，據阿里斯多德穆斯轉述的，大致如此。他說完之後，還有些旁人說了話，阿里斯多德穆斯已經記不清楚了，所以他把那些話丟開，往下就轉述保薩尼亞斯的話如下：

「斐德德，我看我們的題目提得不很妥當。我們只規定頌揚愛神。如果愛神只有一

---

21 斐德德的頌辭有三個要點：㈠愛神最古，所以最尊；㈡愛神助人就善避惡，有道德的作用；㈢尊敬愛神的人須全心全意，不惜犧牲性命，才達到愛情的最高理想。他的見解很平凡，文章全是模仿詭辯派作家的風格，一味掉書袋，盲目信任傳統，賣弄修辭的小技倆。

種，這倒還可以說得過去；可是愛神並不止一種，既然不止一種，我們一開始就應該說明哪一種是我們要頌揚的。所以我現在要做的就是糾正這個缺點，先把題目弄確定，指出哪一種應頌揚，然後再用適合這位尊神的語言，來頌揚他。」

「大家知道，愛神和阿佛洛狄忒[22]是分不開的。如果阿佛洛狄忒只有一種，愛神也就只有一種；如果她有兩種，愛神也就必然有兩種。誰能否認這位女愛神有兩個化身呢？一個是最古老的，沒有母親；只有天是她的父親，所以我們把她叫作『高尚女愛神』；另一個比較年輕，是天神宙斯和狄俄涅的女兒，我們把她叫作『凡俗女愛神』。所以兩個愛神，作爲兩個女愛神的合作伴侶來看，也應該一個叫作『高尚愛神』，一個叫作『凡俗愛神』。凡是神當然都應受頌揚，不過這兩種愛神各有什麼樣功能，我們須弄明白。一切行功，專就它本身來看，並沒有美醜的分別。比如我們此刻所做的一些事、飲酒、唱歌或談話，這一切本身都不能說是美，也不能說是醜。美和醜是起於這些事或行動怎樣做出來的那個方式。做的方式美，所做的行動也就美；做的方式醜，所做的行動也就醜。愛是一種行動，也可以應用這個道理。我們不能對一切愛神都不分青紅

22 希臘的阿佛洛狄忒相當於羅馬的維納斯，是女愛神。她的出身在希臘有兩個傳說。一說最初天神被兒子殺死，把屍首砍碎投到海裡，海裡起了一片白浪。就變成阿佛洛狄忒（據赫西俄德的《神譜》）。這就是本文所謂「天上女愛神」。另一說是荷馬史詩所採取的，以為她是天神宙斯和狄俄涅（本是宙斯的親生女兒）配合所生的。

皀白地說：『他美，值得頌揚』，只有驅遣人以高尙的方式相愛的那種愛神才是美，才值得頌揚。」

「凡俗女愛神引起的愛情確實也是人世的、凡俗的、不分靑紅皀白地實現它的目的。這種愛情只限於下等人。它的對象可以是年輕人，也可以是女人，它所眷戀的是肉體而不是心靈；最後，它只選擇最愚蠢的對象，因爲它只貪求達到目的，不管達到目的的方式美醜。因此，有這種愛情的人們苟且撮合，不管好壞。這是當然的，因爲這種愛情所自起的那位女愛神是年紀較輕的，而她的出身是由於男也由於女的。至於天上女愛神的出身卻與女的無關，她只是由男的生出的，所以她的愛情對象只是少年男子。其次，她的年紀較長，所以不至於荒淫放蕩。她只鼓舞人們把愛情專注在男性對象上，因爲這種對象生來就比較強壯，比較聰明。就在這專注於少年男子的愛情上，人們也可以看出它眞正是由天上女愛神感發起來的：這種少年男子一定到了理智開始發達，這就是腮上開始長鬍鬚的時候，才成爲愛的對象。我想情人所以要等愛人達到這種年齡後才鍾愛他，是由於他存心要和愛人終身享共同生活，不是要利用他的年幼無知來欺騙他，開他玩笑，碰到另外一個可以寵愛的對象就把他丟掉。寵愛年幼的孩子是法律所應該防禁的，免得人們在動搖不定的對象上浪費許多精力，因爲年幼的孩於們無論在心靈或在身體方面都是動搖不定的，終於變好還是變壞，沒有人能預先知道。善良的人們卻自動地替自己定出這樣法律來遵行，至於凡俗的情人們，我們應強迫他們服從這樣法律，正如我們盡量強迫他們不能隨便愛良家婦女一樣[23]。這種凡俗的情人使人們對愛情起不良的印象。人們往往以爲愛人滿足情人是一件羞恥事，他們說這話時，心目中所指的正是這種凡俗的情人們，因爲他們看到這班人的卑鄙放蕩的行爲。循規蹈矩的行爲就永遠不會引起指責。」

「我們且來看看各城邦關於愛情的法律。有些城邦的規定是很明確的，不難了解的，而在我們的雅典和斯巴達，這種法律卻很複雜。在厄利斯和玻俄提亞[24]等地，人們不長於辭令，他們乾脆訂了一條直截了當的法律，把接受情人的恩寵看作美事，無論老少，沒有人說它是醜事，在我看，這是由於他們不願費心力拿辭令來爭取少年男子們，他們本來不擅於辭令。但是在伊俄尼亞[25]以及許多其他地方，法律卻把接受情人的恩寵視爲醜事。這是由於他們受蠻夷的統治，蠻夷的專制政體把鍾愛少年男子，愛哲學和愛體育都看成壞事，因爲統治者不願被統治者培養高尚的思想，也不願他們之中有堅強的友誼和親密的社交，而這一切卻正是愛情所產生的。就在我們的城邦裡，僭主們也曾從經驗中學得這樣教訓，由於阿里斯托革頓和哈爾摩狄奧斯的堅強的愛情和友誼，這班僭

23 「良家婦女」依原文是「自由婦女」，就是有自由權的婦女，不是奴隸。
24 厄利斯和玻俄提亞都是希臘南部的城邦，民性較強悍拙直，文化也較雅典落後。
25 伊俄尼亞是小亞細亞西岸的希臘殖民地，屢受波斯的侵略和統治。

主的政權就被推翻了[26]。從此可知，凡是一個地方把接受情人的寵愛當作醜事的，那地方人的道德標準一定很低，才訂出這樣的法律，它所表現的是統治者的專橫和被統治者的懦弱。反之，凡是一個地方無條件地把愛情當作美事的，那地方的人們一定不願訂出這樣的法律。

「在我們的雅典，所規定的法律比這些都要好得多，但像我剛才說過的，也比較複雜，不容易了解。我們且想一想一般雅典人的論調，他們說，與其暗愛，不如明愛；愛人應在門第和品德上都很高尚，美還在其次。人們對於情人都加以極大的鼓勵，不認為他在做不體面的事；人們把追求愛情的勝利看作光榮，失敗看作羞恥。為著爭取勝利，他可以做出種種離奇的事，習俗給了他這種自由；而這些離奇的行為如果是為著旁的目的或效果，而不是為著愛情，他就逃不掉哲學的極嚴厲的譴責。比如說，假想一個人想旁人給他錢，或是求一個官職，或是謀其他勢利，就去做情人通常向愛人做的那些事，苦求、哀懇、發誓，睡門檻，做出一些奴隸所不屑做的奴隸行為，那麼，無論是他的朋友還是他的仇敵，都會防止他做這類事，仇敵們會罵他諂媚逢迎，朋友們會譴責他，

26 這是雅典史上一個有名的政變。阿里斯托革頓鍾愛少年男子哈爾摩狄奧斯，專制君主希庇亞斯的兄弟希巴庫斯想奪寵而不成功，於是凌辱這兩位愛友。他們設計暗殺了希巴庫斯，兩人自己也先後犧牲了性命，被雅典人崇奉為愛國志士。

替他害羞。但是這些事如果是情人做的，反而博得讚美，我們的習俗給了他這種自由，毫不加以譴責，以為他所要達到的目的是非常高尚的。最奇怪的事是依一般的輿論，只有情人發了誓而不遵守，才可以得到神們的赦免，因為牽涉到阿佛洛狄忒的誓約，人們說，根本就不是誓約。從此可知神和人都准許情人有完全的自由，如我們的雅典習俗所表現的。從上面這許多事實看，我們可以推想，在我們的城邦中，當情人和當愛人都是很光榮的事。但是在另一方面，愛人們的父親們常請教師來看管他們，防止他們和情人們來往；和他們年齡差不多的少年們以及他們的朋友們如果發見他們有和情人們來往的事，也會指責他們，而他們的長輩對這種指責也並不加以非難或禁止。從這些事實看，我們又彷彿可以推想，在我們的城邦中，當情人和當愛人都是很醜的事。

「依我想，道理是這樣：這事情不是單純的，像我開頭說的，單就它本身來看，它無所謂美，也無所謂醜；做的方式美它也就美，做的方式醜它也就醜。醜的方式是拿卑鄙的方式來對付卑鄙的對象，美的方式是拿高尚的方式來對付高尚的對象。所謂卑鄙的對象就是上文所說的凡俗的情人，愛肉體過於愛心靈的。他所愛的東西不是始終不變的，所以他的愛情也不能始終不變。一旦肉體的姿色衰謝了，他就高飛遠走，毀棄從前一切的信誓。但是鍾愛於優美心靈的情人卻不然，他的愛情是始終不變的，因為他所愛的東西也是始終不變的。我們的雅典規矩要人對於這兩種人加以謹嚴的考驗，知道哪種人可以鍾愛，哪種人應該避免；它獎勵人鍾愛所應該鍾愛的，避免所應該避免的，根據種種考驗，判定情人和愛人在兩種愛情之中究竟站在哪一方面。正因爲這個緣故，我們的習俗訂了兩條規矩，頭一條規矩是：迅速地接受情人是可恥的，應該經過一段時間，因爲時間對於許多事常是一個最好的考驗；第二條規矩是：受金錢的利誘或政治的威脅而委身於人是可恥的，無論是對威脅沒有膽量抵抗就投降，還是貪求財產或政治地位。因爲這些勢利名位金錢都不是持久不變的；高尙的友誼當然不能由這些東西產生。」

「依我們的雅典規矩，只剩下一條路可以讓愛人很光榮地接受情人；如果採取這條路，從情人方面來說，心甘情願地完全做愛人的奴隸並不算是諂媚，也沒有什麼可譴責的；從愛人方面來說，他也自願處於奴隸的地位，這也並非不光榮的。這條路就是進德修業。依我們的雅典規矩，如果一個人肯侍候另一個人，目的是在得到這另一個人幫助他在學問或道德方面進步，這種自願的卑躬屈膝並不卑鄙，也不能指爲諂媚。這兩個規矩，一個是關於少年男子的愛情，一個是關於學問道德的追求，應該合而爲一；如果合而爲一，愛人眷戀情人就是一件美事。那麼，情人和愛人來往，就各有各的指導原則。情人的原則是愛人對自己既然表現殷勤，自己就應該在一切方面爲他效勞；愛人的原則是情人既然使自己在學問道德方面有長進，自己就應該盡量拿恩情來報答。一方面樂於拿學問道德來施教，一方面樂於在這些方面受益，只有在這兩個原則合而爲一的時候，愛人眷戀情人才是一件美事；若不然，它就不美。照這樣原則相愛的人們縱然完全失敗了，也不足爲恥；在其他一切情形之下，無論失敗與否，結果都是恥辱。假想一個少年男子以爲他的情人很富，爲著貪求財富，就去眷戀他，後來發見自己看錯了，他實在很窮，沒有利益可圖，這還是很可恥的；因爲這種行爲揭穿了他的性格，證明他這個人爲著金錢，可以侍候任何人，做出任何事來，這當然是很不光榮的。再假想一個少年男子以爲他的情人很有道德，和他來往可以使自己變好，後來發見自己根本看錯了，那人實在很壞，沒有品德；在這種情形之下，他雖然看錯了，卻還是很光榮；因爲大家認爲他的這種行爲也表現了他的性格，他一心一意想好，想在品德上得進步，才去眷戀一個人；比起前一個事例，這卻是最光榮的。總之，爲著品德而去眷戀一個情人，總是一件很美的事。這種愛情是天上阿佛洛狄忒所感發的，本身也就是屬於天上的，對於國家和個人都非常可寶貴，因爲它在情人和愛人的心裡激起砥礪品德的熱情。此外一切愛情都起於人世阿佛洛狄忒，都是凡俗的。」

「斐德羅，關於愛神，我的沒有準備而臨時想出的話就止於此。」[27]

保薩尼亞斯就這樣到了停頓，你看，我從詭辯大師們學得了這種用雙聲疊韻來說

27 保薩尼亞斯的頌辭有三個要點：㈠愛神不只一種，應頌揚的是「天上愛神」不是「人間愛神」，是心靈的愛不是肉體的愛；㈡一切行為自身無所謂美醜，美醜因「做的方式」好壞而定，愛也是如此；㈢依這個標準，雅典的男子同性愛的情形比希臘各城邦的都強，因為「做的方式」比較好，愛情的追求與學問道德的追求合而為一。這番話不是頌揚愛神，是為雅典式「男風」辯護。表面擺的是大道理，實際上思想很庸俗而且線索不大連貫。它還是代表詭辯派的思想和文章風格。

話的訣竅[28]，說話的次第輪到了阿里斯托芬。不知道是因爲吃得太飽了，還是因爲旁的緣故，他碰巧正在打嗝，不能說話。他只好向坐在次一位的厄里什馬克醫生說：「請你幫點忙，大夫，或是設法止我的嗝，或是代我說話，等我復原再說。」厄里什馬克回答說：「好，這兩件事我都替你辦。我代替你的輪次，到了我的輪次，你再說。現在我說話的時候，你且忍一口氣不呼吸，打嗝就可以止，若是不止，你就得呑一口水。如果這樣辦，打嗝還很頑強，你就得拿一件東西戳一戳鼻孔，打一個噴嚏，這樣來一兩回，無論什麼樣頑強的打嗝都會停止的。」阿里斯托芬催他說，「你快點開始說話吧，我就照你的診方去做。」厄里什馬克的話是這樣：

「我看保薩尼亞斯的話開頭很好，收尾卻不很相稱，所以我必得對他的話做一點補充。他的兩種愛情的區別在我看是很妥當的，但是醫學告訴我，這種區別並不僅適用於人類心靈，也不僅限於美少年的愛，而且還可以適用於許多其他事物，其他範圍，適用於一切動物的身體，一切在大地上生長的東西，總之，適用於萬事萬物。這是我從醫學觀點所得到的結論，愛神的威力對於人和神的一切事情都是偉大而普遍的。」

「爲著敬重我自己的行業，我想就先從醫學出發。我們身體的自然機構就寓有這兩

28 原文「保薩尼亞斯停頓了」，「停頓」和「保薩尼亞斯」兩詞都以Pausa起頭，是詭辯派修辭家所愛玩弄的伎倆。

種愛情的道理。因爲在身體方面，健康和疾病是兩種不同的狀態，這是大家公認的。凡是不同的東西所希求的喜愛的對象也就不同。因此，健康狀態的愛情和疾病狀態的愛情是兩回事。正如保薩尼亞斯剛才所說的，愛好人是美事，愛壞人是醜事，對付身體也是同樣的道理，好的、健康的部分須加以愛護培養，我們所謂醫學所管的正是這件事，壞的、不健康的部分須加以防止，如果你是一個好醫生。概括地說，醫學可以說是研究愛情的科學，對象是身體方面的各種愛情現象，關於補和散（塞滿和排除）兩種手續的。醫道高明的人就能區別好的愛情和壞的愛情，診斷在某種情形之下某種愛情是好還是壞。若是一個醫生能施轉變的手術，取這種愛情代替那種愛情，引起身體中本應發達而卻還不存在的愛情，消除身體中本不應有而有的愛情，那麼，他無疑地就是一個本領很大的醫生了。醫生還要能使本來在身體中相惡相仇的因素變成相親相愛。最相惡相仇的因素就是那些相反的品質，例如冷與熱、苦與甜、燥與濕之類。我們的醫祖埃斯庫勒普之所以成爲醫學創始人，像這裡兩位詩人[29]所說的而我自己所相信的，就是因爲他能使相反相仇的東西和諧一致。」

「不僅醫學完全受愛神統治，像我剛才所說的，就是健身術和農業也是如此。至於音樂受愛神的統治更爲明顯，任何人不用費力思索也可以看出。赫拉克利特說過一句含

29 兩位詩人指在座的阿里斯托芬和阿伽頌。

糊費解的話，也許就是指這個意思。他說；『一與它本身相反，復與它本身相協，正如弓弦和豎琴』[30]。說和諧就是相反，或是和諧是由還在相反的因素形成的，當然是極端荒謬的。赫拉克利特的意思也許是說，由於本來相反的高音和低音現在調協了，於是音樂的藝術才創造出和諧。如果高音和低音仍然相反，它們就絕不能有和諧，因爲和諧是聲音調協，而調協是一種互相融合，兩種因素如果仍然相反，就不可能互相融合；相反的因素在還沒有互相融合的時候也就不可能有和諧。由於同樣理由，節奏起於快慢，也是本來相反而後來互相融合。在這一切事例中，造成協調融合的是音樂，它正如上文所說的醫學，在相反因素中引生相親相愛。所以音樂也可以說就是研究和諧與節奏範圍之內的愛情現象的科學。在和諧與節奏的組織本身上，我們固然不難看出這些愛情現象，它們還現不出愛情的兩重性；可是到了應用和諧與節奏於實際人生的時候，無論是創造樂調（這就是所謂製曲），還是演奏已經製成的曲調（這就靠所謂音樂教育），這就不是易事，就需要高明的音樂技術了。就是在這個時候，我們要應用上文的結論了，就要區別天上愛神與人世愛神了，愛的對象應該是品格端正的人，以及小有缺陷而肯努力上進的人，這才是應該保持的愛情，才是起於天上愛神的那種高尚優美的愛情。至於起於

30 赫拉克利特這段引語見《零星遺著》第四十五節。宇宙之團成一體，是由於兩種相反的力量互持，正如弓弦和豎琴依靠鬆緊兩種力量的調協。一生多，多復歸於一。這意思含有辯證發展的道理。參看第二一九頁註5。

人世愛神的那種雜音的凡俗的愛情卻須加以謹愼防閑，免得使他的快感養成了淫蕩。這正如我們的醫學很重視食慾的正確運用，享受珍肴的滋味而卻不致生病。從此可知，在音樂，醫學，以及其他一切人和神的事情之中，我們都要盡量細心窺測這種愛神，因爲他們是普遍存在的。」

「再看一年四季的推移，也充滿著這兩種愛情。我剛才所說的冷與熱，燥與濕那些性質如果有一種有節制的愛情把它們約束在一起，使相反者相成，產生一種恰到適合節度的和諧，於是風調雨順，人畜草木都健康繁殖，不發生任何災害。反之，在季節的推移中，如果沒有節制的愛情占了優勢，就會有各種災害，牲畜草木就發生瘟疫或其他各種疾病，凡是霜、雹、霉之類都是由於天文學所研究的愛情範圍之中起了反常失調的現象。天文學的對象就是星辰的變動和節季的推移。」

「不僅此，占卜術所管的那些祭祀典禮，那些人與神的互相交通，也都只有一個目的，就是愛情的保持和治療。凡是對神不敬是怎樣起來的？它都由於在處理對父母（無論存亡）和對神祇的職責上，所信奉崇敬的不是有節制的愛情而是另一種愛情。占卜術的功用就是督察和治療這兩種愛情，所以占卜術是調節人神友誼的一種藝術，因爲它能辨別在人類中哪些愛情傾向才符合敬天畏神的道理。」

「從此可知，愛神的威力是多方面的、廣大的、普遍的。但只在他以公正和平的精神，在人和神之間成就善事的時候，他才顯出他的最大的威力，使我們得到最高的幸福，使我們不但彼此友愛相處，而且與高高在上的神們也維持著敬愛的關係。我的話就到此終結，也許我的這篇頌辭也有許多遺漏，可是這並非有意的。阿里斯托芬，如果我有遺漏，就請你塡補起來。不過你頌揚愛神，如果另有新的意思，那也就隨你的意。你已經不打嗝了。」[31]

亞里斯脫頓往下說：於是次序輪到阿里斯托芬。阿里斯托芬就說：「不錯，我的打嗝固然停止了，可是經過了打噴嚏的手續。我正在覺得奇怪，為什麼身體的和諧秩序必得經過打噴嚏的那些聲響和癢痛，才能恢復。你看，噴嚏一打，打嗝果然就停止了！」厄里什馬克回答說：「我的好人，當心你在幹什麼！你一說話就開玩笑。你本來可以平平靜靜地說下去，卻這樣開玩笑，使我不得不提防著你，看你的話有什麼惹人笑的。」他笑著說：「厄里什馬克，你說得對，我剛才所說的全不算數。可是千萬不要提防我。我所駭怕的倒不是我的話會惹人笑，因為惹人笑是我的詩神的勝利，本來這也就是他的特產，我只駭怕我的話荒謬可笑。」厄里什馬克說：「哼，你只管打人，以為自己可以不挨打！小心一點，別說你自己沒有理由來辯護的話。可是要依我的話，我寧願放你過

31 厄里什馬克的頌辭把愛情看作宇宙間調協兩相反勢力的力量，他先從他的專業醫學，次從音樂、天文，以致當時所盛行的占卜祭祀。舉實例證明他的大原則。這篇頌辭頗重要，因為它不僅代表科學，而且是唯物辯證的思想的萌芽。同時，它也寓有控制自然的思想。

去，不讓你說。」

阿里斯托芬接著說：「對，厄里什馬克，我打算換一個方式來說，和你與保薩尼亞斯所說的都另是一樣。依我看，一直到現在，人們對於愛神的威力還是完全不了解。若是他們了解，就會替愛神建立最莊嚴的廟宇，築起最美麗的祭壇，舉行最隆重的祭典。可是一直到現在，愛神還沒有得到這樣的崇敬，儘管他理應得到它。在一切神祇之中，愛神是人類的最好的朋友，他援助人類，他替人類醫治一種病，醫好了，就可以使人得到最高的幸福。我今天所要做的，就是要使你們明白愛神的威力。你們自己明白了，就可以把我的教義傳給全世界。」

「你們首先要領教的是人的本性以及他所經過的變遷。從前人和現在人不一樣。第一，從前人類本來分成三種，不像現在只有兩種。在男人和女人之外，從前還有一種人不男不女，亦男亦女。這第三種人現在已經絕跡了，只有名稱還保留著，就是所謂『陰陽人』，他們原來自成一類，在形體上和在名稱上都兼陰陽兩性的。現在『陰陽人』這個名稱卻成了罵人的字眼。其次，從前人的形體是一個圓團，腰和背都是圓的，每人有四隻手，四隻腳，一個圓頸項上安著一個圓頭，頭上有兩副面孔，朝前後相反的方向，可是形狀完全一模一樣，耳朵有四個，生殖器有一對，其他器官的數目都依比例加倍。他們走起路來，也像我們一樣直著身子，但是可以隨意向前向後。可是要跑快的時候，他們就像現在玩雜技人翻筋鬥一樣，把腳伸直向前翻滾，八隻手腳一齊動，所以翻滾得頂快。爲什麼從前人有三種，身體有這樣的構造呢？這是因爲男人原來是由太陽生出來的，女人原來是由大地生出來的，至於陰陽人則是月亮生出來的，因爲月亮自己也同時具備太陽和大地的性格。他們的形體和運動都是圓的，因爲都像他們的父母。這種人的體力和精力當然都非常強壯，因此自高自大，乃至於圖謀向神們造反。他們的故事正和荷馬所說的厄法爾捏斯和俄圖斯的故事[32]一樣，想飛上天，去和神們打仗。」

「於是宙斯和衆神會商應付的辦法，他們茫然莫知所措。他們不能滅絕人種，像從前他們用雷電滅絕巨人的那樣[33]，因爲滅絕了人類，就滅絕了人類對神的崇拜和犧牲祭祀；可是人類的蠻橫無理也是在所不能容忍的。宙斯用盡了頭腦，終於想出一個辦法。他說：『我找到了一個辦法，一方面讓人類還活著，一方面削弱他們的力量，使他們不敢再搗亂。我提議把每個人截成兩半，這樣他們的力量就削弱了，同時，他們的數目加倍了，這就無異於說，侍奉我們的人和獻給我們的禮物也就加倍了。截了之後，他們只能用兩只腳走路。如果他們還不肯就範，再要搗亂，我就再把他們每人截成兩半，讓他們只能用一隻腳跳來跳去。』宙斯說到就做到，他把人截成兩半，像截青果做果脯和用

32 厄法爾挺斯和俄圖斯是兄弟，從小就勇武，想登天造反，把希臘的三座山一座架在另一座頂上作梯子，後來被阿波羅殺了。故事見荷馬的《奧德賽》卷十一。

33 宙斯當天帝，巨人們造反，宙斯和他們打了十年，才用雷電把他們滅絕，埋到埃特那火山底下去。

頭髮截雞蛋一樣。截過之後，他吩咐阿波羅把人的面孔和半邊頸項扭轉到截開的那一面，使人常看見截痕，學乖一點；扭轉之後，再把傷口醫好。阿波羅於是把他們的面孔扭轉過來，把截開的皮從兩邊拉到中間，拉到現在的肚皮地方，好像用繩子封緊袋口一樣。他把縫口在肚皮中央繫起，造成現在的肚臍。然後他像皮鞋匠把皮放在鞋模上打平一樣，把皺紋弄平，使胸部具有現在的樣子，只在肚皮和肚臍附近留了幾條皺紋，使人永遠不忘過去的懲罰。」

「原來人這樣截成兩半之後，這一半想念那一半，想再合攏在一起，常互相擁抱不肯放手，飯也不吃，事也不做，直到餓死、懶死爲止。若是這一半死了，那一半還活著，活著的那一半就到處尋求匹偶，一碰到就跳上前去擁抱，不管那是全女人截開的一半（就是我們現在所謂女人），還是全男人截開的一半。這樣，人類就逐漸消滅掉了。宙斯起了慈悲心，就想出一個新辦法，把人的生殖器移到前面——從前都是在後面，生殖不是借男女交媾，而是把卵下到土裡，像蟬一樣——使男女可以借交媾來生殖。由於這種安排，如果抱著相合的是男人和女人，就會傳下人種；如果抱著相合的是男人和男人，至少也可以發洩情慾，讓心裡輕鬆一下，好去從事人生的日常工作。就是像這樣，從很古的時代，人與人彼此相愛的情慾就種植在人心裡，它要恢復原始的整一狀態，把兩個人合成一個，醫好從前截開的傷疤。」

「所以我們每人只是人的一半，一種合起來才見全體的符[34]，每一半像一條魚剖開的半邊，兩邊還留下可以吻合的縫口。每個人都常在希求自己的另一半，那塊可以和他吻合的符。凡是由上文所說的陰陽人截開的男人就成爲女人的追求者，男情人大半是這樣起來的，至於截開的女人也就成爲女情人，男人的追求者。凡是由原始女人截開的女人對於男人就沒有多大興趣，只眷戀和自己同性的女人，於是有女子同性愛者。凡是由原始男人截開的男人在少年時代都還是原始男人的一截面，愛和男人做朋友，睡在一起，乃至於互相擁抱。這就是『變童』和『象姑』們。他們在少年男子中大半是最優秀的，因爲具有最強烈的男性。有人罵他們爲無恥之徒，其實這是錯誤的，因爲他們的行爲並非由於無恥，而是由於強健勇敢，富於男性，急於追求同聲同氣的人。最好的證明是只有這批少年到了成年之後，才能在政治上顯出是男子漢大丈夫。一旦到了壯年，他們所愛的也就是少年男子，對於娶妻生養子女沒有自然的願望，只是隨著習俗去做；他們自己倒寧願不結婚，常和愛人相守。總之，這種人的本性就是只愛同性男子，原因是要『同聲相應，同氣相求』。」

「如果這樣一個人，無論他是少年男子的戀愛者還是另一種戀愛者，碰巧遇到另

34 中國古代以符為信，符可以用竹木和金屬材料做成，一整體截成兩半，兩半相合無縫。才可證明符是真的。古代希臘也有類似的器具。

一個人恰是他自己的另一半，那就會發生什麼樣情形呢？他們就會馬上互相愛慕，互相親暱，一刻都不肯分離。他們終生在一起過共同的生活，可是彼此想從對方得到什麼好處，卻說不出。沒有人會相信，只是由於共享愛情的樂趣，就可以使他們這樣熱烈地相親相愛，很顯然地，兩人心中都在願望著一種隱約感覺到而說不出來的另一種東西。假如正當他們抱著睡在一床的時候，赫淮斯托斯帶著他的鐵匠工具站到他們的面前[35]，向他們說：『你們這兩個人，彼此想從對方得到的究竟是什麼呢？』假如因為看見他們倉皇不知所答，他就再問他們：『你們是否想緊緊地結合在一起，日夜都不分離呢？如果你們的願望是這樣，我可以把你們放在爐裡熔成一片，使你們由兩個人變成一個人，只要你們在世一天，你們就一天像只是一個人在活著。假如你們死，那也就在一道死，走到陰間的就不是兩個人而只是一個人。想一想看，你們是否想這樣辦？這樣是否能使你們心滿意足？』聽到這番話之後，我敢擔保，他們之中沒有一個人會答一個『不』字，或是表示願望其他的東西。他們每個人都會想，這正是他們許久以來所渴望的事，就是和愛人熔成一片，使兩個人合成一個人。」

「這一切原因就在人類本來的性格是如我向你們所說的，我們本來是完整的，對於那種完整的希冀和追求就是所謂愛情。從前，我已經說過，我們是一體；可是在現在，

35 火神赫淮斯托斯是鐵匠的祖師。參看第三十一頁註3。

由於我們的罪過，神把我們分割開來了，如同拉刻代蒙人分割阿卡狄亞人那樣[36]。如果我們對神們不守規矩，恐怕不免要再被神們截開一次，走起路來像墓石上那些側面浮雕的人物一樣，從鼻梁中線剖開，成了些符的碎片。所以我們應奉勸世人在一切事上面都要敬神，免得再度受懲罰，而且在愛神的保佑之下，得到福氣。任何人都千萬不能在行爲上瀆犯了愛神，得罪於神們通常都由於這個罪過。如果我們一旦成了愛神的朋友，與他和平相處，我們就會碰見恰好和我們相配合的愛人，在今天能享到這種福氣的人們是多麼稀罕喲！請厄里什馬克不用插嘴嘲笑我，以爲我的話是影射著保薩尼亞斯和阿伽頌兩人。他們也許的確是屬於少數幸運者的行列，而他們也的確都是男人。不過我所指的是全世界的男男女女，我說全體人類都只有一條幸福之路，就是實現愛情，找到恰好和自己配合的愛人，總之，回原到人的本來性格。這種回原既然是最好的事，那麼，達到這個目標的最捷的路徑當然也就是最好的路徑，這就是得到一個恰好符合理想的愛人。愛神是成就這種功德的神，所以他值得我們歌頌。在今生，他保佑我們找到恰好和我們相配合的，在來生，他給我們無窮的希望。如果我們能敬神，愛神將來就會使我們回原

36 這有兩說，一說是指西元前三八五年的事。拉刻代蒙人（即斯巴達人）侵略阿卡狄亞（伯羅奔尼撒半島東北地區），把它的名城曼提尼亞毀壞，把它的居民遷徙到其他地方去。一說是指西元前四一七年的事。斯巴達爭霸權，把阿卡狄亞同盟解散了。如從前說，本篇應寫在西元前三八五年之後，如從後說，它可能寫得較早。

到我們原來的完整一體，醫好我們，使我們享十全的福氣。」

「厄里什馬克，這是我對愛神的頌辭，和你的不一樣，請你不要拿它來開玩笑，我們還要聽聽其餘諸位的話，至少還有阿伽頌和蘇格拉底兩位，沒有說話。」[37]

「好，我聽你的話，」厄里什馬克說，「我實在很欣賞你的頌辭。若不是我素來知道蘇格拉底和阿伽頌在愛情這個題目上都很內行的話，我就會擔心他們不容易措辭，因為許多的話都已說過了。不過對於他們兩位，我還是很有信心。」

蘇格拉底就接著說：「厄里什馬克，你的頌辭倒頂好。可是假如你現在坐在我的位置，尤其是在阿伽頌說完話之後，你會覺得誠惶誠恐，像我現在一樣。」阿伽頌說：「蘇格拉底，你是要灌我的迷魂湯，要我想起聽眾在指望我說出一番漂亮話，心裡慌張起來。」蘇格拉底說：「阿伽頌，我親眼看見過你領著你的演員們高視闊步地登台，對著廣大的聽眾表演你的作品，絲毫不露慌張的神色，如果現在我相信我們這幾個人就可

---

37 阿里斯托芬的頌辭，像他的喜劇作品一樣，在謔浪笑傲的外表之下，隱藏著很嚴肅的深刻的思想。從表面看，他替人類的起源和演變描繪了一幅極滑稽可笑的圖畫，替同性愛和異性愛給了一個既荒唐而又像近情理的解釋。從骨子裡的思想看，他說明愛情是由分求合的企圖，人類本是渾然一體，因為犯了罪才被剖分成兩片，分是一種懲罰，一種疾病，求合是要回到原始的整一和健康；所以愛情的歡樂不只是感官的或肉體的，而是由於一種普遍的潛在的要求由分而合的慾望得到實現，這番話著重愛情的整一，推翻了保薩尼亞斯的兩種愛神的看法；同時，像厄里什馬克的看法一樣，也寓有矛盾統一的道理。

以擾亂你的鎭靜，那麼，我就未免太健忘了。」阿伽頌說；「蘇格拉底，我希望你不要那樣小看我，以爲我輕易讓劇場聽衆弄昏了頭腦，忘記了在一個明白人來看，少數有理解的人比一大群蠢人要可怕得多。」蘇格拉底說：「阿伽頌，若是我以爲像你這樣一個聰明人還有凡俗的見解，我就眞正是錯誤了。我可是很明白，如果你遇見你覺得是聰明的人們，你會把他們的見解看得比大衆的見解更重要。我恐怕這種聰明的人們並不是我們，因爲我們那天也在場，是大衆的一部分。不過假如你遇見旁人，眞正是聰明的，你會覺得在他們面前做醜事是很可恥的，是不是？」阿伽頌說：「你說的對。」蘇格拉底又問：「在大衆面前做了醜事，你就不覺得有什麼可恥嗎？」聽到這話，斐德羅就插嘴說：「親愛的阿伽頌，如果你盡在回答蘇格拉底的問題，他就會完全不管我們今天所計畫做的事有什麼樣結果。只要找到一個對話人，他就會和他辯論到底，尤其是在對話人是一個美少年的時候。我自己倒愛聽蘇格拉底辯論，不過我今天負責照管愛神的頌辭，在聽過你們每人的話之後，還要聽他的。請你們先把愛神的這筆債還清了，然後再進行你們的辯論。」阿伽頌說：「斐德羅，你說的對，沒有什麼事可以攔阻我說話，至於和蘇格拉底辯論，我可以另找機會。」

阿伽頌接著說：「我打算先說我該怎樣說的計畫，然後再說下去。前此說話的諸位都不是頌揚愛神，而是慶賀人類從愛神所得到的幸福，沒有一個人談到這位造福人類者的本質。無論頌揚什麼，只有一個正確的辦法，就是先說明所頌揚的人物的本質，然後說明他所產生的效果。所以頌揚愛神，也要先說他的本質，後說他的恩惠。」

「因此，我先做這樣一個肯定，愛神在所有的神中是福氣最大的——這話並非要引起其他神們的妒忌——因爲他在神們之中是最美而且最善的。他是最美的，因爲第一層，斐德羅，他在神們之中是最年輕的。最好的證明是他自己供給的，他遇到老年就飛快地逃跑，老年本身也就跑得夠快了，快得叫我們不大情願。[38]在本質上愛神就厭惡老年，不肯接近他，遠遠地望到他就引身退避。他總是愛和少年混在一起，因爲他自己就是一個少年，古話說得好『物以類聚』。斐德羅說的話大部分我都同意，只是他以爲愛神比克洛諾斯和伊阿珀托斯還更古老[39]，我卻不敢同意。我的看法正相反，愛神在神們之中不但是最年輕的，而且永遠年輕。至於赫西俄德和巴門尼德所傳述的關於古代神們的紛爭，如果是眞的，也應該是由於定命神而不是由於愛神。因爲如果當時他們中間已有愛神，就不會有那些互相殘殺幽囚以及許多殘暴的行爲，就只會有和平和友愛，如同從愛神成了神們的統治者以來的情形。」[40]

38 老年來得太快。

39 依希臘神話，直洛諾斯是天神宙斯的父親，伊阿珀托斯是肩扛地球的神阿特拉斯的父親，所以都以古老著名。

40 這段的大意是古代神們常鬥爭殘殺，是因為年輕的愛神還未出世。赫西俄德的《神譜》說到克洛諾斯殘殺他的父親烏剌諾斯，幽囚獨眼神，以及宙斯討伐叛神之類故事。關於巴門尼德，參看第二六一頁註15。

「所以愛神年輕是千眞萬確的，唯其年輕，所以很嬌嫩。可惜沒有像荷馬那樣的詩人把他的神明的嬌嫩描寫出來。荷馬倒形容過阿特，說她不僅是一位女神，而且嬌嫩，她的一雙腳至少是嬌嫩的，荷馬這樣說過：

她的腳實在嬌嫩，因為她不在地上走，
她的行徑是人們的頭腦。[41]

所以在荷馬看，嬌嫩有一個明顯的標誌，就是她走軟的，不走硬的。我們用同樣的標誌來看愛神，也可以說，他是嬌嫩的，因爲他不在地上走，也不在腦殼上走（這也不是什麼柔軟的東西），而是在世上最柔軟的東西上走，也就在那上面住。他所奠居的地方是人和神的心靈。並且不是任何心靈，毫無抉擇，而是遇到心硬的就遠走，心軟的就住下去。愛神既然不但用腳而且用全身盤踞最柔軟東西的最柔軟部分，他本身也就非常嬌嫩，這是必然的道理。」

「從此可知，愛神最年輕，也最嬌嫩。此外，他的形體也柔韌。如果他堅硬，他就不會隨時隨地都能曲身遷就，而且在每個心靈中溜進溜出，不叫人發覺。他的柔韌與隨

---

41 阿特是宙斯的女兒，常在不知不覺之中迷惑人的心神，使人輕舉妄動。引語見《伊利亞特》卷十九。

和還有一個明顯的證據，就是他的相貌的秀美，秀美是愛神的特質，這是人所公認的。醜惡和愛神卻永遠水火不相容。他經常在花叢中過活，所以顏色鮮美。無論是身體、心靈或是其他，若是沒有花，或是花謝了，愛神就不肯栖身；他所栖身的地方一定是花豔香濃。」

「關於愛神的美，所說的話已很夠，但是可說的話還是很多。我們現在且來說愛神的善。他的最大的光榮在既不施害於人神，也不受人神的害。暴力與他無緣：若是他有所忍受，忍受的也不是暴力，因爲暴力把握不住愛神；若是他有所發動，發動的也不是暴力，因爲愛情都是出於自願的，雙方的情投意合才是『愛鄉的金科玉律』。」

「愛神不僅有正義，而且有節制。大家都公認節制是快感和情慾的統治力。世間沒有一種快感比愛情本身還更強烈。一切快感都比不上愛情，就由於它們都受愛神的統治，而愛神是他們的統治者。愛神既然統治著快感和情慾，他不就是最有節制嗎？」

「再說勇敢，『連戰神也抵擋不住』愛神。我們沒聽說過，愛神被戰神克服，只聽說過，戰神被愛神克服，被阿佛洛狄忒克服[42]。克服者總比被克服者強。愛神既然能克服世間最勇敢的，他也就必然是勇敢無比了。」

「愛神的正義，節制和勇敢都已經說過了，剩下要說的是他的聰明才智。在這一點

42 阿佛洛狄忒本是火神的妻，卻愛上戰神，和他私通。參看第五十五頁及該頁註40。

上我必須盡力說得透徹。頭一層，像厄里什馬克一樣，我也得要尊敬我的行業，說愛神是一位卓越的詩人，一切詩人之所以成其爲詩人，都由於受到愛神的啓發。一個人不管對詩多麼外行，只要被愛神掌握住了，他就馬上成爲詩人。這就很可以證明愛神是一個熟練的詩人，對一般的音樂創作都很拿手，因爲一個人如果自己沒有一件東西，他就不能拿它給旁人，如果不會一件事，也就不能拿它來教旁人。還不僅此，一切生命形式的創造，一切生物的產生，誰敢說不都是愛神的功績呢？再說一切技藝，凡是奉愛神爲師的藝術家都有光輝的成就，凡是不曾承教於愛神的都黯然無光。阿波羅怎樣發明射擊、醫藥和占卜的？還不是由於慾望和愛情的誘導？所以阿波羅其實還是愛神的徒弟。各種詩神在音樂方面，赫淮斯托斯在金工方面，雅典娜在紡織方面，宙斯在人神統治方面，也都要歸功於愛神的教益。所以自從愛神一出現，神們的工作就上了軌道，有了秩序，這顯然是對於美的愛好，因爲醜不能作爲愛的基礎。像我開頭就說過的，在愛神出現之前，定命神用事，神們中間曾發生許多凶惡可怕的事；自從愛神降生了，人們就有了美的愛好，從美的愛好就產生了人神所享受的一切幸福。

「斐德羅，我的看法是這樣。愛神在本質上原來就具有高尚的美和高尚的善，後來一切人神之間有同樣的優美品質，都由愛神種下善因。現在我想到兩行詩，正可以表現我的意思：

人世間的和平，海洋上的風平浪靜，
狂風的安息，以及一切苦痛的甜睡，

這都是愛神的成就。他消除了隔閡，產生了友善，像我們今天這樣的一切歡聚慶祝，一切宴會，樂舞和祭祀儀式，都是由他發動的、領導的。他迎來和睦、逐去暴戾、好施福惠、怕惹仇恨，既慷慨而又和藹，所以引起哲人的欣羨，神明的驚讚。沒有得到他的保佑的人們想念他，已經得到他的保佑的人們珍視他。他的子女是歡樂、文雅、溫柔、優美、希望和熱情，只照顧好的，不照顧壞的。在我們的工作中他是我們的領導，在我們的憂患中他是我們的戰友和救星，在文酒集會中，他是我們的伴侶。無論是人是神，都要奉他爲行爲的規範，每個人都應當跟著這位優美的嚮導走，歌唱讚美他的詩歌，並且參加他所領導的使人神皆大歡喜的那個樂曲。」

「斐德羅，這就是我的頌辭。我盡了我的力，使這篇頌辭時而莊重、時而詼諧。我願意把它作爲我對愛神的獻禮。」[43]

---

43 阿伽頌的頌辭著重愛神的本質和功用。論本質他是盡善盡美；論功用他是一切藝術、一切技藝，乃至於一切事業的感發者。總之，阿伽頌把所有的好話都堆在愛神身上，他的結構是很平板的，理由是很牽強附會的，卻斤斤計較修辭學上一些小伎倆，仍然不脫詭辯派的習氣。

阿伽頌的話說完了之後，據阿里斯多德穆斯告訴我，在座的人們全體熱烈鼓掌，讚賞這位少年說得那樣好，是他自己的光榮，也是愛神的光榮。於是蘇格拉底瞟了厄里什馬克一眼，向他說。「阿庫門的兒子，你看，我原來所怕的果然不足怕嗎？我原來就說阿伽頌會說得頂好，使我難以爲繼，不是有先見之明嗎？」厄里什馬克回答說：「你確實說過他會說得頂好，在這一點上你倒是有先見之明。可是你說難以爲繼。我卻不敢承認。」蘇格拉底說；「我的好人啊，怎麼不是難以爲繼？不但是我，就是任何人在聽過這樣既富麗而又優美的頌辭之後，要再說話，不都會有同樣感覺嗎？全文各部分都頂精彩，精彩的程度固然不同，但是快到收尾時，辭藻尤其美妙，使聽者不能不驚魂蕩魄。就我自己來說，我知道很清楚，無論如何，我也說不到那樣好，自覺羞愧，想偷溜出去，可惜找不著機會。阿伽頌的頌辭常使我想起高爾吉亞，誠惶誠恐的心情恰如荷馬所描寫的，我深怕阿伽頌在他的收尾的字句中會把那位大雄辯家高爾吉亞的頭捧給我看，使我化成頑石，啞口無言[44]。」

「所以我明白了，當初我和你們約定我也來跟著你們頌揚愛神，並且說我自己對

44 高爾吉亞是當時有名的詭辯家，阿伽頌所敬佩模仿的。蘇格拉底的頌揚全是諷刺。高爾吉亞（Gorgias）與高根（Gorsones）字形相近。高根在希臘神話中是一種女妖怪，頭髮是蛇，凶惡可怕，見者立即化為頑石。見《奧復賽》卷十一。蘇格拉底拿高爾吉亞式的辭藻比高根的頭。

愛情很內行，而其實我對於怎樣去頌揚一個東西，茫然無知，這眞是荒唐可笑。由於我的愚蠢，我原來以爲每逢頌揚時，我們對於所頌揚的東西應該說眞實話，有了眞理做基礎，然後選擇最美的事實，把它們安排成最美的形式。我原來自視很高，自信一定可以說得頂好，因爲我自以爲知道做頌辭的眞正方法。可是現在看來，一篇好頌辭好像並不如此，而是要把一切最優美的品質一齊堆在所頌揚的對象身上去，不管是眞是假，縱然假也毫無關係。我們的辦法好像每人只要做出頌揚愛神的樣子，並不要眞正去頌揚他。就是因爲這個緣故，在我看來，你們費盡氣力把一切優點全歸到愛神，說他的本質如何完美，效果如何偉大，使他在無知之徒的眼前——當然不是在有見識人的眼前——現出是最美最善的東西。這種頌揚的方式倒是頂堂皇典麗的，可是當我答應跟著你們頌揚愛神的時候，就不知道是要用這樣方式。所以那只是我的口頭應允，並非我的衷心應允。請諸位准許我告辭吧，我不能做這樣的頌辭，我根本不會。不過你們如果肯讓我用我自己的方式專說一些老實話，不是和你們比賽口才，使我成爲笑柄，那麼，我倒情願來試一試。斐德羅，請你決定一下，你們是否還要一篇老實話來頌揚愛神，不斤斤計較辭藻，讓我想到什麼就說什麼呢？」

斐德羅和其他在座的人們都請蘇格拉底說下去，用什麼方式都隨他的便。蘇格拉底說：「還有一個請求，斐德羅，我想向阿伽頌問幾個問題，先得到他的一致意見，然後才說我的話。」斐德羅說：「我答應你的請求，問他吧！」

據阿里斯多德穆斯說，此後蘇格拉底就這樣開始了。

蘇 親愛的阿伽頌，你的頌辭開端就聲明先要說明愛神的本質，然後再陳述他的功勞，這的確很妥當。你的這段開端我十分欽佩。你把愛神的本質說得非常美妙高華，我還想請問你一句：愛是有對象，還是沒有對象呢？我的意思並非要問愛情是否就是對父親或母親的愛，這樣問題當然很荒謬可笑。但是假如關於父親，我提出這樣一個問題：一個父親還是某某人的父親，還是不是什麼人的父親呢？這問題倒和我剛才所提出的那個問題相類似。如果你想答得妥當，你當然會說：父親是兒女的父親。是不是？

阿 當然。

蘇 母親也是兒女的母親？

阿 是。

蘇 那麼，再請回答幾個問題，好使你把我的意思懂得更清楚一點。假如我這樣問你：一個弟兄，就其爲弟兄而言，他是不是某某人的弟兄？比如說，弟或妹的兄？

阿 不錯。

蘇 現在就請你把這道理應用到愛情上：愛情還是某某對象的愛，還是不是什麼對象的愛呢？

阿 它當然是某某對象的愛。

蘇 請謹記著這一點，愛情的對象是什麼。現在暫請問：鍾愛者對於所愛的對象有沒有慾望呢？（是否想他呢？）

阿　無疑地有慾望。

蘇　在愛他、想他的時候，鍾愛者是否已經得到了（占有了）那個對象？

阿　大概說來，他還沒有得到那個對象。

蘇　不是什麼「大概」，要的是確定不移。請想一想，一個人在想一個東西，是否就必然還沒有那件東西，有了它是否就必然不再想它？在我看，這是確定不移的。阿伽頌，你看如何？

阿　我和你的看法是一致的。

蘇　很好。已經大的人就不再想大，已經強的人就不再想強，是不是？

阿　就我們已經承認的話來說，這是不可能的。

蘇　我想這是因爲他既然有了這類品質，就不再需要它們。

阿　你說的對。

蘇　假如強者還想強、捷者還想捷、健康者還想健康……也許有人會說，凡是已經有了某某品質的人還是可以想有那些品質。爲了免得受他們的蒙混，阿伽頌，我得這樣說：請你想一想，這些人既然有了這些品質，這「有」是必然的，無論他們願不願有它們，他們都必得有，他們怎樣還能想有他們所已有的呢？假如有人向我們說：「我本來康健，可是還在想康健，我本來富有，可是還在想富有；我就是想有我所已有的。」我們就該這樣回答他：「我的好人，你現在想富有、想康健、想強壯，是爲了將來而想它們，現在你不管想不想它們，你都已經有它們了。你說：『我想有我所已有的，』請想一想，你這句話是不是說：『現在我所已有的東西，我想將來仍舊有它們？』」阿伽頌，他會不會承認這話呢？

阿　他該承認。

蘇　愛情不恰恰也是這樣？一個人既然愛一件東西，就還沒有那件東西；他想它，就是想現在有它，或是將來永久有它。

阿　當然。

蘇　所以總結起來，在這個情形和在一般情形之下，所想的對象，對於想的人來說，是他所缺乏的，還沒有到手的，總之，還不是他所占有的。就是這種東西才是他的慾望和愛情的對象。

阿　的確如此。

蘇　現在我們且回看一下上文所說的話，看我們在哪幾點上已經得到一致的意見。頭一層，愛情是針對著某某對象的；其次，這種對象是現在還沒有得到的。是不是？

阿　是。

蘇　既然如此，就請你回想一下在你的頌辭裡，你把哪些東西看作愛情的對象。我可以提醒你，你所說的大致是這樣；由於對於美的事物的愛，神們才在他們的世界裡奠定了秩序，醜的事物不是愛情的對象。你是否是這樣說的？

阿 不錯，我說的確是這樣。

蘇 你說的很妥當，朋友。既然如此，愛情的對象就該是美而不是醜了？

阿 對。

蘇 我們不是也承認過：一個人所愛的是他所缺乏的，現在還沒有的嗎？

阿 不錯。

蘇 那麼，美就是愛情所缺乏的，還沒有得到的？

阿 這是必然的。

蘇 缺乏美的，還沒有美的東西你能叫它美嗎？

阿 當然不能。

蘇 既然如此，你還能說愛神是美的嗎？

阿 蘇格拉底，恐怕當初我只是信口開河，對於所說的那一套道理根本沒有懂得。

蘇 你的辭藻卻是實在美麗，阿伽頌；但是我還要請問一點：你是否以爲善的東西同時也是美的？

阿 對，我是這樣想。

蘇 愛神既然缺乏美的東西，而善的東西既然同時也是美的，他也就該缺乏善的東西了。

阿 我看不出有什麼方法可以反駁你，蘇格拉底，就承認它是像你所說的吧！

蘇　親愛的阿伽頌，你所不能反駁的是眞理不是蘇格拉底，反駁蘇格拉底倒是很容易的事。

好，我現在不再麻煩你了，且談一談我從前從一位曼提尼亞國的女人，叫作第俄提瑪的，所聽來的關於愛情的一番話。這位女人對愛情問題，對許多其他問題，都有眞知灼見。就是她，從前勸過雅典人祭神禳疫，因此把那次瘟疫延遲了十年；也就是她，傳授給我許多關於愛情的道理。我現在就按照剛才阿伽頌和我所已達到協議的論點，盡我的能力，把她教給我的話重述一番。阿伽頌，就依你的辦法，我先說愛神的本質，然後再說他的功勞。我看最好的辦法就是按照那位異方女人怎樣考問我的次序來談。當時我向第俄提瑪所說的話也正和阿伽頌今晚向我所說的一模一樣，我說過愛神是一位偉大的神，說他的對象是美。她反駁我的話也正和我反駁阿伽頌的一樣，說愛神既不美，又不善。往下我就和她做如下的對話：

蘇　你這話怎樣講，第俄提瑪，愛神是醜的惡的嗎？

第　別說謾神的話！你以爲凡是不美的就必然醜嗎？

蘇　當然。

第　凡是沒有眞知的人就必然無知嗎？眞知與無知之中有一個中間情況，你沒有想到嗎？

蘇　那是什麼？

第　有正確見解而不能說出道理，知其然而不知其所以然，這還不能算是眞知，因爲未經推理的認識怎麼能算是眞知呢？但是也不能算是無知，因爲碰巧看得很正確，怎麼能算是無知呢？所以我以爲像正確見解就是介乎眞知與無知之中的一種東西。

蘇 你說的很對。

第 那麼，你就不能硬說凡是不美的就必然是醜的。凡是不善的就必然是惡的。愛神也是如此，你既然承認了他不善不美，別就以爲他必惡必醜，他是介乎兩者之間的。

蘇 可是每個人都承認愛神是一個偉大的神呀！

第 每個人？每個有知的人，還是每個無知的人？

蘇 都在一起，全世界的每個人。

第 （笑）蘇格拉底，他們既然不承認他是一個神，怎麼能承認他是一個偉大的神呢？

蘇 你所說的「他們」是誰？

第 你是其中之一，我也是其中之一。

蘇 這話怎樣可以證明？

第 容易得很。請問：你不說凡是神都是美的，有福分的？你敢否認任何一個神的美和福分嗎？

蘇 憑老天爺，我不敢否認！

第 凡是人只要具有美的事物和善的事物，你就認爲他們有福分，是不是？

蘇 一點不錯。

第 但是你也承認過：愛神因爲缺乏善的事物和美的事物，才想有他所沒有的那些事物？

蘇 我承認過。

第 他既然缺乏美的事物和善的事物，怎麼能算是一個神？

蘇 看來像是不能。

第 既然如此，你看，你自己就是一個不把愛神看作神的[45]。

蘇 那麼，愛神是什麼呢？一種凡人嗎？

第 絕對不是。

蘇 是什麼呢？

第 像我原先所說的，介乎人神之間。

蘇 他究竟是什麼，第俄提瑪？

第 他是一種大精靈，凡是精靈都介乎人神之間。

蘇 精靈有什麼功用？

第 他們是人和神之間的傳語者和翻譯者，把祈禱祭禮由下界傳給神，把意旨報應由上界傳給人；既然居於神和人的中間，把缺空填起；所以把大乾坤聯繫成一體。他們感發了一

---

45 「愛神不是神」，好像自相矛盾。這裡如把愛神的名字譯音為「厄洛斯」，似較妥。但「厄洛斯」在希臘文的含義仍是「愛神」，如果因為第俄提瑪的翻案，就把全篇的「愛神」改成「厄洛斯」，也還是不妥。所以仍用「愛神」，取其較易了解。參看第一四三頁註27，第一五八頁註48。

切占卜術和司祭術，一切關於祭禮、祭儀、咒語、預言和巫術的活動。神不和人混雜，但是由於這些精靈做媒介，人和神之中才有來往交際，在醒時或是在夢中。凡是通這些法術的人都是受精靈感通的人，至於通一切其他技藝行業的人只是尋常的工匠。這些精靈有多種多樣，愛神就是其中之一。

蘇　他的父母是誰呢？

第　說起來話很長，但是我還是不妨替你講一講。當初阿佛洛狄忒誕生時，神們設筵慶祝，在場的有豐富神、聰明神的兒子。他們飲宴剛完，貧乏神照例來行乞，在門口徘徊。豐富神多飲了幾杯酒，喝醉了，走到宙斯的花園裡，頭昏沉沉地就睡去了，貧乏神所缺乏的就是豐富，心裡想和豐富神生一個孩子，就跑去睡在他的旁邊，於是就懷了孕，懷的就是愛神。愛神成了阿佛洛狄忒的僕從，就是因爲這個緣故，因爲他是在阿佛洛狄忒的生日投胎的，因爲他生性愛美，而阿佛洛狄忒長得頂美。46

因爲他是貧乏神和豐富神配合所生的兒子，愛神就處在一種特殊的境遇。頭一層，他永遠是貧乏的，一般人以爲他又文雅又美，其實滿不是那麼一回事，他實在粗魯醜陋、赤著腳，無家可歸，常是露天睡在地上、路旁，或是人家門樓下，沒有床褥。總

46 這段神話不見經傳，是虛構的。這裡所謂「豐富」和「貧乏」都不僅在經濟方面，同時也在思想智慧方面。依第俄提瑪看，愛是這兩種相反者的統一。

之，像他的母親一樣，他永遠在貧乏中過活。但是他也像他的父親，常在想法追求凡是美的和善的，因爲他勇敢，肯上前衝，而且百折不撓。他是一個本領很大的獵人，常在設詭計，愛追求智慧，門道多，終身在玩哲學，是一位特出的魔術家、幻術家和詭辯家。在本質上他既不是一個凡人，也不是一個神。在同一天之內，他時而茂盛，時而萎謝，時而重新活過來，由於從父親性格所得來的力量。可是豐富的資源不斷地來，也不斷地流走，所以他永遠是既不窮，又不富。

其次，他也介乎有知與無知之間。情形是這樣：凡是神都不從事於哲學，也無意於求知，因爲他們已經有哲學和知識了，凡是已經知道的人也都不再去探求。但是無知的人們也不從事於哲學，也無意於求知，因爲無知的毛病正在於儘管不美、不善、不聰明，卻沾沾自滿。凡是不覺得自己有欠缺的人就不想彌補他根本不覺得的欠缺。

蘇　既然如此，第俄提瑪，哪些人才從事於哲學呢？既然有知者和無知者都不算在內？

第　這是很明白的，連小孩子也看得出，他們就是介乎有知與無知之間的，愛神就是其中之一。因爲智慧是事物中最美的，而愛神以美爲他的愛的對象，所以愛神必定是愛智慧的哲學家，並且就其爲哲學家而言，是介乎有知與無知之間的。他的這種性格也還是由於他的出身，他的父親確是聰明富有，他的母親卻愚笨貧窮。親愛的蘇格拉底，這個精靈的本質就是如此。你原來對於愛神有另樣的看法，這也並不足怪。因爲照你自己的話來看，你以爲愛神是愛人而不是情人，是被愛者而不是鍾愛者。你把愛神看成絕美，就是因爲這個緣故。其實可愛者倒眞是美、嬌嫩、完善、有福分；但是鍾愛者的本質卻完全不同，如我所說明的。

蘇 很好，外方客人，你說的頂好。愛神的本質既然是如你所說的，他對於人類有什麼功用呢？

第 這正是我要啓發你的第二個問題，蘇格拉底。愛神的本質和出身既然像我所說過的，而他的對象是美的事物，你也承認了。假如有人這樣問我們：「蘇格拉底和第俄提瑪，對於美的事物的愛究竟是什麼呢？或是說得更明白一點，『凡是愛美者所愛的究竟是什麼？』」

蘇 他愛那些美的事物終於歸他所有。

第 但是你的答案引起了另一問題：「那些美的事物既然歸他所有之後，他又怎麼樣呢？」

蘇 這問題我還不能立刻回答。

第 好，假如換個題目，問的不是美而是善。「請問，蘇格拉底，凡是愛善者所愛的究竟是什麼？」

蘇 他愛那些善的事物終於歸他所有。

第 那些善的事物既然歸他所有之後，他又怎麼樣呢？

蘇 這個問題倒比較容易回答，我可以說：他就會快樂。

第 對，快樂人之所以快樂，就由於有了善的事物。我們不必再追問他爲什麼希望快樂，你的答案似乎達到終點了。

蘇　你說的很對。

第　依你看，這種慾望或愛是不是全人類所公有的呢？是否人人都希望善的事物常歸他所有呢？你怎樣說？

蘇　是這樣，它是全人類所公有的。

第　那麼，既然一切人都永遠一律愛同樣的事物，我們爲什麼不說一切人都在愛，而說某些人在愛，某些人不在愛呢？

蘇　我也覺得奇怪。

第　並沒有什麼奇怪。因爲我們把某一種愛單提出來，把全體的名稱加在它上面，把它叫作「愛」。旁的名稱也有這樣誤用的。

蘇　請舉一個例。

第　就拿這個例子來說，你知道創作[47]的意義是極廣泛的。無論什麼東西從無到有中間所經過的手續都是創作。所以一切技藝的製造都是創作，一切手藝人都是創作家。

蘇　你說的不錯。

47　原文是poésic，其實就是「詩」，「詩」在希臘文中的意義就是「創作」。有些譯本就用「詩」字來譯。下文「一切手藝人都是創作家」就譯成「一切手藝人都是詩人」。這裡從羅本的法譯。

第 可是你知道，我們並不把一切手藝人都叫作創作家，卻給他們各種不同的名稱；我們在全體創作範圍之中，單提有關音律的一種出來，把它叫作「創作」或「詩」。只是詩這一種創作才叫作「創作」，從事於這種創作的人才叫作「創作家」或「詩人」。

蘇 你說的對。

第 愛這個字也是如此。就它的最廣義來說，凡是對於善的事物的希冀，凡是對於快樂的嚮往，都是愛，強大而普遍的愛。但是在其他方面企圖滿足這種慾望的人們，無論是求財謀利、好運動或是愛哲學，都不叫作「情人們」或「鍾愛者們」，我們也不說他們在戀愛。只有追求某一種愛的人們才獨占全體的名稱，我們說他們在戀愛，把他們叫作「情人」或「鍾愛者」。

蘇 你這番話也許有些道理。

第 我知道有一種學說，以為凡是戀愛的人們追求自己的另一半[48]。不過依我的看法，愛情的對象既不是什麼一半，也不是什麼全體，除非這一半或全體是好的。因為人們寧願砍去手足，如果他們覺得這些部分是壞的。我以為人所愛的並不是屬於他自己的某一部分，除非他把凡是好的都看作屬於自己的，凡是壞的都看作不屬於自己的。人只愛凡是好的東西。你有不同的看法嗎？

48 暗指阿里斯托芬的看法。

蘇 憑宙斯，我沒有什麼不同的看法。

第 那麼，我們可否乾脆地說：凡是好的人們就愛？

蘇 可以這麼說。

第 還要不要做這樣一個補充：人們愛把凡是好的歸自己所有？

蘇 應該做這樣的補充。

第 不僅想把凡是好的歸自己所有，而且永遠歸自己所有。

蘇 這也是應該補充的。

第 總結起來說，愛情就是一種慾望，想把凡是好的永遠歸自己所有。

蘇 這是千眞萬確的。

第 愛情既然常如此，現在請問你：人們追求這樣目的，通常是怎樣辦？有愛情熱狂的人發出怎樣行爲？這行爲的方式怎樣？你說得出嗎？

蘇 如果我說得出，第俄提瑪，我就不用欽佩你的智慧，也不用拜你的門了。我來向你請教的正是這類問題。

第 好，我告訴你吧，這種行爲的方式就是在美中孕育，或是憑身體，或是憑心靈。

蘇 你這句話要請占卜家來解釋，我不懂。

第 待我說明。一切人都有生殖力，蘇格拉底，都有身體的生殖力和心靈的生殖力。到了一定的年齡，他們本性中就起一種迫不及待的慾望，要生殖。這種生殖不能播種於醜，只能播種於美。男女的結合其實就是生殖。這孕育和生殖是一件神聖的事，可朽的人具有不朽的性質，就是靠著孕育和生殖。但是生育不能在不相調和的事物中實現。凡是醜的事物都和凡是神聖的不相調和，只有美的事物才和神聖的相調和。所以美就是主宰生育的定命神和送子娘娘。就是因爲這個道理，凡是有生殖力的人一旦遇到一個美的對象，馬上就感到歡欣鼓舞、精神煥發起來，於是就憑這對象生殖。如果遇到醜的對象，他就索然寡興、蜷身退避，不肯生殖，寧可忍痛懷著沉重的種子。所以一個人孕育種子到快要生殖的時候，遇到美的對象，就欣喜若狂，因爲得到了它，才可解除自己生產的痛苦。照這樣看來，愛情的目的並不在美，如你所相像的。

蘇　然則它在什麼呢？

第　愛情的目的在憑美來孕育生殖。

蘇　就依你那麼說吧！

第　這是不容置疑的。爲什麼要生殖呢？因爲通過生殖，凡人的生命才能綿延不朽。根據我們已經斷定的話來看，我們所迫切希求的不僅是好的東西，而且還要加上不朽，因爲我們說過，愛情就是想凡是好的東西永遠歸自己所有那一個慾望。所以追求不朽也必然是愛情的一個目的。

蘇格拉底說：「我多次聽她談愛情問題，所聽到的教義大體如此。還有一次，她向我提出這樣的問題：」

第　依你看，蘇格拉底，這愛情和這慾望的原因在哪裡？你注意到一切動物在想生殖的時候那種奇怪的心情沒有？無論是在地上走的，還是在空中飛的，在那時候都害著戀愛的病，第一步要互相配合，第二步要哺養嬰兒。爲著保衛嬰兒，牠們不怕以最弱者和最強者搏鬥，甚至不惜犧牲性命；只要能養活嬰兒，自己挨飢餓，受各種痛苦，都在所不辭。人這樣做，我們還可以說是因爲他受理性的指使。但是動物也都有這種現象，那是什麼原因呢？你能不能告訴我？

蘇　我不知道那是什麼原因。

第　連這道理都不知道，你還想精通愛情的學問嗎？

蘇　我老早就向你說過，正因爲不知道，我才來向你求教。請你告訴我，這些結果以及有關愛情的其他結果，都是由於什麼原因。

第　如果你相信愛情在本質上確如我們屢次所斷定的那樣，你就不會再驚疑了。現在這個事例在原則上還是和我們從前所談過的一樣，就是可朽者盡量設法追求不朽。怎樣才能達到不朽呢？那就全憑生殖，繼續不斷地以後一代接替前一代，以新的接替舊的。就拿個體生命來說，道理也是一樣。我們通常以爲每一個動物在它的一生中前後只同是一個東西，比如說，一個人從小到老，都只是他那一個人。可是他雖然始終用同一個名字，在性格上他在任何一個時刻裡都不是他原來那個人。他繼續不斷地在變成新人，也繼續不斷地在讓原來那個人死滅，比如他的髮肉骨血乃至於全身都常在變化中。不僅是身體，心靈也是如此。他的心情、性格、見解、慾望、快樂、苦痛和恐懼也都不是常住不變的，有些在生，有些在滅。還有一個更奇怪的事實。就是我們的知識全部也不但有些在生，有些在滅，使我們在知識方面前後從來不是同樣的人，而且其中每一種知識也常在生滅流轉中。我們所謂「回憶」就假定知識可以離去；遺忘就是知識的離去，回憶就是喚起一個新的觀念來代替那個離去的觀念，這樣就把前後的知識維繫住，使它看來好像始終如一。凡是可朽者都是依這個方式去綿延他們的生命，他們不能像神靈的東西那樣永久前後如一不變，而是老朽者消逝之後都留下新的個體，與原有者相類似。蘇格拉底，凡是可朽者在身體方面或其他方面之所以能分享不朽，就是依這個方式，依旁的方式都不可能。因此，一切生物都有珍視自己後裔的本性，並無足怪，一切人和物之所以有這種熱忱和愛情，都由於有追求不朽的慾望。

蘇格拉底說，「聽到她的這番話之後，我非常驚怪，就問她：『眞的就是這樣嗎，最淵博的第俄提瑪？』於是她以一個十足的詭辯大師的氣派回答我。」

第 不用懷疑，蘇格拉底，你只須放眼看一看世間人的雄心大志。你會覺得它毫無理性，除非你徹底了解了我所說過的話，想通了他們那樣奇怪地慾望熏心，是爲著要成名，要「流芳百世」。爲著名聲，還有甚於爲著兒女，他們不怕冒盡危險，傾家蕩產，忍痛受苦，甚至不惜犧牲性命。你以爲阿爾刻提斯會做她丈夫阿德墨托斯的替死鬼，阿喀琉斯會跟著帕特洛克羅斯死，或是你們自己的科德洛斯會捨身救國，爲後人建立忠義的模範嗎[49]？如果他們不想博得「不朽的英名」，現在我們還在紀念的英名？沒有那回事！我相信凡是肯這樣特立獨行的人都在想以不朽的功績來博取不朽的榮譽。他們品格愈高，也就愈要這樣做。他們所愛的都是不朽。

凡是在身體方面生殖力旺盛的人都寧願接近女人，他們的愛的方式是求生育子女，因此使自己得到不朽，得到名字的久傳，而且依他們自己想，得到後世無窮的福氣。但是凡是在心靈方面生殖力旺盛的人卻不然。世間有些人在心靈方面比在身體方面還更富於生殖力，長於孕育心靈所特宜孕育的東西。這是什麼呢？它就是思想智慧以及其他心靈的美質。一切詩人以及各行技藝中的發明人都屬於這類生殖者。但是最高最美的思想智慧是用於齊家治國的，它的品質通常叫作中和與正義。這類生殖者是近於神明的，從幼小的時期起，心靈就孕育著這些美質，到了成年時期，也就起了要生殖的慾望。這時候，我想，他也要四處尋訪，找一個美的對象來寄託生殖的種子，因爲他永不會借醜的對象來生殖。美本來是他所孕育的一個品質，因此，他對於身體美的對象比對於身體醜的對象較易鍾情。如果他碰見一個美好高尚而資稟優異的心靈，他對於這樣一個身

49 阿爾刻提斯參看第二六二頁註17，阿喀琉斯參看第十一頁註15。科德洛斯是雅典國王。雅典和多里斯戰爭，得爾福預言告訴他們，如果雅典國王戰死，雅典就會勝利。多里斯人下令要保全科槽洛斯的生命。他喬裝樵夫，和多里斯人挑戰，故意送死，因此使雅典得到勝利。

心調和的整體就會五體投地去愛慕。對著這樣一個對象，他就會馬上有豐富的思想源源而來，可以津津談論品德以及善人所應有的性格和所應做的事業。總之，他就對他的愛人進行教育。常和這美的對象交往接觸，他就把孕育許久的東西種下種子，讓它生育出來。無論是住的近或隔的遠，他隨時隨地都一心一意地念著他的愛人。到了嬰兒出世之後，他們就同心協力，撫養他們的公共果實。這樣兩個人的恩愛情分比起一般夫妻還要深厚的多，因爲他們所生育的子女比尋常肉體子女更美、更長壽。每個人都寧願與其生育尋常肉體子女，倒不如生育這樣心靈子女，如果他放眼看一看荷馬、赫西俄德以及其他大詩人，欣羨他們所留下的一群子女，自身既不朽，又替他們的父母留下不朽的榮名。再看來古格士在斯巴達所留下的子女不僅替斯巴達造福，而且可以說，替全希臘造福。在你們雅典人中間，梭倫也備受崇敬，因爲他生育了你們的法律。此外，還有許多例證，無論在希臘或在外夷，凡是產生偉大作品和孕育無窮功德的人們也都永遠受人愛戴。因爲他們留下這樣好的心靈子女，後人替他們建築了許多廟宇供馨香禱祝，至於尋常肉體子女卻從來不曾替父母博得這樣大的榮譽。

以上這些關於愛情的教義，蘇格拉底，你或許還可以領會。不過對於知道依正路前進的人，這些教義還只是達到最深密教的門徑，我就不敢說你有能力參證了[50]。我盡力

---

50 柏拉圖把最高的愛情學問——即哲學——看作一種玄祕的宗教，所以假託一個神祕的女巫來說，用的字常帶有宗

替你宣說，你須專心靜聽。

凡是想依正路達到這深密境界的人應從幼年起，就傾心嚮往美的形體[51]。如果他依嚮導引入正路，他第一步應從只愛某一個美形體開始，憑這一個美形體孕育美妙的道理[52]。第二步他就應學會了解此一形體或彼一形體的美與一切其他形體的美是貫通的。這就是要在許多個別美形體中見出形體美的形式[53]。假定是這樣，那就只有大愚不解的人才會不明白一切形體的美都只是同一個美了。想通了這個道理，他就應該把他的愛推廣到一切美的形體，而不再把過烈的熱情專注於某一個美的形體，就要把它看得渺乎其小。再進一步，他應該學會把心靈的美看得比形體的美更可珍貴，如果遇見一個美的心靈，縱然他在形體上不甚美觀，也應該對他起愛慕，憑他來孕育最適宜於使青年人得益的道理。從此再進一步，他應學會見到行為和制度的美，看出這種美也是到處貫通的，因此就把形體的美看得比較微末。從此再進一步，他應該受嚮導的指引，進到各種學問知識，看出它們的美。於是放眼一看這已經走過的廣大的美的領域，他從此就不再像一

51 原文只是「身體」，不過西文中「身體」常指一般物體，用「形體」譯似較妥。形體是感覺的對象，與下文所說的那些理解的對象相對立。

52 原文logos有「言辭」、「文章」、「道理」等義。

53 這裡所謂「形式」就是「理式」，「共相」或「概念」。

教術語的意味。所以譯文借用了一些佛典中的術語。

個卑微的奴隸，把愛情專注於某一個個別的美的對象、某一個孩子、某一個成年人，或是某一種行爲上。這時他憑臨美的汪洋大海，凝神觀照，心中起無限欣喜，於是孕育無數的優美崇高的道理，得到豐富的哲學收獲。如此精力彌滿之後，他終於一旦豁然貫通唯一的涵蓋一切的學問，以美爲對象的學問。

說到這裡，你得盡力專心聽了。一個人如果隨著嚮導，學習愛情的深密教義，順著正確次序，逐一觀照個別的美的事物，直到對愛情學問登峰造極了，他就會突然看見一種奇妙無比的美。他的以往一切辛苦探求都是爲著這個最終目的。這種美是永恆的，無始無終，不生不滅，不增不減的。它不是在此點美，在另一點醜；在此時美，在另一時不美；在此方面美，在另一方面醜；它也不是隨人而異，對某些人美，對另一些人就醜。還不僅此，這種美並不是表現於某一個面孔，某一雙手，或是身體的某一其他部分；它也不是存在於某一篇文章，某一種學問，或是任何某一個別物體，例如動物、大地或天空之類；它只是永恆地自存自在，以形式的整一永與它自身同一[54]；一切美的事物都以它爲泉源，有了它那一切美的事物才成其爲美，但是那些美的事物時而生、時而滅，而它卻毫不因之有所增、有所減。總之，一個人從人世間的個別事例出發，由於對於少年人的愛情有正確的觀念，逐漸循階上升，一直到觀照我所說的這種美，他對於愛

54 這就是所謂「絕對美」，它涵蓋一切，獨一無對無待。

情的深密教義也就算近於登峰造極了。這就是參悟愛情道理的正確道路，自己走也好，由嚮導引著走也好。先從人世間個別的美的事物開始，逐漸提升到最高境界的美，好像升梯，逐步上進，從一個美形體到兩個美形體，從兩個美形體到全體的美形體；再從美的形體到美的行爲制度，從美的行爲制度到美的學問知識，最後再從各種美的學問知識一直到只以美本身爲對象的那種學問，徹悟美的本體。

親愛的蘇格拉底，這種美本身的觀照是一個人最值得過的生活境界，比其他一切都強。如果你將來有一天看到了這種境界，你就會知道比起它來，你們的黃金、華裝豔服、嬌童和美少年——這一切使你和許多人醉心迷眼，不惜廢寢忘食，以求常看著而且常守著的心愛物——都微不足道。請想一想，如果一個人有運氣看到那美本身，那如其本然，精純不雜的美，不是凡人皮肉色澤之類凡俗的美，而是那神聖的純然一體的美，你想這樣一個人的心情會像什麼樣呢？朝這境界看，以適當的方法凝視它，和它契合無間，渾然一體，你想，這對於一個凡人是一種可憐的生活麼？只有循這條路徑，一個人才能透過可由視覺見到的東西窺見美本身，所產生的不是幻象而是眞實本體，因爲他所接觸的不是幻象而是眞實本體，你沒有想到這個道理嗎？只有這樣生育眞實功德的人才能邀神的寵愛，如果凡人能不朽，也只像有他這樣才可以不朽。

蘇格拉底說：「斐德羅和在座諸位，這就是第俄提瑪教我的一番話。我自己對它心悅誠服，我也在設法使旁人對它心悅誠服，使人人相信：要想找到一個人幫助我們凡人得到這樣福分，再好不過的就是愛神。因此，我現在奉勸諸位，每個人都應該尊敬愛神。像我自己就特別熱心以尊敬愛神爲專業，而且還要激起旁人也有這樣大的熱忱。我現在歌頌愛神，而且要永遠歌頌愛神，盡我所有的能力，來歌頌他的威靈。斐德羅，你把這番話叫作愛神的頌辭也好，給它一個旁的名稱也好，都隨你的便。」55

蘇格拉底說完話，在場的人們都讚賞他說的好，只有阿里斯托芬說蘇格拉底的話裡有一段涉及他自己，正在提出質問，猛然有人大敲前門，有一陣嘈雜的聲音，彷彿是一群歡宴者的吵鬧，其中還聽見一個吹笛女的歌聲。阿伽頌就告訴奴隸們：「出去看看是

55 蘇格拉底的頌辭是全篇三大段的中段，也是全篇的精義所在。它本身分兩部分，和阿伽頌的對話以及和第俄提瑪的對話。在和阿伽頌的對話裡，他說明了：㈠愛情必有對象；㈡鍾愛者還沒有得到所愛的對象；㈢愛情就是想占有所愛對象那一個慾望；㈣愛情的對象既然是美，如阿伽頌所說的，它就還缺乏美。「愛神是美的」一說不能成立；㈤美善同一，所以愛神也不是善的。這樣蘇格拉底就把阿伽頌的一篇大文章完全推翻了。接著他說他的愛情學問是從女巫第俄提瑪領教來的。他原來和阿伽頌一般見解，她糾正了他。她使他明白：㈠愛神介乎美醜、善惡、有知與無知、神與人之間的一種精靈，是豐富和貧乏的統一，總之，就是一個哲學家；㈡愛情就是想凡是美的、善的永遠歸自己所有那一個慾望；㈢愛情的目的是在美的對象中傳播種子，憑它孕育生殖，達到凡人所能享有的不朽：生殖是以新替舊，種族與個體都時時刻刻在生滅流轉中。這種生殖可以是身體的，也可以是心靈的。詩人、立法者、教育者以及一切創造者都是心靈方面的生殖者；㈣愛情的深密教，也就是達到哲學極境的四大步驟。

誰，如果是我的朋友，就請他們進來，否則就說我們已喝完酒，正要休息了。」

沒有一會兒，我們就聽見前院有阿爾西比亞德斯的聲音，他爛醉如泥，大聲喧嚷著問阿伽頌在哪裡，吩咐人帶他去見阿伽頌。那位吹笛女和其他隨從的人們就扶著他到我們會飲的廳裡。他到門口就站住，頭上戴著一個葡萄藤和紫羅蘭編的大花冠，還纏著許多飄帶，大聲嚷道：「朋友們，你們都好呀，你們肯不肯讓一個醉漢來陪酒，還是讓我們替阿伽頌戴上花冠，戴完了就走？我們來就專爲這件事。我得告訴你們，昨天我有事，不能來參加慶祝，可是現在我來了，頭上戴了這些飄帶，我要把這些飄帶從我的頭上取下來，拿來纏在這個人的頭上，我可以說，這個最聰明最漂亮的人的頭上。你們笑，笑我喝醉了嗎？儘管你們笑，我說的卻是眞話。咳，乾脆回我一句話，我已經說明來意了，我是進來還是不進來？你們是和我喝酒，還是不和我喝酒？」

大家都嚷著歡迎他，請他人座，阿伽頌也在邀請他。他由隨從的人們扶著進來，取下頭上的飄帶，準備纏阿伽頌的頭，把飄帶舉在跟前，所以沒有看見蘇格拉底。他走到阿伽頌和蘇格拉底中間坐下，原來蘇格拉底望見他來，就已經把自己的座位讓出了。他一坐下，就擁抱阿伽頌，用飄帶纏他的頭。阿伽頌吩咐奴隸們：「把阿爾西比亞德斯的鞋脫下，讓他和我們倆躺在這床上。」「那就再好不過了，」阿爾西比亞德斯說，「你以外還有誰呢？」他轉頭一看，看見蘇格拉底，馬上跳起來嚷：「憑赫刺克勒斯呀[56]，咳，原來蘇格拉底也在這裡！你這傢伙，還是你那個老習慣，坐在這裡出其不意地來嚇我一跳，老是在出乎意外的地方碰到你！你在這裡幹什麼呢？爲什麼坐在這裡？不坐在阿里斯托芬旁邊，或是其他實在滑稽或是想滑稽的人的身邊？你居然玩了什麼花樣，坐在這裡最美的一個人旁邊，這是什麼意思？給我說來！」

於是蘇格拉底說：「阿伽頌，請你設法保護我，因爲這傢伙的愛情對於我眞不是一件小麻煩。自從我鍾情於他，我就不能看一個美少年一眼，或是和他談一句話，若是有這樣的事，他就大吃其醋，用最酷毒的方法虐待我，不伸手打我就是好事。現在他的老脾氣又發作了，請你勸他和我和解，如果他要動武，還要請你保護。我眞怕他的狂熱的愛情和他的妒忌，怕得叫我發抖。」

阿爾西比亞德斯說：「不，你和我沒有什麼和解。你今天說出這樣話，下次我再報復你，至於目前，阿伽頌，把你的飄帶拿幾條給我，讓我來纏這家伙的頭，這個奇妙驚人的頭。別讓他怪我替你戴了花冠，沒有替他戴，他這位大辯才，是一位不僅像你只在前天得到勝利，而且會永遠在一切人之中得到勝利的。」說到就做到，他拿了飄帶，纏了蘇格拉底的頭，然後歸還原位躺下。接著他又說：「朋友們，我看你們都還很清醒。

56 憑有名的大力士發誓。

這不行，你們得喝酒，你們知道，這是大家原來約定的事。現在我選我自己來做主席，一直到你們喝夠了再說。阿伽頌，叫人拿一個頂大的杯子給我，如果你有的話。別忙，用不著杯子，堂倌，你把那個涼酒的瓶子拿給我。」這瓶子要裝三斤多，他把酒斟滿，一口就把它喝幹，再叫人把它斟滿，傳給蘇格拉底，同時說：「朋友們，這瓶酒對於蘇格拉底並不是一件陷害他的東西，你要他喝多少，他就喝多少，而且永不會醉。」

堂倌斟了酒，蘇格拉底馬上就一口喝乾。厄里什馬克就問：「阿爾西比亞德斯，這是什麼一個辦法？我們就只管喝酒，也不談話，也不唱歌嗎？我們盡傻喝，像要解渴似的！」阿爾西比亞德斯回答說：「咳，厄里什馬克，你聰明爸爸的聰明兒子[57]，我向你敬禮！」厄里什馬克說：「我回敬你，但是我們究竟怎麼辦呢？」「你說怎麼辦就怎麼辦，我們只有唯命是聽，因爲常言說得好『一個醫生，勝過萬人』。[58]你且隨意開方子吧！」厄里什馬克於是說。「請聽著，在你未來之前，我們商議定了，從左到右每人都要盡力做一篇最好的頌辭，來頌揚愛神。我們都已經做過了，你既然沒有做，卻喝了酒，現在就應該輪到你來做。你做完頌辭之後，可以隨意出一個題目請蘇格拉底講，他又隨意出一個題目請他的右鄰講，其餘就這樣順次輪流下去。」阿爾西比亞德斯說：

57 厄里什馬克的父親阿庫門是一位名醫。
58 見《伊利亞特》卷十一。

「你這辦法倒頂好，厄里什馬克，不過叫一個醉漢和一些頭腦清醒的人們較量口才，恐怕不大公平。並且，親愛的朋友，你相信蘇格拉底剛才所說的那一套話嗎？事實和他所說的卻正相反。如果我在他的面前，不頌揚他而頌揚旁的，無論是人是神，就難保不挨他的拳頭。」蘇格拉底向他說：「夠了，別再說廢話了！」「憑波塞冬[59]，你別抗議，」阿爾西比亞德斯說，「在你面前，我不能頌揚旁人。」厄里什馬克插嘴說：「就這麼辦吧，你要頌揚蘇格拉底就開始頌揚吧！」阿爾西比亞德斯問。「眞的嗎？厄里什馬克，你覺得我應該這樣辦，當你們的面來好好地報復這傢伙一場嗎？」蘇格拉底抗議說：「喂，我的少年人，你要幹麼呢？要頌揚我來和我開玩笑麼？還是有旁的用意呢？」「我擔保只說眞話，你同意麼？」「只要你說的是眞話，我不但同意，而且還要敦促你。」阿爾西比亞德斯就說：「我不會失信。並且請你注意著，如果我說錯了，請馬上就攔阻我，告訴我：『你那句話是謊話』，因爲我不會故意撒謊。假如我記性壞，說的亂，請不要見怪，像我現在這樣醉昏昏的，想有條有理地續述你的奇妙處，恐怕不太容易。」

諸位，要頌揚蘇格拉底，我打算用些比喻來說。他自己也許以爲我這樣辦，是要

59 憑海神發誓。

和他開玩笑，請他放心，我用的比喻是要說明眞理，不是要開玩笑。首先我要說，他活像雕刻鋪裡擺著的那些西勒諾斯[60]像，雕刻家們把他們雕成手執管笛，身子由左右兩半合成，如果打開來，你會看見裡面隱藏著神像。其次我要說，他像林神馬西亞斯[61]。蘇格拉底，你在外表上和這些林神們相像，我想連你自己也不會辯駁。至於其他類似點，且聽我說來。你是一個厲害的嘲笑家，不是嗎？如果你否認，我可以拿出證据來。你不是一個吹笛手嗎？你是的，而且比林神還更高明。林神用嘴唇來叫人心蕩神怡，還要靠樂器，現在任何人用林神的調子來吹笛，都可以發生同樣效果——奧林巴斯[62]所吹的那些調子我認爲還是馬西亞斯教給他的——所以無論是誰，吹笛的名手也好，普通吹笛女子也好，只要能吹林神的調子，就有力量使人們歡欣鼓舞，顯示出聽衆中哪些人需要神的保佑或是參與祕密儀式；只有林神的一些調子有這種力量，因爲它們是神性的。馬西亞斯和你只有一個分別，蘇格拉底，你不消用樂器，只用單純的話語，就能產生同樣的

60 希臘神話中的林神（Satyri），其中之一專名西勒諾斯（Silenus）。這些林神們象徵自然的繁殖力，與酒神教關係最密切。他們的形狀很醜陋，頭髮豎立，鼻圓而孔朝天，耳尖如獸，額上有兩個小角，後面還有一條尾巴。他們歡喜酒、樂、舞以及一般感官性的享樂。蘇格拉底的形狀著名地醜陋，所以阿爾西比亞德斯拿林神像來比他。林神像是當時宗教上的工藝品，外表是林神，肚子裡藏著各種神像。

61 馬西亞斯，參看第七十四頁註63。

62 奧林巴斯是希臘著名的樂師，做了很多祭神歌。參看第八頁註9。

效果。若是旁人在說話，儘管他是第一流辯才，我們絲毫不感興趣，但是一旦聽到你說話，或是聽旁人轉述你的話，儘管轉述的人口才壞，馬上我們無論男女老少就都歡欣鼓舞起來了。

就拿我自己來說吧，朋友們，若是不怕你們說我醉酒說瘋話，我可以向你們發誓來聲明他的言辭對我發生過什麼樣稀奇的影響，這影響就連在現在我還感覺到。我每逢聽他說話，心就狂跳起來，比科裡班特們[63]在狂歡時還跳得更厲害；他的話一進到我的耳裡，眼淚就會奪眶而出，我看見過大群的聽眾也表現出和我的同樣情緒。我也聽過伯里克里斯[64]和許多其他大演說家，他們的辯才固然也使我欽佩，可是我從來沒有遇過聽蘇格拉底的那樣的經驗，從來不覺得神魂顛倒，從來不自恨像奴隸一樣屈服。但是每逢聽這位馬西亞斯，我常感覺到我所過的這樣生活簡直過不下去。蘇格拉底，我這番話是你都無法否認的。就連在此刻，我還有這樣感覺：若是我肯聽他，就得憑他支配，就得再發生同樣的情緒。他曾逼我承認：我在許多方面都還欠缺，因爲我參與雅典的政事，就忽略了我自己的修養。因此我勉強掩耳逃避他，像逃避莎林仙女[65]一樣，怕的是坐在他

63 科里班特是信奉酒神的祭司們，在酒神祭典中表現宗教熱忱於瘋狂的歌舞，參看第九頁註11。

64 伯里克里斯是雅典文化極盛時代的大政治家，民主黨的首領。參看第一八八頁註72。

65 莎林仙女住海島上，以美妙的歌聲誘乘船的過客登陸，把他們化為牲畜，見《奧德賽》卷十二。參看第一六九頁註56。

身邊要一直坐到老。我生平從來不在人前感到羞愧，他是唯一的人使我對他感到羞愧，這是出人意料的。向他領教的時候，我對他勸我怎樣立身處世的話一句也不能反駁，可是一離開了他，我還是不免逢迎世俗[66]。我老是逃避他，但是一見到他的面，想到從前對他的諾言，就感到羞愧。我有時甚至願望他不在人世，可是假如他眞正死了，我會感到更大的痛苦。所以我眞不知怎樣對付這傢伙才好。

我們這位林神怎樣用他的笛調迷惑了我，還迷惑了許多旁人，我已經說過了。現在我要告訴你們，在旁的方面他多麼像我所比喻的，他有多麼神奇的威力。我敢說，你們中間沒有一個人能了解他，現在我要繼續揭開他的面具，既然我已經開始了。你們看，蘇格拉底對於美少年們是怎樣多情，他時時刻刻地纏著他們獻殷勤，一見到他們就歡天喜地的。再看，他多麼蠢，什麼也不知道，至少是他裝得像這樣。這一點不活像西勒諾斯嗎？這是他戴的外殼，像雕刻的西勒諾斯的那種外殼一樣。但是你如果把他剖開，看看他的裡面，親愛的酒友們，你們想不到他裡面隱藏著那一大肚子的智慧！我告訴你們，人的美毫不在他眼裡，他怎樣鄙視它，是你們想像不到的。他也瞧不起財富，

66 阿爾西比亞德斯雖然愛從蘇格拉底聽教，但是輕浮好名，終於在政治上失敗，出賣過雅典，雅典在西元前四〇四年被斯巴達攻陷後，他準備奔降波斯，被人刺死。柏拉圖在這裡可能是對於這位轟動一時的人物表示惋惜，同時替老師洗清失教的過錯。

以及一般世俗所欣羨的那些東西。這一切都不在他眼裡，我們這一班人也都不在他眼裡，他一生都在譏嘲世間人。可是到了他認眞的時候，把肚子剖開的時候，那裡面所藏的神像就露出來了，旁人看見過沒有，我不知道，我自己卻親眼見過，發現它們是那樣的神聖、珍貴、優美、奇妙，使我不由自主地五體投地，一切服從他的意志。

我以爲他對我的年輕貌美有眞正的愛情，自幸這是一個很吉利的兆應和運氣，希望可以用我的恩情換取他的教誨，把他所知道的都教給我。我向來頗自豪，以爲自己的年輕貌美是無人能比的。從前我去訪蘇格拉底，常帶一個隨從，以後因爲心裡有了這個計算，就把這個隨從打發走，我單獨一個人去看他。這裡我必須把實情和盤托出，請你們專心聽著，蘇格拉底你也聽著，如果我說謊，你隨時可以反駁。朋友們，我去會他，只有他和我面對面，我指望著他要趁這個機會向我說一點情人私下向愛人所說的話，心裡甚爲快活。可是我的指望落得一場空，什麼也沒有，他只和平時一樣和我交談，一天完了，把我放下，自己就走了。這次失敗之後，我邀他陪我到健身房去做運動。我和他交手練拳，心想這回可以達到我的願望。他和我交過幾次手，沒有一個旁人在場。哼，還有什麼可說的！一步也沒有進展！這辦法既然不行，我就決定大膽一點，對他用比較猛的辦法，既然開頭了，不能半途而廢，要看看他到底怎樣。因此，像情人想引誘愛人一樣，我約他來吃晚飯。他先是推辭，後來勉強答應了。第一次來了，吃完飯之後，他馬上告辭，當時我很羞愧，就讓他走了。第二次我想了一個新辦法，飯吃完之後，我不斷氣地和他攀淡，一直談到深夜。他說要走，我以太晚爲藉口，強迫他留下。這樣他就和我聯床臥著，他用的就是他吃晚飯用的那張床。在這間房裡睡的沒有旁人，就只有他和我。

一直到這裡，我的故事可以談給任何人聽，下文的話我絕不會向你們講下去，若不是一方面因爲「酒後說眞話」——是否要連「孩子們」在一起都沒有多大關係[67]——另一方面因爲我既然開始頌揚蘇格拉底，如果把他的最光輝燦爛的行跡瞞著不說，未免不忠實。還有一層，我的情形正和遭蛇咬過的人一樣。據說一個人若是遭蛇咬了，不肯把他的感覺說給人聽，除非那人自己也是遭蛇咬過的，因爲只有親自遭蛇咬過的才能了解他，也才能原諒他，如果由於苦痛的壓迫，他所說的話和所做的事顯得不正常。我也遭咬了，咬我的那東西比蛇還更厲害，咬的地方是疼得最厲害的地方，我的心，我的靈魂，或是叫它一個旁的名稱也可以。我是被哲學的言論咬傷了，這比毒蛇還更毒，如果它咬住一個年幼的而且資稟不壞的心靈，就會使他無論做什麼，說什麼，都全憑它的支配。看看這些在座的，斐德羅、阿伽頌、厄里什馬克、保薩尼亞斯、阿里斯多德穆斯、阿里斯托芬——用不著提蘇格拉底本人——還有許多旁的人，你們每個人也都嘗過哲學的迷狂和熱情，所以我可以說給你們聽，你們會原諒我過去的行爲和今天的話語。但是

67 希臘有一句諺語，「酒和孩子們都說真話」。

對於奴僕們以及一切外人俗人，把最厚的門關起，免得聲音到了他們的耳裡。

好，諸位，燈熄了，佣人退出了，我想和他用不著轉彎抹角，無妨開門見山地把我的意思直說出來。所以我推了他一下，問：「蘇格拉底，你睡著了嗎？」「沒有哩，」他回答。「你知道我在想什麼嗎？」「想什麼呢？」我於是說：「我想你是唯一的一個人配得上做我的情人，可是你好像害羞，不肯向我提這件事。我的心情是這樣，我認爲若是我不肯答應你，無論是在這方面，還是在其他方面，你對於我的財產或我的親友有所需要的話，我說，若是我不肯答應你，我就傻了。我心裡想，人生最重要的事莫過於提高自己的修養；要達到這個目的，我不能找到一個比你更好的導師。因此，我覺得若是像你這樣一個人向我有所要求而我不肯答應的話，在高明人面前，我會感覺到比答應了在俗人面前所感到的羞愧更大。」聽到我這番話之後，蘇格拉底用他所慣有的特有的那副天眞神氣回答說：「親愛的阿爾西比亞德斯，你說到我的那番話如果是眞的，如果我確實有一種力量能幫助你提高你的修養，你倒還是眞不愚笨。若是那樣，你就一定發現我有一種眞正偉大的美，遠超過你的貌美。若是這個發現使你起了念頭要分享我的這種美，要用美換美，你的算盤就打得很好，占了我一些便宜，因爲你拿出來的是外表美，要換得的是實在美，這眞是所謂『以銅換金』。但是，親愛的朋友，你得再加審愼地考察一番，你也許看錯了，我也許毫無價值。到了肉眼開始朦朧的時候，心眼才尖銳起來，你離那個時節還遠哩。」我就回答他說；「我要說的話都說給你聽了，沒有一句不是眞心話，現在就等你考慮，看什麼樣辦法對於你和我才最好。」他說：「你說的很對，將來總有一天我們可以考量考量，看什麼樣辦法對我們才最好，在這件事上和其他事情上。」經過這番交談之後，我的箭算是射出去了，我以爲已經射中了他。因此，我就爬起來，不讓他有機會說一句話，就把我的大衣蓋在他的身上——當時正是冬天——我自己就溜進他的破大衣下面，雙手擁抱著這人，這眞正神奇的人，就這樣躺了一宵。蘇格拉底，你敢說這是謊話嗎？我的一切努力都只能引起他的鄙視，他對我所自豪的貌美簡直是嘲笑，簡直是侮辱。諸位判官們，你們今天對於蘇格拉底的傲慢，須評判評判。我憑神們和女神們向你們發誓，我和蘇格拉底睡了一夜起來之後，就像和我的父親或哥哥睡了一夜一樣！

從此以後，我的心情怎樣，你們不難想像了。一方面我覺得遭了他鄙視，另一方面我讚嘆他的性格、他的節制和他的鎭靜，我從來沒有碰見一個人像他那樣有理性，那樣堅定，我以爲這簡直是不可能的。因此，我既不能惱怒他，和他絕交，又沒有辦法可以引他上鉤。我知道在錢財方面他比埃阿斯對於刀矛[68]還更牢不可破，我唯一的優點，在我自己看，或許是能攻破他的武器，但是他終於脫險了。所以我找不到一條出路，只有東西遊蕩，受這人的支配，從來奴隸受主人的支配都還不至於像我這樣。

68 埃阿斯是特洛亞戰爭中的英雄，他的護身盾是用七層牛皮做的，所以不怕刀矛。

經過這次事情之後，他和我都參加了泡提第亞戰役。[69]我們吃飯同席。初到時他就以能吃苦耐勞見長，不僅勝過我，而且勝過軍隊裡一切人。每逢交通線斷絕，我們孤立在一個地方的時候——這在軍中是常有的事——食糧斷絕了，沒有一個人能像他那樣忍飢挨餓。可是有時肴饌很豐盛，也沒有一個人能像他那樣狼吞虎嚥。他本來不大愛喝酒，若是強迫他喝，他的酒量比誰都強，最奇怪的是從來沒有人見過蘇格拉底喝醉。關於他的酒量，我想停一會兒你們就可以作見證。其次，他不怕冬天的酷冷——那地帶冬天是很可怕的——也很叫人吃驚。有一次下過從來沒有見過的那樣厲害的霜，兵士們沒有一個人敢出門，就是出門的話，也必定穿的非常厚，穿上鞋還裹上毯；但是他照舊出去走，穿著他原來常穿的那件大衣，赤著腳在冰上走，比起穿鞋的人走著還更自在，叫兵士們都斜著眼睛看他，以為他有意輕視他們。

他在軍中的情形如此。「但是這位勇敢的英雄還立過旁的功績」[70]，那也是在軍中的事，值得一談。一天大清早他遇到一個問題，就在一個地點站著不動，凝神默想，想不出來，他不肯放手，仍然站著不動去默想。一直站到正午，人們看到他，都很驚奇，

69 泡提第亞是希臘北部的一個城市，本受雅典統治，西元前四三三年起兵反抗希臘，經過兩年苦戰，終被雅典克服。蘇格拉底參加過這次戰役。

70 見《奧德賽》卷四。

互相傳語說：「從天亮，蘇格拉底就一直站在那裡默想！」到了傍晚，旁觀者中有幾個人吃過晚飯——當時正是夏天——就搬出他們的鋪席，睡在露天裡，想看他是否站著過夜。果然，他站在那裡一直站到天亮，到太陽升起來了，向太陽做了禱告，他才扯腳走開。

你們想不想知道他在戰場上的情形？丟開這層不說，也未免不公道。在那次戰爭中將官們發給我一個英勇獎章，那一次全軍中就只有他一人救了我的命。我受了傷，他守著我不肯走，結果把我的盔甲和我自己都救出危險。我就請求將官們把英勇獎章發給你，蘇格拉底，這是事實，我想你不會罵我或是反駁我。將官們看到我的階級，有意要把獎章給我，你比他們還更堅持，一定要讓獎章給我，你自己不肯要。在德利烏門戰敗之後[71]，全軍撤退，蘇格拉底當時的態度也很值得欽佩。當時我碰巧在場，我騎著馬，他背著重兵器徒步走。隊伍全散亂了，他跟著拉克斯[72]一起退走。我碰巧趕上他們，一望見他們，我就告訴他們不要怕，我絕不丟開他們，那給了我一個好機會——比在泡提第亞的機會更好——來觀察蘇格拉底——因爲我騎著馬，自己倒沒有什麼可怕的。我觀察到兩點，頭一點，他遠比拉克斯鎮靜；第二點，阿里斯托芬，像你的詩句所說的，他

71 德利烏門是玻俄提亞的一個城市。西元前四二二年玻俄提亞和雅典在此交戰，把雅典打敗了。
72 拉克斯是這次戰役中的雅典將官。

在那裡走路的樣子像在雅典一樣：「昂首闊步，斜目四顧」[73]，看到朋友也好，看到敵人也好，都是那樣鎮靜地斜著眼看著，叫每個人遠遠地望到他，就知道他不是好惹的，若是挨到他，他會拿出堅強的抵抗。因此，他和他的伴侶都安然脫險，因為在戰場上人們遇到像這樣神氣的人照例不敢輕於冒犯，人們所窮追的是些抱頭鼠竄的人。

此外，蘇格拉底值得我們頌揚的稀奇事蹟還很多，不過在旁的活動範圍裡，同樣的話也許可以應用到旁人身上。有一點特別值得讚賞的，就是無論在古人還是在今人之中，找不到一個可以和他相比的人。比如說，提起阿喀琉斯，你可以拿布剌什達斯[74]或旁人和他相比；提起伯里克里斯，你可以拿涅斯托、安忒諾[75]或許多可以想到的人和他相比；同樣地，許多偉大人物都各有他們的儕輩。可是談到蘇格拉底這個怪人，無論在風度方面還是在言論方面，你在古今找不出一個人來可以和他相比，除非你採取我的辦法，不拿他比人，而拿他比林神和西勒諾斯，無論是就風度看，還是就言論看。

我說他的言論，因為我在開頭時忘記說，他在這方面尤其活像剖開的西勒諾斯。

73 引語見阿里斯托芬的喜劇《雲》第三六二行。《雲》本是為譏嘲蘇格拉底而寫的。蘇格拉底被控處死。《雲》是一個導火線。柏拉圖把這句本是諷刺的話改為頌揚的話，可見他寫這篇對話時，心裡記得《雲》這宗公案。所以有人以為阿爾西比亞德斯的頌辭是對於《雲》的答辯。

74 布剌什達斯是西元前五世紀斯巴達的戰鬥英雄，幾次打敗過雅典，死於戰役。

75 特洛亞戰爭中有兩個善於辭令的老謀臣，在希臘方面是涅斯托，在特格亞方面是安忒諾。

如果你要聽蘇格拉底談話，開頭你會覺得頂可笑。在表面上他的字句很荒謬，就恰像魯莽的林神所蒙的那張皮。他談的盡是扛貨的驢子、鐵匠、鞋匠、皮匠，他好像老是在說重複話，字句重複，思想也重複，就連一個無知的或愚笨的人聽到，也會傳爲笑柄。但是剖開他的言論，往裡面看，你就會發現它們骨子裡全是道理，而且也只有它們才是道理；然後你會覺得他的言論眞神明，最富於優美品質的意象，含有最崇高的意旨，表達出凡是求美求善的人們都應該知道的道理。

朋友們，這就是我頌揚蘇格拉底的話，同時關於他對於我的侮謾，我也夾雜了一些埋怨的話。並不只是我一個人受過他的這樣待遇，格羅康的兒子卡爾米德，第俄克利斯的兒子歐西德莫斯一世[76]，以及許多旁人都受過他的騙，他假裝情人，而所演的卻是愛人的角色。阿伽頌，我告訴你這一切，免得你也受他的騙。我的慘痛經驗對於你是一個教訓，謹防著不要像諺語中的傻瓜，「跌了跤才知道疼」。[77]

阿爾西比亞德斯說完之後，在座的人們不免發笑，他的坦白見出他對蘇格拉底還

---

76 卡爾米德是拍拉圖的母舅，歐西德莫斯一世只在克塞諾豐的《回憶錄》（記蘇格拉底言行的）露過一次面，都是蘇格拉底的弟子。

77 阿爾西比亞德斯對蘇格拉底的頌辭是拿蘇格拉底看作哲學和愛情的具體化。

未能忘情。蘇格拉底就接著說。「阿爾西比亞德斯，我看你今天並沒有醉，若不然，你就不會用許多漂亮話來轉彎抹角地掩蓋你這一大篇話的本意。這個本意你只在收尾時偶然提到，使人看不出你的唯一目的在挑撥離間阿伽頌和我，藉口我只應愛你不能愛旁人，阿伽頌也只應接受你的愛，不能接受旁人的愛。可是你的詭計已經被我們戳穿了，你的那幕林神和西勒諾斯的把戲也迷惑不著人了。親愛的阿伽頌，別讓我們中他的計，提防著不讓他離間我們。」阿伽頌回答說：「你說的可不是眞話，蘇格拉底！我疑心阿爾西比亞德斯跑到我們兩人中間坐著，顯然就是想把我們隔開。可是他的如意算盤打不成，我馬上就換位置，躺到你旁邊來。」「那辦法頂好，」蘇格拉底說，「躺到我右邊來。」於是阿爾西比亞德斯就嚷：「老天爺，這傢伙也在折磨我，他想到處占我的上風。我的好人啊，你至少讓阿伽頌躺在我們倆中間！」「這不行，」蘇格拉底說，「你剛頌揚了我，依次我應該頌揚我的右鄰。如果阿伽頌坐在我的左邊，我還沒有頌揚他，他倒又要頌揚我。我的神明的朋友，就讓阿伽頌坐在我的上面吧，別妒忌我頌揚這位少年，我有極熱烈的願望要頌揚他。」「哈哈！」阿伽頌嚷：「阿爾西比亞德斯，你看，我沒有辦法留在原位，我必得換位置，好讓蘇格拉底來頌揚我！」阿爾西比亞德斯回答說：「哼，你又像平常一樣，只要蘇格拉底在場，旁人就絕對沒有機會接近美少年們。你看，他想阿伽頌躺在他旁邊，藉口找的多麼巧妙！」

阿伽頌於是起身，正準備移到蘇格拉底旁邊去躺，突然間門口到了一大群歡宴者。

有人剛出門，所以門開著，他們就一直闖進來，闖到我們的會飲廳坐下。廳裡於是有一大陣喧嚷，秩序全亂了，彼此互相勸酒，大家喝的不知其量。據阿里斯多德穆斯說，厄里什馬克，斐德羅和旁人就離開那地方回家去了。阿里斯多德穆斯他睡著了，當時夜很長，他睡的很久，一直到天亮聽到雞鳴才醒。他睜眼一看，看見旁的客人睡的睡，走的走了，只有阿伽頌，阿里斯托芬和蘇格拉底三人還沒有睡，還在喝酒，一個大杯從左傳到右，傳來傳去。蘇格拉底在和他們辯論，辯論的話阿里斯多德穆斯不大記得清楚，因為開頭他沒有聽到，而且他的頭還是昏昏沉沉的。不過他說辯論的要旨他還記得，蘇格拉底在逐漸說服其餘兩人，逼他們承認同一個人可以兼長喜劇和悲劇，一個人既能憑藝術作悲劇，也就能憑藝術作喜劇[78]。其餘兩人逼得不能不承認，其實都只模模糊糊地在聽，不久就開始打盹，阿里斯托芬先睡著，到天快亮的時候，阿伽頌也跟著睡著了。蘇格拉底看見兩人睡的很舒服，就起身走出去，由阿里斯多德穆斯陪著，像平常習慣一樣。他到利賽宮[79]洗了一個澡，照平時一樣度過那一天，到晚間才回家去休息。

根據Léon Robin參照W. R. M. Lamb和Meunier譯

78 這個看法和《理想國》卷三裡所說的正相反。參看本書第六十五至六十六頁。
79 利賽宮在雅典城東門外伊利蘇河邊，是一個健身房。

題解

會飲在希臘是一種慶祝的禮節。這次的東道主阿伽頌的悲劇上演得了獎，因邀幾位好朋友在家會飲慶祝。通常會飲有樂伎助興，因爲當天在座的是些哲學家（蘇格拉底）、悲劇家（阿伽頌）、喜劇家（阿里斯托芬）、科學家（醫生厄里什馬克）和詭辯派修辭家（斐德羅和保薩尼亞斯），他們決定用座談代替樂伎，在座的每人依次輪流作一篇愛神的禮讚。六個人從不同的立場，用不同的理由，對愛神大加讚揚了一番之後，門外忽然有一陣喧嚷，當時正在當權的少年政治家阿爾西比亞德斯醉醺醺地帶著一群人來祝賀。在座的人請他跟著作一篇愛神的禮讚，他作了，所禮讚的卻不是愛神而是蘇格拉底。所以《會飲篇》是七篇頌辭的結集。

會飲者原來議定要討論的主題是愛情，全篇畫龍點睛處在蘇格拉底口述的第俄提瑪的關於哲學修養的啓示，而全篇總結卻在阿爾西比亞德斯對於蘇格拉底的頌揚。表面上這裡就有三個主題：頌愛情、頌哲學、頌蘇格拉底。實際上這三者是統一的，愛情的對象是美，而最高的美只有最高的哲學修養才能見到，蘇格拉底就是一個具體的例證，他體現了眞善美三者的統一。第俄提瑪在她的啓示裡說得很明白：

「因爲智慧是事物中最美的，而愛神以美爲他的愛的對象，所以愛神必定是愛智慧的哲學家。」

所以從美學觀點來說，《會飲篇》所討論的美並不只是尋常藝術作品的美，這種美在智慧中可以見出，在德行中可以見出，在社會典章文物制度中也可以見出。有一種統攝一切美的事物的最高的美，達到這種美，就算達到愛情的極境，也就算達到哲學的極境。要達到這個境界，就要經過四個步驟的修養。最初步是愛個別形體的美，由個別美形體推廣到一切美形體，從此得到形體美的概念（我們一般人所說的美僅止於此）；其次是愛心靈方面的道德美，如行爲制度習俗之類；第三步是愛心靈方面學問知識美，即眞的美，最後是愛涵蓋一切的絕對美，即美的本體。全部進程都是由感性而理性，由個別事物而普遍概念，由部分而全體。全體就是純一永恆的絕對美，是美的止境，愛情的止境，也是哲學的止境。到了這個境界，主體（觀者）和對象（所觀境）就契合無間，達到統一。

《會飲篇》的寫作年代，依一般學者的考訂，是和《斐德羅篇》、《理想國》等最成熟的對話的年代相近，就是在柏拉圖剛創立學園不久，正當他五十歲左右的時候（西元前三八五至前三八〇左右）。這篇對話宜與他早年寫的《大希庇亞斯篇》合看，在那篇裡柏拉圖還在試探摸索，批判了幾種流行的關於美的見解而自己卻沒有下一個最後的結論；在這篇裡他已胸有定見，提出了眞善美合一成爲最高理念的看法。這篇對話還宜與同時期的《斐德羅篇》合看，從某個意義來看，這篇也可以看成和那篇一樣是討論修辭術的，在兩篇裡柏拉圖都沒有忘記和詭辯派修辭家進行鬥爭的任務，兩篇布局也有些類似，拿詭辯派的壞文章來和蘇格拉底的好文章來對照，讓詭辯派的壞文章相形見絀，甚至題材也很類似，都是當時雅典流行的男子同性愛，都涉及唯心主義的辯證法。但是比較起來，《會飲篇》在思想上更豐富深刻，在文章上也更生動精妙。所以在柏拉圖的對話中，《會飲篇》是歷來詩人和藝術家們最愛讀的一篇，也是對文藝影響最深的一篇。

《會飲篇》也最足以說明柏拉圖哲學的矛盾。他也接受了赫刺克利特的一些唯物主義的影響，承認哲學進修次第應從個別形體逐漸上升到概念，他不但發展了蘇格拉底的唯心主義的辯證法，而且還吸取了唯物派赫刺克利特的樸素的辯證思想（本篇中引的赫刺克利特的話：「一與它本身相反，復與它本身相協，正如弓弦和豎琴」以及關於高低相反音造成和諧的討論，都可以為證），但是這些畢竟不能挽救他不走唯心主義的道路。他正確地看到從個別具體事物出發才能達到普遍概念，可是一達到最高的普遍概念，即絕對概念，他卻「過了河就拆橋」，把絕對概念看成獨立自在，不依存於經驗事實而且超然於經驗事實之上的。本來是經驗界客觀事實造成概念的眞實，可是到了概念，柏拉圖就以爲只有這概念才是眞實，而它所自生的那些經驗界的客觀事實反而只是「幻象」，沒有眞實性。概念既然是「絕對」的、「超時空」的、永遠不變的，這就放棄了辯證法的發展觀點而走到形而上的迷徑。把概念絕對化，認爲發展終止於絕對概念，這是柏拉圖的基本錯誤。

斐利布斯篇

——論美感

對話人：蘇格拉底
普若第庫斯

一、喜劇跟悲劇一樣，都引起快感與痛感的混合[1]

蘇 此外還有一種痛感和快感的混合。

普 是哪種呢？

蘇 這一種就是心靈所常感受到的。

普 這究竟是怎麼一回事？

蘇 像憤怒、恐懼、憂鬱、哀傷、戀愛、妒忌、心懷惡意之類情感，你是否把它們看作心靈所特有的痛感呢？

普 對，我是這樣看。

蘇 我們不是也覺得這些情感充滿著極大的快感麼？是否需要提醒你這樣描寫憤怒的詩句：

1 這一段選譯自原文47D至50B。

憤怒惹得聰慧者也會狂暴，
它比滴下的蜂蜜還更香甜。[2]

以及我們在哀悼和悲傷裡所感到的那種夾雜痛感的快感呢？

普 不用你提醒，事實確是如此。

蘇 你想到人們在看悲劇時也是又痛哭又欣喜麼？

普 當然。

蘇 你是否注意到我們在看喜劇時的心情也是痛感夾雜著快感呢？

普 我還不大懂得。……

蘇 我們剛才提到的心懷惡意，你是否認爲它是一種心靈所特有的痛感呢？

普 對。

蘇 但是心懷惡意的人顯然在旁人的災禍中感到快感。

普 的確如此。

蘇 無知當然是一種災禍，愚蠢也是如此。

普 當然。

2 見《伊利亞特》卷十八。

蘇　從此就可以看出滑稽可笑具有什麼性質了。

普　請你解釋一下。

蘇　滑稽可笑在大體上是一種缺陷，具有這種缺陷的情況就叫作滑稽可笑的。這種缺陷一般是和得爾福神廟的碑文所說的那種情況正相反。

普　你指的是「認識你自己」那句格言，是不是？

蘇　對。這句話的反面顯然就是簡直不認識自己。……大多數人在認識上的錯誤都是關於心靈品質方面的，自己以爲具有實在並沒有的優良品質。……這類情形又當分爲兩種，如果我們要對孩子氣的心懷惡意以及它所伴隨的快感和痛感的混合，得到深入的理解。你問我怎樣分？凡是對自己抱有這種錯誤的妄自尊大的想法的人們，像其餘的人們一樣，可以分爲兩類；一類人必然是有勢力的，另一類人正相反。

普　你說得對。

蘇　那麼，我們就按照這個原則來分。有這種妄自尊大想法的人如果沒有勢力，不能替自己報復，他們受到恥笑，這種情況可以眞正稱爲滑稽可笑。但是這種人如果有勢力，能替自己報復，你就可以很正確地說他們強有力，可怕又可恨，因爲強有力者的無知，無論是實在的還是僞裝的，有傷害旁人的危險，而沒有勢力者的無知就是滑稽可笑的。

普　你說得很對。但是我還不很明白在這種情況下，快感與痛感怎樣夾雜在一起。

蘇　首先得研究一下心懷惡意。

普 請你說下去。

蘇 心懷惡意一方面是一種不光明的痛感，另一方面也是一種快感，是不是？

普 當然是。

蘇 慶幸敵人的災禍既不算過錯，也不算心懷惡意，對不對？

普 當然不算。

蘇 但是人們見到朋友的災禍，不感到哀傷，反而感到快樂，這不算過錯嗎？

普 那當然是過錯。

蘇 我們不是說過無知對於任何人都是一種壞事嗎？

普 對。

蘇 那麼，我們朋友如果對自己的智慧，美貌及其他優良品質有狂妄的想法，如果他們沒有勢力，他們就顯得滑稽可笑；如果他們有勢力，他們就顯得可恨。我們可不可以這樣說：這種心理狀況如果是無害的，而且顯現在我們朋友身上，它在旁人眼裡就顯得滑稽可笑？

普 那的確是滑稽可笑。

蘇 我們不是同意過：無知本身就是一種災禍嗎？

普 對，那是一種大災禍。

蘇 我們恥笑這種災禍時，感到的是快感還是痛感呢？

普 顯然是快感。

蘇 我們不是也說過：從朋友的災禍中得到快感是由於心懷惡意嗎？

普 不能由於其他原因。

蘇 那麼，我們就可以達到這樣的推理線索：我們恥笑朋友們的滑稽可笑的品質時，既然夾雜著惡意，快感之中就夾雜著痛感；因爲我們一直都認爲心懷惡意是心靈所特有的一種痛感，而笑是一種快感，可是這兩種感覺在這種情況下同時存在。

普 不錯。

蘇 所以我們的論證所達到的結論就是這樣：在哀悼裡、在悲劇裡和喜劇裡，不僅是在劇場裡而且在人生中一切悲劇和喜劇裡，還有在無數其他場合裡，痛感都是和快感混合在一起的。

普 不同意這個結論是不可能的，蘇格拉底，儘管一個人很想持相反的意見。

二、形式美所產生的快感是不夾雜痛感的[3]

蘇 在混合的快感之後，順著自然的次序，我們必須轉到不混合的快感。

普 好極了。

蘇 我現在就轉到不混合的快感，試一試把它們說清楚。有些人說，一切快感只是痛感的休止，我不贊成這種看法。我已經說過，我用它們作爲證據，來證明有些快感只是表面的而不是眞實的，另外一些快感，看來是很大而且很多的，實在是和痛感混合在一起，是和身心兩方面最大的痛苦的停止混合在一起。

普 蘇格拉底，究竟哪些快感才算是眞正的呢？

蘇 眞正的快感來自所謂美的顏色、美的形式，它們之中很有一大部分來自氣味和聲音，總之，它們來自這樣一類事物，在缺乏這類事物時我們並不感覺到缺乏，也不感到什麼痛苦，但是它們的出現卻使感官感到滿足，引起快感，並不和痛感夾雜在一起。

普 蘇格拉底，我又不明白你的意思了。

蘇 我的意思乍看當然不明白，我來設法把它說明白。我說的形式美，指的不是多數人所了解的關於動物或繪畫的美，而是直線和圓以及用尺、規和矩來用直線和圓所形成的平面

3 這一段選譯自原文50E至52A。

形和立體形；現在你也許懂得了。我說，這些形狀的美不像別的事物是相對的，而是按照它們的本質就永遠是絕對美的；它們所特有的快感和搔癢所產生的那種快感是毫不相同的。有些顏色也具有這種美和這種快感。你明白我的意思吧？

普 我在設法了解，但是希望你把意思說得更明白一點。

蘇 我的意思是指有些聲音柔和而清楚，產生一種單整的純粹的音調，它們的美就不是相對的，不是從對其他事物的關係來的，而是絕對的，是從它們的本質來的。它們所產生的快感也是它們所特有的。

普 對，的確是這樣。

蘇 嗅覺的快感沒有剛才所說的那些快感那麼帶有神聖的性質，但是不一定要和痛感混合在一起，不管嗅覺是從什麼地方來的，是什麼東西引起的；所以我把這類快感和上面說的那些快感都歸在不雜痛感的一類。……

根據H. N. Fowler的英譯，參校阿斯木斯所選的俄譯。

題　解

《斐利布斯篇》對話的主題是：善是知識與快感的結合，中間順帶地分析了悲劇和喜劇所產生的快感以及單純形式所產生的快感，前一類快感是夾雜痛感的，後一類快感是不夾雜痛感的。所選的兩段是關於一般美感的較早的文獻，同時也涉及喜劇性和形式美兩個問題。

法律篇

——論文藝教育

對話人：雅典客人
克雷尼亞斯，克里特人
麥格洛斯，斯巴達人

一、論音樂和舞蹈的教育[1]

雅 我認爲快感和痛感是兒童的最初的知覺，德行和惡行本來就取快感和痛感的形式讓兒童認識到。……我心目中的教育就是把兒童的最初德行本能培養成正當習慣的一種訓練，讓快感和友愛以及痛感和仇恨都恰當地植根在兒童的心靈裡，這時兒童雖然還不懂得這些東西的本質，等到他們的理性發達了，他們會發見這些東西和理性是諧和的。整個心靈的諧和就是德行，但是關於快感和痛感的特殊訓練會使人從小到老都能厭恨所應當厭恨的，愛好所應當愛好的，這種訓練是可以分開來的，依我看，它配得上稱爲教育。

克 客人，我相信你關於教育的話說得很對。

雅 聽到你贊同，我很高興。快感和痛感的訓練，如果安排得好，的確是教育的一個根源，

1 這一段選譯自卷二，653A至660A。

可惜它在人類生活中曾遭到放鬆和敗壞。當初神們哀憐人類生來就要忍受的辛苦勞作，曾定下節日歡慶的制度，使人可以時而勞動、時而休息；並且把詩神們和詩神領袖阿波羅以及酒神狄俄尼索斯分派到人間參加人類的歡慶，使人們在跟神們一起歡慶之中，借神們的幫助，可以提高他們的教育。我想要知道我們在座的人對一句常言怎樣看，它說得對不對。人們常說，一切動物在幼年都不能安靜下來，無論是就身體還是就聲音來說；他們都經常要動、要叫喊；有些跳來跳去，嬉遊快樂不盡，有些發出各種各樣的叫聲。但是一般動物在他們的運動中辨別不出秩序和紊亂，也就是辨別不出節奏或和諧，但是我們人類卻不然，神們被分派給我們做舞蹈的伴侶，他們就給我們和諧與節奏的快感。這樣，神們就激起我們的生氣，我們跟著他們，手牽著手，在一起舞蹈和歌唱。人們把這些叫作「合唱」，這個詞本來有「歡喜」的意義。[2]我們是否先該承認：教育首先是通過阿波羅和詩神們來進行的？你的意見如何？

克 我同意。

雅 是否說受過教育的人就受過很好的合唱的訓練，而沒有受過教育的人卻沒有這種訓練？

克 當然。

2 在希臘文中「合唱」與「歡喜」在字形上略相近。「合唱」是欣、樂、舞的混合，原是在節日獨立表演的，後來成為悲劇的一個組成部分。

雅 合唱分兩部分：舞蹈和歌唱，是不是？

克 是。

雅 教育得好的人就能歌善舞？

克 我想是這樣。

雅 我們來想想這話究竟是什麼意思。

克 你說什麼意思？

雅 他能歌善舞，但是否還要加上一句：他歌的是好的東西，[3]舞的也是好的東西？

克 就加上這一句吧！

雅 我們得假定他辨得出什麼是好，什麼是壞，然後他才會運用得恰如其分。你看在這兩種人之間，一種人會按照一般所了解的正確方式去移動身體，運用腔調，但是並不喜善恨惡，另一種人在姿勢和腔調上雖不正確，但是對快感和痛感的感覺卻正確，並且喜善恨惡，是哪一種在舞蹈和音樂方面訓練得更好呢？[4]

克 客人，那是兩種很不相同的教育。

雅 如果我們三人知道在歌唱和舞蹈中什麼才是好的，我們才眞正知道誰受過教育，誰沒有

---

3 好壞兩字在希臘文裡往往指善惡，有時也指美醜。

4 這個問題沒有馬上得到回答，但是從下文可見，柏拉圖把道德的內容看得遠比技巧重要。

受過教育；否則我們就當然不會知道什麼是教育的保障以及有教育和沒有教育了。

克 你說得對。

雅 讓我們來像獵犬一樣循著氣味追尋下去，來找出形象、曲調、歌唱和舞蹈中的美；如果找不到，談起教育（無論是希臘的還是蠻夷的）就沒有用處。

克 不錯。

雅 什麼是形象的美或美的曲調？一個英勇的心靈遭到困苦，一個怯懦的心靈也遭到困苦，是否會用同樣的形象和姿勢，發出同樣的聲音呢？

克 那怎麼可能，他們的面色就不同！

雅 ……讓我們說，表現出身心德行的那些形象和曲調，就毫無例外是好的，表現出罪惡的那些形象和曲調就是不好的。

克 你說得頂好，情況確實如此。

雅 再考慮一下，我們所有的人對每種舞蹈是否都同樣喜愛？

克 相差很遠。

雅 是什麼把我們引上迷途呢？凡是美的事物不是對於我們一切人都同樣是美嗎？還是它們本身就同樣美，不是按照我們的意見才同樣美？[5]沒有人會承認在舞蹈裡表現罪惡的形

5 柏拉圖在這裡提出美的客觀基礎和客觀標準問題，而且做出明確的答覆：他否定了快感作為衡量美醜的標準，肯

式比表現德行的形式還更美，或是會承認他自己喜愛表現罪惡的形式而旁人卻喜愛另樣的形式。但是多數人都說，音樂的好處在使我們的心靈得到快感。這話是褻瀆神聖的，不可容忍的；可是這種幻覺卻有一種較好的解釋。

克　什麼解釋？

雅　那就是藝術適應人的性格。合唱的動作模仿各種行動，命運和性情的模樣，每一細節都模仿到，凡是在天性或習慣或天性習慣上這些文詞，或歌曲，或舞蹈都能投合的人就不能不從它們得到快感、讚賞它們、說它們美。但是天性、生活方式或習慣和它們不適合的人就不會喜愛它們或讚賞它們，會說它們醜。此外還有一種人，天性好而習慣壞，或是習慣好而天性壞，就會口裡讚賞的是一回事而心裡喜愛的卻是另一回事。他們說，所有這些模仿都是愉快的。但不是好的。在他們認爲明智的人們面前，他們會對用卑鄙方式去歌舞，或是有意識地贊助這種行爲，感到羞恥，但是在內心裡卻感到一種不可告人的快感。

克　這話很對。

雅　惡劣歌舞的愛好者會受到什麼害處，讚賞相反的一類快感的人會得到什麼益處麼？

克　我想他們會受到。

定了美在道德内容而不在技巧。

雅 「我想」這個語氣不合適，應該說「我堅信」。那樣歌舞的產生的效果是不是就像一個人和壞人來往，心裡喜愛和贊同這種壞人，只是疑心到自己會因此而顯得壞，才以遊戲的態度責備這種壞人？在這種情形之下，喜愛壞人的人就會變成類似他所喜愛的壞人，儘管他對讚賞這類壞人還感到羞恥。我們所能受到的益處或害處還有比這裡所說的更大嗎？

克 的確沒有。

雅 那麼，在一個已有好法律的或是將來要有好法律的城邦裡，記起音樂所給的教益和娛樂，我們能設想讓詩人們在舞蹈裡，無論在節奏，曲調或歌詞哪一方面，都隨意愛拿出什麼就拿出什麼，去教導家境好的人家的青年兒女嗎？詩人應該隨他的意願來訓練他的合唱隊而不顧德行或惡行嗎？

克 那的確是不合理的，不可思議的。

雅 但是除在埃及以外，詩人幾乎在每一個城邦裡都可以這樣做。

克 請問，在埃及有些什麼關於音樂和舞蹈的法律？

雅 告訴你，你就會驚奇。很早以前埃及人好像就已認識到我們現在所談的原則：年輕的公民必須養成習慣，只愛表現德行的形式和音調。他們把這些形式和音調固定下來，把樣本陳列在神廟裡展覽，不准任何畫家或藝術家對它們進行革新或是拋棄傳統形式去創造新形式。一直到今天，無論在這些藝術還是在音樂裡，絲毫的改動都在所不許。你會發現他們的藝術品還是按照一萬年以前的老形式畫出來或雕塑出來的，——這是千眞萬確，絕非誇張，——他們的古代繪畫和雕刻和現代的作品比起來，絲毫不差，技巧也還是一樣。

克 眞是奇聞！

雅 我寧願說，眞符合政治家和立法者的風度！……所以我說只要一個人能以任何方法找到一些自然的曲調，他就可以滿懷信心地把它們體現在一種固定的合法的形式裡。這樣，喜新厭舊所引起的那種追求新奇的心理就沒有足夠的力量去敗壞已經視爲神聖的歌和舞，拿它們已陳舊作爲藉口。無論如何，它們在埃及絲毫沒有遭到敗壞。

克 你的證據似乎足以證明你的論點。

雅 我們可不可以滿懷信心地說：音樂和合唱慶祝的眞正的功用就在此：當我們自認爲生活過得好時，我們歡慶；另一方面，當我們歡慶時，我們也自認爲生活過得好？

克 確實如此。

雅 當我們歡慶我們的好運道時，我們是否就安靜不下來？

克 對。

雅 這時我們的年輕人就跳起舞來，唱起歌來，而我們這些老年人認爲在旁邊觀看，也就算盡了我們的一份義務。我們不靈活了，但是仍然愛看年輕人遊戲取樂，因爲我們愛回想到過去的自己；我們很高興替能使我們回想自己的青年時代的那些青年人安排競賽。

克 這話很對。

雅 普通人對於節日歡慶都這麼說。誰給我們最大量的快感和娛樂，誰就應該被認爲最聰明的人，應該獲得錦標[6]的人，這話是否就毫無道理呢？在這種場合，娛樂就是日程上的大事，能使大多數人得到娛樂的人不就應該最受尊敬，獲得錦標嗎？這是否說得正當，做得正當呢？

克 可能是正當的。

雅 但是，親愛的朋友，我們還得辨別不同的情況，不要匆忙下判斷。有一種考慮這個問題的方法就是設想在一個慶祝會裡各種玩藝應有盡有，包括體操、音樂和跑馬各種競賽；公民們都會齊了，獎品也公布了，公告也發出了，任何人都可隨意參加競賽，誰能使觀衆得到最大的樂趣，誰就獲得錦標——沒有什麼規則去約束如何提供樂趣的方式，只要在提供樂趣上最成功，就會戴勝利冠，被尊爲競選者中最能令人愉快的人。你想這種公告會產生什麼結果呢？

克 就哪一方面來說？

雅 那裡會有各種各樣的獻技。這個人像荷馬一樣，會朗誦一段詩，另一個人會奏笛；這個人會來一部悲劇，那個人會來一部喜劇。如果有人設想他能憑傀儡戲去得獎，那也並不

6 我們獎勝利用錦標，希臘人用棕櫚。

足爲奇。假想這些競選者，乃至於還有無數其他競選者，都會在一起，你能告訴我究竟誰應該是勝利者麼？

克 沒有親眼看到他們競賽，怎麼能回答你這個問題呢？這問題就提得荒謬。

雅 你們既然都不能回答，讓我來回答這個你們認爲荒謬的問題，好不好？

克 好。

雅 如果讓小孩子們來裁判，他們會把錦標判給傀儡戲。

克 那當然。

雅 較大的孩子們會擁護喜劇，受過教育的婦女和年輕人乃至一般人都會投悲劇的票。

克 很可能。

雅 我相信我們老年人感到最大樂趣的是聽一位誦詩人朗誦《伊利亞特》和《奧德賽》，或是一篇赫西俄德的詩，我們會判定他爲勝利者。但是究竟誰才是勝利者就成爲問題了。

克 是有問題。

雅 很顯然，你和我得宣布：凡是由我們老年人評判爲勝利者就應該是勝利者，因爲我們的見解遠比現在世上任何人的都高明。

克 當然。

雅 我在這一點上也同意多數人的意見：音樂的優美要憑快感來衡量。但是這種快感不應該是隨便哪一個張三李四的快感；只有爲最好的和受到最好教育的人所喜愛的音樂，特別是爲在德行和教育方面都首屈一指的人所喜愛的音樂，才是最優美的音樂。所以裁判人必須是有品德的人，這種人才要求智勇兼備。一個眞正的裁判人不應憑劇場形勢來決定，不應該因爲群衆的叫喊和自己的無能而喪失勇氣；既然認識到眞理，就不應由於怯懦而隨便做出違背本心的裁判，用剛才向神發誓的那張嘴去說謊。他坐在裁判席上不是作爲劇場聽衆的學生而是作爲他們的教師，他應該敵視一切迎合觀衆趣味的勾當。現在在義大利和西西里還流行的希臘老規矩確實是讓全體觀衆舉手表決誰得勝。但是這種規矩已導致詩人的毀滅，因爲詩人們現在都養成了習慣，爲迎合裁判人的低級趣味而寫作，結果觀衆變成了詩人的教師，這種規矩也導致戲劇的衰敗；人們本來應該看到比他們自己較好的人物性格，從而獲得較高的快感，但是現在他們咎由自取，結果適得其反。從此應該推演出什麼結論呢？

克 什麼結論？

雅 就是我們已三番五次達到過的結論：教育就是要約束和引導青年人走向正確的道理，這就是法律所肯定的而年高德劭的人們的經驗所證實爲眞正正確的道理，爲著要使兒童的心靈不要養成習慣，在哀樂方面違反法律，違反服從法律的人們的常徑，而是遵守法律，樂老年人所樂的東西，哀老年人所哀的東西，爲著達到這個目的，我說，人們才創造出一些眞正引人入勝的歌調，其目的就在培養我們所談的和諧。因爲兒童的心靈還不能接受看書的訓練，這些歌調就叫作遊戲和歌唱，以遊戲的方式來演奏。正如人們身體有病，看護們就給他們一些有營養價值的適口的飲食，也給他們一些沒有營養價值的不適口的飲食，讓病人學會愛好前一種，厭惡後一種，眞正的立法者會勸導詩人們，如果勸導不行，就強迫詩人們在節奏、形象、曲調各方面都用美麗而高尚的文字，去表現有自制力和勇氣並且在一切方面都很善良的人們的音樂。

二、「劇場政體」與貴族政體[7]

雅 ……朋友們，按照古代的法律，人民不像現在這樣都是主子，而是法律的忠順的僕役。

麥 你指的是什麼法律？

雅 我們先談關於音樂的法律——音樂指的是從前的音樂——以便把過分自由的發展追溯到根源。從前在我們希臘人中間，音樂分成若干種類和風格，一種是對神的禱祝，叫作頌歌；另一種和這對立的叫作哀歌；此外還有阿波羅的頌歌以及慶祝狄俄尼索斯誕生的頌歌，叫作「酒神歌」。從前人還另有一種歌，就叫作「法律」[8]，上面還冠上「豎琴

---

7 這一段選譯自卷三，700A至701B。

8 原文nomei本義為「法律」，又用作「歌曲」。

調」的字眼，這一切和其他歌調都區分得很清楚，不准演奏者把這種音樂風格和另一種音樂風格混淆。至於做決定，進行裁判和懲處不服從者的那種權力不是像現在這樣用群衆的斷吼，極嘈雜的叫喊，或鼓掌叫好等方式表現出來。公衆教育的掌管者們堅決要求聽衆屏息靜聽到底，男孩們和他們的導師們乃至一般群衆都只得靜聽，否則就要挨棍棒。這是很好的秩序，聽衆也樂於服從，從來不敢用叫喊來表示他們的意見。不過隨著時代的推移，詩人們自己卻引進來庸俗的漫無法紀的革新。他們誠然是些天才，卻沒有鑑別力，認不出在音樂中什麼才是正當的、合法的。於是像酒神信徒們一樣如醉如癲，聽從毫無節制的狂歡支配，把哀歌和頌歌，阿波羅頌歌和酒神頌歌都不分青紅皀白地混在一起，在豎琴上模仿笛音，這樣就弄得一團糟；他們還狂妄無知地說，音樂裡沒有眞理，是好是壞，都只能憑聽者的快感來判定。他們創造出一些淫靡的作品，又加上一些淫靡的歌詞，這樣就在群衆中養成一種無法無天、膽大妄爲的習氣，使他們自以爲有能力去評判樂曲和歌的好壞。這樣一來，劇場的聽衆就由靜默變爲愛發言，彷彿他們就有了能力去鑑別音樂和詩的好壞。一種邪惡的劇場政體（theatrocracy）就發展起來，代替了貴族政體。如果掌裁判權的民主政體所包括的成員都是些有教養的人，這種風氣倒還不至於產生多大害處；但是在音樂裡就產生一種誰都無所不知，漫無法紀的普遍的妄想；自由就接踵而來，人們都自以爲知道他們其實並不知道的東西，就不再有什麼恐懼，隨著恐懼的消失，無恥也就跟著來了。人們憑一種過分大膽的自由，魯莽地拒絕尊重比他們高明的人們的意見，這就是邪惡無恥！

三、詩歌的檢查制度[9]

雅 ……適宜於高貴身體和寬宏心靈的各種舞蹈我已經描繪過了。現在還有必要來研究一下醜陋的人物和思想，喜劇裡旨在逗笑的，在風格，歌調和舞蹈各方面都帶有喜劇性的那些因素，以及這些因素所提供的模仿。對立面都不能沒有對立面，沒有可笑的事物，嚴肅的事物就不可理解，一個人可以理解到這兩方面，但是如果他多少有些德行，就不能在行動上同時做到嚴肅與可笑。正是由於這個道理，他應該學會懂得這兩方面，以免在無知中做出不合適的可笑的事，或是說出不合適的可笑的話——他應該叫奴隸們和雇來的異邦人來模仿這類可笑的事物，但是自己絕不能認眞的研究這種模仿，自由的男女[10]也不應該被人發現在學習這一套。這種模仿應該經常現出某種新奇的成分，我們就把這幾點在我們的法律裡和在我們的談論裡都規定下來，作爲關於叫作喜劇的那一類逗笑的

---

9 這一段選譯自卷七，816D至817E。

10 上文指的是奴隸主，這裡指的是自由民，自由民既非奴隸主，也非奴隸，大半是城市中經營工商業者。

娛樂的規章。

如果有哪一位寫悲劇的號稱嚴肅的詩人到我們這裡來，向我們說：「諸位異邦人，我們是否可以把我們的詩篇帶進你們的城邦來？關於這方面你們有什麼意旨賜教？」我們應該怎樣回答這些高明人呢？我的意思是應該這樣答覆他們：「高貴的異邦人，我們按照我們的能力也是些悲劇詩人，我們也創作了一部頂優美、頂高尚的悲劇。我們的城邦不是別的，它就模仿了最優美最高尚的生活，這就是我們所理解的眞正的悲劇。你們是詩人，我們也是詩人，是你們的同調者，也是你們的敵手。最高尚的劇本只有憑眞正的法律才能達到完善，我們的希望是這樣。所以你們不要設想我們會突然允許你們在市場搭起舞台，介紹你們這批演員的美妙的聲音，把我們自己的聲音掩蓋住，讓你們向我們的婦女們、兒童們以及一般平民來談論我們的制度，用的不是我們的語言，甚至是和我們的語言相反的語言。一個城邦如果還沒有由長官們判定你們的詩是否宜於朗誦或公布，就給你們允許證，它就是發了瘋。所以先請你們這些較柔和的詩神的子孫們把你們的詩歌交給我們的長官們看看，請他們拿它們和我們自己的詩歌比一比，如果它們和我們的一樣或是還更好，我們就給你們一個合唱隊[11]；否則就不能允許你們來表演。」我們就把這些規矩定爲一切舞蹈和舞蹈教學的法律；如果你不反對，把關於奴隸們的規定

11 參看第四十二頁註15。

和關於主子們的規定也分別開來。

根據Jowett的英譯本第三版譯

題解

《法律篇》是柏拉圖晚年寫的一部對話的初稿，在風格上雖然比不上其他對話的優美生動，但是代表柏拉圖的比較成熟的思想。《法律篇》有「第二理想國」的稱號，調子沒有《理想國》那麼高，但是比較著重政治法律教育各方面的實際具體問題。在詩和一般藝術的問題上，柏拉圖在《法律篇》裡所表現的態度比過去稍微緩和一點，過去他要清洗文藝，驅逐詩人，現在他只強調檢查制度。不過他的文藝要爲貴族統治服務的基本立場卻沒有改變，他的反民主的態度比過去更激烈。

對話的場所在克里特島。參加對話者除雅典客人以外有克里特人克雷尼亞斯和斯巴達人麥格洛斯；本意是要代表三個城邦人的不同的觀點，事實上雅典客人始終是主要發言人：他當然就是柏拉圖的化身。

譯後記

——柏拉圖的美學思想

柏拉圖（西元前四二七至前三四七）出身於雅典的貴族階級，父母兩系都可以溯源到雅典過去的國王或執政。他早年受過很好的教育，特別是在文學和數學方面。到了二十歲，他就跟蘇格拉底求學，學了八年（西元前四〇七至前三九九），一直到蘇格拉底被當權的民主黨判處死刑爲止。老師死後，他和同門弟子們便離開雅典到另一個城邦墨伽拉，推年老的幽克立特爲首，繼續討論哲學。在這三年左右期內，他遊過埃及，在埃及學了天文學，考查了埃及的制度文物。到了西元前三九六年，他才回到雅典，開始寫他的對話。到了西元前三八八年他又離開雅典去遊義大利，應西西里島塞拉庫薩的國王的邀請去講學。他得罪了國王，據說曾被賣爲奴隸，由一個朋友贖回。這時他已四十歲，就回到雅典建立他的著名的學園，授徒講學，同時繼續寫他的對話，幾篇規模較大的對話如《斐東》、《會飲》、《斐德羅》和《理想國》諸篇都是在學園時代前半期寫作的。他在學園裡講學四十一年，來學的不僅雅典人，還有許多其他城邦的人，亞里斯多德便是其中之一。在學園時代後半期他又兩度（西元前三六七和前三六一）重遊塞拉庫薩，想實現他的政治理想，兩次都失望而回，回來仍舊講學寫對話，一直到八十一歲死時爲止。《法律篇》是他晚年的另一個理想國的綱領。

柏拉圖所寫的對話全部有四十篇左右，內容所涉及的問題很廣泛，主要的是政治、倫理教育以及當時爭辯激烈的一般哲學上的問題。美學的問題是作爲這許多問題的一部分零星地附帶地出現於大部分對話中的。專門談美學問題的只有他早年寫作的《大希庇亞斯》一篇，此外涉及美學問題較多的有《伊安》、《高爾吉亞》、《普羅達哥拉斯》、《會飲》、《斐德若》、《理想國》、《斐利布斯》、《法律》諸篇。

除掉《蘇格拉底的辯護》以外，柏拉圖的全部哲學著作都是用對話體寫成的。對話在文學體裁上屬於柏拉圖所說的「直接敘述」一類，在希臘史詩和戲劇裡已是一個重要的組成部分。柏拉圖把它提出來作爲一種獨立的文學形式，運用於學術討論，並且把它結合到所謂「蘇格拉底式的辯證法」。這種辯證法是由畢達哥拉斯和赫剌克利特等人的矛盾統一的思想發展出來的[1]，其特點在於側重揭露矛盾。在互相討論的過程中，各方論點的毛病和困難都像剝繭抽絲似的逐層揭露出來，這樣把錯誤的見解逐層駁倒之後，就可引向比較正確的結論。在柏拉圖的手裡，對話體運用得特別靈活，向來不從抽象概念出發而從具體事例出發，生動鮮明、以淺喻深、由近及遠、去僞存眞、層層深入，使人不但看到思想的最後成就或結論，而且看到活的思想的辯證發展過程。柏拉圖樹立了這種對話體的典範，後來許多思想家都採用過這種形式，但是至今還沒有人能趕得上他。柏拉圖的對話是希臘文學中一個卓越的貢獻。

但是柏拉圖的對話也給讀者帶來了一些困難。第一，在絕大多數對話中，蘇格拉底都是主角，柏拉圖自己在這些對話裡始終沒有出過場，我們很難斷定主要發言人蘇格拉底在多大程度上代表柏拉圖自己的看法。第二，這些對話裡充滿著所謂「蘇格拉底式的幽默」。他不

1 參看本書第二〇七至二一一頁《斐德羅篇》的題解：關於蘇格拉底式辯證法的說明。

僅時常裝傻瓜，說自己什麼都不懂，要向對方請教，而且有時模仿詭辯學派的辯論方式來譏諷他的論敵們，我們很難斷定哪些話是他的眞心話，哪些話是模擬論敵的諷刺話。第三，有些對話並沒有做出最後的結論（如《大希庇亞斯篇》），有些對話所做的結論彼此有時矛盾（例如就文藝對現實關係的問題來說，《理想國》和《會飲篇》的結論彼此有矛盾）。不過儘管如此，把所有的對話擺在一起來看，柏拉圖對於文藝所提的問題以及他所做的結論都是很明確的。總的來說，他所要解決的還是早期希臘哲學家所留下來的兩個主要問題，第一是文藝對客觀現實的關係，其次是文藝對社會的功用。此外，他所常涉及的藝術創作的原動力的問題，即靈感問題，也是德謨克利特早就關心的一個問題。

但是柏拉圖是在新的歷史情況下來提出和解決這些問題的。他的文藝理論是和當時現實緊密結合在一起的。首先我們應該記起當時雅典社會的劇烈的變化，貴族黨與民主黨的階級鬥爭到了白熱化的程度，貴族黨失勢了，民主黨當權了，舊的傳統動搖了，新的風氣開始建立了。柏拉圖是站在貴族階級反動的立場上的。在學術思想上他和代表民主勢力的詭辯學派（許多對話中的論敵）處在勢不兩立的敵對地位。在他看來，希臘文化在衰落，道德風氣在敗壞，而這種轉變首先要歸咎於詭辯學派所代表的民主勢力的興起，其次要歸咎於文藝的腐化的影響。他的親愛的老師在民主黨當權下，被法院以破壞宗教和毒害青年的罪狀判處死刑，這件事在他的思想感情上投下了一個濃密的陰影，更堅定了他的反民主的立場。他要按照他自己的理想，來糾正當時的他所厭惡的社會風氣，在新的基礎上來建立足以維持貴族統治的政教制度和思想基礎。他的一切哲學理論的探討都是從這個基本動機出發的。他在中年和晚年先後擬訂了兩個理想國的計畫，而且儘管遭到賣身爲奴的大禍，還兩度重遊塞拉庫薩，企圖實現他的政治理想。他對文藝方面兩大問題，也是從政治角度來提出和解決的。

其次，我們還須記起柏拉圖處在希臘文化由文藝高峰轉到哲學高峰的時代。在前此幾百年中統治著希臘精神文化的是古老的神話、荷馬的史詩、較晚起的悲劇喜劇以及與詩歌密切聯繫的音樂。這些是希臘教育的主要教材，在希臘人中發生過深廣的影響，享受過無上的尊敬。詩人是公認的「教育家」、「第一批哲人」、「智慧的祖宗和創造者」。照希臘文藝的光輝成就來看，這本是不足爲奇的。但是到了西元前五世紀，希臘文藝的鼎盛時代已逐漸過去。隨著民主勢力的開展，自由思想和自由辯論的風氣日漸興盛起來，古老的傳統和權威也就成爲辯論批判的對象。首先詭辯學家們就開始瓦解神話，認爲神是人爲著自然需要而假設的（見《斐德羅篇》）。但是也有一部分詭辯學家們以誦詩、講詩和論詩爲業，他們之中有一種風氣，就是把古代文藝作品看作寓言，愛在它們裡面尋求隱藏著的深奧的眞理，來證明那些作品的價值。這是一種情況。另一種情況就是在柏拉圖時代，希臘戲劇雖然已漸近尾聲，但仍然是希臘公民的一個主要的消遣方式。從《理想國》卷三涉及當時戲劇的地方看，柏拉圖對它是非常不滿的，認爲它迎合群衆的低級趣味，傷風敗俗。在《法律篇》裡柏拉圖還造了一個字來表現劇場觀衆的勢力，叫作「劇場政體」（Theatrocracy），說它代替了古老的貴族政體（Aristocracy），對國家危害很大。根據這兩種情況，從他所要建立的「理想國」的角度，柏拉圖對荷馬以下的希臘文藝遺產進行了全面的檢查，得出兩個結論，一個是文藝給人的不是眞理，一個是文藝對人發生傷風敗俗的影響。因此，他在《理想國》裡向詩人提出這兩大罪狀之後，就對他們下了逐客令，他認爲理想國的統治者和教育者應該是哲學家而不是詩人。過去一般資產階級學者把這場鬥爭描繪爲「詩與哲學之爭」，說柏拉圖站在哲學的立場，要和詩爭統治權。其實這只是從表面現象看問題，忽略了上面所提到的柏拉圖在政治上的基本動機，就是要在新的基礎上建立足以維持貴族統治的政教制度和思想基礎。他理想中的哲學家正是他理想中的貴族階級的上層人物。所以這場鬥爭骨子裡還是政治鬥爭。他控訴荷馬以下詩人們的那兩大罪狀，同時也是針對當時柏拉圖的政敵的——詩不表現眞理的罪狀，也針對著代表民主勢力的詭辯學者把詩當作寓言的論調；詩敗壞風俗的罪狀，也針對著民主政權統制下的戲劇和一般文娛活動。

在攻擊詩人的兩大罪狀裡，柏拉圖從他的政治立場去解決文藝對現實的關係和文藝的社會功用那兩個基本問題。現在先就這兩個問題進一步說明柏拉圖的美學觀點。

一、文藝對現實世界的關係

對於文藝與現實的關係，柏拉圖的思想裡存在著深刻的矛盾，就是在《理想國》卷十裡，在控訴詩人時，他把所謂「理式」認爲是感性客觀世界的根源，卻受不到感性客觀世界的影響；在《會飲篇》裡第俄提瑪啓示的部分，他卻承認要認識理式世界的最高的美，須從感性客觀世界中個別事物的美出發，因此他對藝術和美就有兩種互相矛盾的看法，一種看法是藝術只能模仿幻象，見不到眞理（理式）；另一種看法是美的境界是理式世界中的最高境界，眞正的詩人可以見到最高的眞理，而這最高的眞理也就是美。

先說他在《理想國》卷十裡的看法。在這裡他採取了早已在希臘流行的模仿說，那就是把客觀現實世界看作文藝的藍本，文藝是模仿現實世界的。不過柏拉圖把這種模仿說放在他的客觀唯心主義的基礎上，因而改變了它原來的樸素的唯物主義的涵義。依他看，我們所理解的客觀現實世界並不是眞實的世界，只有理式世界才是眞實的世界，而客觀現實世界只是理式世界的摹本。用他自己的實例來說，床有三種：第一是床之所以爲床的那個床的「理式」（Idea，不依存於人的意識的存在，所以只能譯為「理式」，不能譯為「觀念」或「理念」）；其次是木匠依床的理式所製造出來的個別的床；第三是畫家模仿個別的床所畫的床。這三種床之中只有床的理式，即床之所以爲床的道理或規律，是永恆不變的，爲一切個別的床所自出，所以只有它才是眞實的。木匠製造個別的床，雖根據床的理式，卻只模仿得床的理式的某些方面，受到時間、空間、材料，用途種種有限事物的限制。床與床不同，適合於某一張床的不一定適合於其他的床。這種床既沒有永恆性和普遍性，所以不是眞實的，只是一種「摹本」或「幻象」。至於畫家所畫的床雖根據木匠的床，他所模仿的卻只是從某一角度看的床的外形，不是床的實體，所以更不眞實，只能算是「摹本的摹本」、「影子的影子」、「和眞理隔著三層」。[2]從此可知，柏拉圖心目中有三種世界，理式世界、感性的現實世界和藝術世界。藝術世界是由摹仿現實世界來的，現實世界又是摹仿理式世界來的，這後兩種世界同是感性的，都不能有獨立的存在，只有理式世界才有獨立的存在，永駐不變，爲兩種較低級的世界所自出。換句話說，藝術世界依存於現實世界，現實世界依存於理式世界，而理式世界卻不依存於那兩種較低級的世界。這也就是說，感性世界依存於理性世界，而理性世界卻不依存於感性世界，理性世界是第一性的，感性世界是第二性的，文藝世界是第三性的。柏拉圖形而上學地使理性世界脫離感性世界而孤立化、絕對化了。這裡我們可以看出，柏拉圖的客觀唯心主義哲學系統是和他的形而上學的思想方法分不開的。

但是在《會飮篇》第俄提瑪的啓示裡，柏拉圖說明美感教育（其實也就是他所理解的哲學教育）的過程，卻提出與上文所說的相矛盾的一個看法。他說受美感教育的人「第一步應從只愛某一個美形體開始」，「第二步他就應學會了解此一形體或彼一形體的美與一切其他形體的美是貫通的。這就是要在許多個別美形體中見出形體美的形式」（這「形式」就是「概念」），再進一步他就要學會「把心靈的美看得比形體的美更可珍貴」。如此逐步前進，由「行爲和制度的美」，進到「各種學問知識」的美，最後達到理式世界的最高的美。

2 參看本書第九〇至九四頁。

「這種美是永恆的，無始無終，不生不滅，不增不減的。」[3]

從這個進程看，人們的認識畢竟以客觀現實世界中個別感性事物為基礎，從許多個別感性事物中找出共同的概念，從局部事物的概念上升到全體事物的總的概念。這種由低到高，由感性到理性，由局部到全體的過程正是正確的認識過程。在這裡柏拉圖思想中具有辯證的因素。他的錯誤在於辯證不徹底，「過河拆橋」，把本是由綜合個別事物所得到的概念孤立化、絕對化，使它成為永恆不變的「理式」。本來概念是一般，是現象的規律和內在本質，的確比個別現象重要。柏拉圖把這「一般」絕對化了，認為只有它才是眞實的，沒有看到「一般之中有特殊，特殊之中有一般」的一條基本的辯證的原則。這裡我們可以更清楚地看到，柏拉圖的形而上學和他的客觀唯心主義哲學系統是分不開的。

同時我們還要認識到意識形態畢竟為它所自出的社會基礎服務。柏拉圖的「理式世界」正是宗教中「神的世界」的摹本，也正是政治中貴族統治的摹本。無論是在古代還是在近代，唯心哲學都是神權社會的影子。神權是統治階級麻痹被統治者的工具，過去的君主都是「天子」，高高在上，「代天行命」。柏拉圖要保衛正在沒落的雅典貴族統治，必然要保衛正在動搖的神權觀念。他強調理式的永恆普遍性，其實就是強調貴族政體（他認為這是體現理式的）的永恆普遍性，他攻擊荷馬和悲劇家們的理由之一就是他們把神寫得像人一樣壞，

3 參看本書第三一〇至三一一頁。

他說「要嚴格禁止神和神戰爭、神和神搏鬥、神謀害神之類故事」，而且制定了一條詩人必須遵守的法律：「神不是一切事物的因，只是好的事物的因」（《理想國》卷三），要保衛神權，就要有一套保衛神權的哲學。柏拉圖的「理式」正是神，他的客觀唯心主義正是保衛神權的哲學，也正是保衛貴族統治的哲學。

由於在認識論方面柏拉圖有這兩種互相矛盾的看法，一種以爲理性世界是感性世界的根據，超感性世界而獨立，另一種以爲要認識理性世界，卻必須根據感性世界而進行概括化，所以他對藝術摹仿的看法也是自相矛盾的。從表面看，他肯定藝術摹仿客觀世界，好像是肯定了藝術的客觀現實的基礎以及藝術的形象性。但是他否定了客觀現實世界的眞實性，否定了藝術能直接摹仿「理式」或眞實世界，這就否定了藝術的眞實性。他所了解的模仿只是感性事物外貌的抄襲，當然見不出事物的內在本質。藝術家只是像照相師一樣把事物的影子攝進來，用不著什麼主觀方面的創造的活動。這種看法顯然是一種極庸俗的自然主義的，反現實主義的看法。由於對於藝術摹仿有了這種庸俗的歪曲的看法，所以藝術和詩的地位就擺得很低。它只是「摹本的摹本」、「影子的影子」、「和眞理隔著三層」。但是柏拉圖心目中有兩種詩和詩人。在《斐德羅篇》裡他把人分爲九等，在這九等之中第一等人是「愛智慧者、愛美者、或是詩神和愛神的頂禮者」，此外又還有所謂「詩人或其他摹仿的藝術家」，列在第六等，地位在醫卜星相之下。很顯然，柏拉圖在《理想國》裡所攻擊的詩人和藝術家是屬於「摹仿者」一類的，即第六等人，絕不是他在這裡所說的第一等人。這第一等人就是

《會飲篇》裡所寫的達到「美感」教育的最高成就的人。

這裡就有一個重要的問題：這第一等人和第六等人的分別在哪裡呢？彼此有沒有關係？如果把這個問題弄清楚，我們也就可以看出柏拉圖的藝術概念和美的概念都建築在鄙視群眾，鄙視勞動實踐和鄙視感性世界的哲學基礎上。

第一，我們須記起希臘人所了解的「藝術」（tekhne）和我們所了解的「藝術」不同。凡是可憑專門知識來學會的工作都叫作「藝術」，音樂、雕刻、圖畫、詩歌之類是「藝術」；手工業、農業、醫藥、騎射、烹調之類也還是「藝術」。我們只把「藝術」限於前一類事物，至於後一類事物我們則把它們叫作「手藝」、「技藝」或「技巧」。希臘人卻不做這種分別。這個歷史事實說明了希臘人離藝術起源時代不遠，還見出所謂「美的藝術」和「應用藝術」或手工藝的密切關係。但是還有一個歷史事實，就是在古希臘時代雕刻、圖畫之類藝術，正和手工業和農業等等生產勞動一樣，都是由奴隸和勞苦的平民去做的，奴隸主、貴族是不屑做這種事的。他們對「藝術」的鄙視，很像過去中國封建階級對於「匠」的鄙視。在希臘，「藝術家」就是「手藝人」或「匠人」，地位是卑微的。笛爾斯在《古代技術》裡說過：「就連斐狄阿斯這樣卓越的雕刻大師在當時也只被看作一個手藝人。」[4] 柏拉圖採取了當時一般奴隸主這樣輕視藝術技巧的態度。這一方面是由於他輕視奴隸和平民所從事的生產勞動，而技巧

4 阿斯木斯的《古代思想家論藝術》的序論第九頁所引。

或技術一般是與生產勞動分不開的，另一方面也由於他痛恨詭辯學派，而詭辯學派中有許多人爲著教學的自的，愛談文藝和修辭學的技巧，並且寫了許多這一類的課本。柏拉圖對詭辯學派所談的技巧一碰到機會就大加諷刺。在他看來，藝術創作的首要條件不是技巧而是靈感，沒有靈感，無論技巧怎樣熟練，也絕不能成爲大詩人。關於這一點，我們下文還要詳談，現在只說柏拉圖所說的第一等人，「愛智慧者、愛美者、詩神和愛神的頂禮者」，正是神靈憑附，得到靈感的人。他有意要拿這「第一等人」和普通的「詩人和其他模仿的藝術家」對立，來降低這些「第六等人」的身分；而他所謂「愛智慧者、愛美者、詩神和愛神的頂禮者」正是柏拉圖理想中的「哲學家」，也就是貴族階級中的文化修養最高的代表，至於那「第六等人」、「詩人和其他模仿的藝術家」則是運用技巧知識從事生產勞動的「手藝人」。所以柏拉圖對普通的「詩人和其他模仿的藝術家」的輕視是有階級根源的。

特別值得注意的是柏拉圖心目中的「愛智慧者、愛美者、詩神和愛神的頂禮者」並無須創作藝術作品，而他們所「愛」的「美」也不是藝術美。柏拉圖在他的兩篇最成熟的對話裡——《會飲篇》和《斐德羅篇》——都用輝煌燦爛的詞句描寫了這些「第一等人」所達到的最高境界：

> 這時他憑臨美的汪洋大海，凝神觀照，心中起無限欣喜，於是孕育無數的優美崇高的道理，得到豐富的哲學收獲。如此精力彌滿之後，他終於一旦豁然貫通唯一的涵蓋一

切的學問，以美為對象的學問。

——《會飲篇》[5]

那時隆重的入教典禮所揭開給我們看的那些景象全是完整的、單純的、靜穆的、歡喜的，沉浸在最純潔的光輝之中讓我們凝視。

——《斐德羅篇》[6]

從此可知，人生的最高理想是對最高的永恆的「理式」或眞理的「凝神觀照」，這種眞理才是最高的美，是一種不帶感性形象的美，凝神觀照時的「無限欣喜」便是最高的美感，柏拉圖把它叫作「神仙福分」。所謂「以美爲對象的學問」並不是我們所理解的美學，這裡「美」與「眞」同義，所以它就是哲學。這種思想有兩個要點，第一個要點是「凝神觀照」爲審美活動的極境，美到了最高境界只是認識的對象而不是實踐的對象，它也不產生於實踐活動。這個看法正是馬克思在《費爾巴哈論綱》裡所說的[7]從「直觀」去掌握現實而不是從「實踐」去掌握現實。在美學方面這種思想方法從古希臘起一直蔓延到馬克思主義興起爲

5　參看本書第三一一頁。

6　參看本書第一五五頁。

7　參看《馬克思恩格斯文選》（兩卷集）第二卷四〇二頁第五條。

止。柏拉圖在這方面起了深遠的影響。他輕視實踐也還是和他輕視勞苦大衆的生產勞動分不開的。凝神觀照理式說的第二個要點是審美的對象不是藝術形象美而是抽象的道理。他對感性世界這樣輕視，正是要抬高他所號召的「理式」和「哲學」，結果是用哲學代替了藝術。這是他從最根本的認識論方面，即從藝術對現實關係方面，否定了藝術的崇高地位。在這方面，他對後來黑格爾的美學思想起了深刻影響。黑格爾不但也把藝術看得比哲學低，而且在辯證發展的頂端，也讓哲學吞噬了藝術。

這裡就有一個問題，柏拉圖所說的第六等人即「詩人和其他模仿的藝術家」們的作品能不能拿「美」字來形容呢？柏拉圖並不否定一般藝術美，而且在他早年寫的《大希庇亞斯篇》對話裡專門討論了藝術和其他感性事物的美。他逐一分析了一些流行的美的定義，例如「美就是有用的」、「美是恰當的」、「美就是視覺和聽覺所生的快感」、「美就是有益的快感」等等，發現每一個定義在邏輯上都不圓滿，但是最後並沒有得到一個圓滿的結論。從後來的一些對話看，柏拉圖對於感性事物的美有三種不同的看法。第一種就是在《大希庇亞斯篇》已經提到的「效用」的看法，這其實是他的老師蘇格拉底的看法。就是從效用觀點，柏拉圖在《理想國》和《法律篇》裡權衡哪些種類藝術還可以留在理想國裡。第二種就是他在《理想國》裡所提出的模仿的看法。藝術模仿感性事物，感性事物又模仿「理式」，而「理式」是美的最後的也是最高的根源，所以直接或間接模仿「理式」的東西也就多少「分享」到理式的美。就藝術來說，它所得到的只是眞正的美的「影子的影子」，所以是微不足道的。第三種就是他在《斐德若篇》結合「靈魂輪迴」說所提出的一種神祕的看法，就是感性事物的美是由靈魂隱約「回憶」到未依附肉體以前在天上所見到的眞美。兩個看法都把藝術美看作絕對美的影子。這兩種看法和「效用」觀點之間有深刻的矛盾。因爲效用觀點替美找到了社會基礎，而另外那兩種看法則設法在另一世界找美的基礎。這種矛盾是根本無法統一的。

柏拉圖把感性事物（藝術在內）的美，看成只是理式美的零星的，模糊的模本。這種思想所隱含的意義是：美不能沾染感性形象，一沾染到感性形象，美就變成不完滿的。這是把形而上學的客觀唯心主義哲學推演到極端的一種結論。在這方面，黑格爾比柏拉圖就前進了一大步，他肯定了理念與感性形象統一之後才能有美。

就文藝與現實的關係來說，柏拉圖還有一個看法是值得一提的，那就是現實美高於藝術美，因爲現實美和「理式」的絕對美只隔兩層，而藝術美和它就要隔「三層」[8]。在《理想國》卷十裡他質問荷馬說：

親愛的荷馬，如果像你所說的，談到品德，你並不是和眞理隔著三層，不僅是影像製造者，不僅是我們所謂模仿者，如果你和眞理只隔著兩層，知道人在公私兩方面

---

8 參看本書第九十三頁註7。

用什麼方法可以變好或變壞，我們就要請問你，你曾經替哪一國建立過一個較好的政府？……世間有哪一國稱呼你是它的立法者和恩人？[9]

在柏拉圖看來，斯巴達的立法者來古格士和雅典的立法者梭倫才是偉大的詩人，而他們所制定的法律才是偉大的詩，荷馬儘管偉大，還比不上這些立法者。荷馬只歌頌英雄，柏拉圖譏笑他說，他對英雄不會有眞正的認識，否則「他會寧願做詩人所歌頌的英雄，不願做歌頌英雄的詩人」。他的這種思想到老未變，在《法律篇》卷七裡他假想有悲劇詩人要求入境獻技，他該這樣答覆他們：

> 高貴的異邦人，我們按照我們的能力也是悲劇詩人，我們也創作了一部頂優美、頂高尚的悲劇。我們的城邦不是別的，它就模仿了最優美、最高尚的生活，這就是我們所理解的真正的悲劇。你們是詩人，我們也是詩人，是你們的同調者，也是你們的敵手。最高尚的劇本只有憑真正的法律才能達到完善，我們的希望是這樣。[10]

9 參看本書第九十六頁。
10 參看本書第三五九頁。

這就是說，建立一個城邦的法律比創作一部悲劇要美得多、高尚得多。這種思想當然有片面的眞理，但是柏拉圖也形而上學地把它絕對化了。如果有了實際生活便不要藝術，藝術不就成爲多餘的、無用的活動了嗎？

二、文藝的社會功用

柏拉圖攻擊詩，並非由於他不懂詩或是不愛詩，他對詩的深刻影響是有親身體會的。在《理想國》卷十裡責備荷馬的詩有毒素之後，還這樣道歉：

> 我的話不能不說，雖然我從小就對於荷馬養成了一種敬愛，說出來倒有些於心不安。荷馬的確是悲劇詩人的領袖。不過尊重人不應該勝於尊重眞理，我要說的話還是不能不說。[11]

因爲他認識到詩和藝術的深刻影響，所以在制定理想國計畫時，便不能不嚴肅地對待這種影

11 參看本書第八十八至八十九頁。

響。「理想國」有一個重大的任務，就是「保衛者」或統治者的教育，所以柏拉圖首先要解決的問題就是詩和藝術在這種教育裡應該占什麼地位。教育計畫要根據培養目標，培養目標既然是一種理想的「保衛城邦」的人，一種他所謂有「正義」的人，那就要問；什麼才算是有「正義」的人或理想人？柏拉圖對於理想人的看法是和他對於理想國的看法分不開的。理想國的理想是「正義」，所謂「正義」就是城邦裡各個階級都站在他們所應站的崗位、應統治的統治、應服從的服從，形成一種和諧的有機整體。柏拉圖把理想國的公民分成三個等級，最高的是哲學家，其次是戰士，最低的是農工商。這後兩個等級都要聽命於哲學家，國家才能有「正義」。馬克思在《資本論》卷一裡對柏拉圖的這種等級劃分曾說過：「在柏拉圖的『理想國』裡，分工是城邦的基本原則，它不過是就埃及的等級制加以雅典式的理想化。」[12]這就是說，柏拉圖要在雅典的情況下，把埃及的等級制加以改良，其目的當然仍在維護貴族統治。柏拉圖還把這種等級劃分應用到人身上去。人的性格中也有三個等級，相當於哲學家的是理智，相當於戰士的是意志，相當於農工商的是情慾。人的性格要達到「正義」、意志和情慾也就要受理智的統治。柏拉圖既然定了這樣的教育理想，他就追問：當時教育的主要途徑、荷馬史詩、悲劇或喜劇以及與詩歌相關的音樂能否促成這種教育理想的實現呢？能否培養成能「保衛」理想國的理想人呢？

12 參看《資本論》第一卷，人民出版社，一九五三年，第四四三頁。

他先就這些文藝作品的內容仔細檢查了一番，發現荷馬和悲劇詩人們把神和英雄們描寫得和平常人一樣滿身是毛病，互相爭吵、欺騙、陷害；貪圖酒食享樂、既愛財、又怕死、遇到災禍就哀哭，甚至姦淫擄掠，無所不爲。在柏拉圖看來，這樣的榜樣絕不能使青年人學會眞誠、勇敢、鎭靜、有節制，絕不能培養成理想國的「保衛者」。

柏拉圖談到這裡，還對文藝的影響做了一些心理的分析，他說：「模仿詩人既然要討好群衆，顯然就不會費心思來模仿人性中的理性的部分，……他會看重容易激動情感和容易變動的性格，因爲它最便於模仿。」這裡所說的「情感」指的特別是與悲劇相關的「感傷癖」和「哀憐癖」。感傷癖是「要盡量哭一場，哀訴一番」那種「自然傾向」。在劇中人物是感傷癖，在聽衆就是哀憐癖。這些自然傾向本來是應受理智節制的。悲劇性的文藝卻讓它盡量發洩，使聽衆暫圖一時快感，「拿旁人的災禍來滋養自己的哀憐癖」，以致臨到自己遇見災禍時，就沒有堅忍的毅力去擔當。喜劇性的文藝則投合人類「本性中詼諧的慾念」，本來是你平時引以爲恥而不肯說的話、不肯做的事，到表演在喜劇裡「你就不嫌它粗鄙，反而感到愉快」，這樣就不免使你「於無意中染到小丑的習氣」。此外，像性慾、忿恨之類情慾也是如此，「它們都理應枯萎，而詩卻灌溉它們，滋養它們。」總之，從柏拉圖的政治教育觀點去看，荷馬史詩以及悲劇和喜劇的影響都是壞的，因爲它們既破壞希臘宗教的敬神和崇拜英雄的中心信仰，又使人的性格中理智失去控制，讓情慾那些「低劣部分」得到不應有的放縱和滋養，因此就破壞了「正義」。

此外，柏拉圖還檢查了文藝模仿方式對於人的性格的影響。依他的分析，文藝模仿方式不外三種。頭一種是完全用直接敘述，如悲劇和喜劇；第二種是完全用間接敘述，「只有詩人在說話」，如頌歌；第三種是前兩種方式的混合，如史詩和其他敘事詩。柏拉圖認爲第二種方式最好，最壞的是戲劇性的模仿。他反對理想國的保衛者從事於戲劇模仿或扮演。這有兩個理由，第一個理由是一個人不能同時把許多事做好，保衛者應該「專心致志地保衛國家的自由」、「不應該模仿旁的事」；第二個理由是演戲者經常模仿壞人壞事或是軟弱的人和軟弱的事，習慣成自然，他的純潔專一的性格就會受到傷害。

根據這種種考慮，柏拉圖在《理想國》卷三裡向詩人們下了這樣一道逐客令：

如果有一位聰明人有本領模仿任何事物，喬扮任何形狀，如果他來到我們的城邦，提議向我們展覽他的身子和他的詩，我們要把他當作一位神奇而愉快的人物看待。向他鞠躬敬禮；但是我們也要告訴他：我們的城邦裡沒有像他這樣的一個人，法律也不准許有像他這樣的一個人，然後把他塗上香水、戴上毛冠，請他到旁的城邦去。至於我們的城邦，我們只要一種詩人和故事作者：沒有他那副悅人的本領而態度卻比他嚴肅；他們的作品須對於我們有益；須只摹仿好人的言語，並且遵守我們原來替保衛者們設計教育時所訂的那些規範。[13]到寫《理想國》卷十時，他又把這禁令重申一遍，說得更乾脆：

你心裡要有把握，除掉頌神的和讚美好人的詩歌以外，不准一切詩歌闖入國境。如果你讓步，准許甘言蜜語的抒情詩或史詩進來，你國家的皇帝就是快感和痛感，而不是法律和古今公認的最好的道理了。[14]

到他晚年設計第二理想國寫《法律篇》對話時，他又下了一道詞句較和緩而實質差別甚微的禁令。從這三道禁令我們可以看出柏拉圖要對當時文藝大加「清洗」的用心是非常堅決的。經過這樣大清洗之後，理想國裡還剩下什麼樣的文藝呢？主要的是歌頌神和英雄的頌詩，這種頌詩在內容上只准說好、不准說壞；在形式上要簡樸，而且像《法律篇》所規定的，應該像埃及建築雕刻那樣，固守幾種傳統的類型風格，代代相傳，「萬年不變」。《理想國》完全排斥了戲劇，《法律篇》略微放鬆了一點，劇本須經過官方審查，不能有傷風敗俗的內

13 參看本書第七十至七十一頁。
14 參看本書第一一〇頁。

容，至於喜劇還規定只能由奴隸和雇佣的外國人來扮演。此外，柏拉圖還特別仔細地檢查了音樂。在當時流行的四種音樂之中，他反對音調哀婉的呂底亞式和音調柔緩文弱的伊俄尼亞式，只准保留音調簡單嚴肅的多里斯式和激昂的戰鬥意味強的佛律癸亞式。他的關於音樂的判決書不僅表現出他對於音樂的理想，也表現出他對於一般文藝的理想，值得把原文引在這裡：

我們准許保留的樂調要是這樣：它能很妥帖地模仿一個勇敢人的聲調，這人在戰場和在一切危難境遇都英勇堅定，假如他失敗了，碰見身邊有死傷的人，或是遭遇到其他災禍，都抱定百折不撓的精神繼續奮鬥下去。此外我們還要保留另一種樂調。它須能模仿一個人處在和平時期，做和平時期的自由事業，……謹慎從事，成功不矜，失敗也還是處之泰然。這兩種樂調，一種是勇猛的，一種是溫和的；一種是逆境的聲音，一種是順境的聲音；一種表現勇敢，一種表現聰慧。我們都要保留下來。[15]

總觀以上的敘述，在文藝對社會的功用問題上，柏拉圖的態度是非常明確的。他對於希臘文藝遺產的否定，並不是由於他認識不到文藝的社會影響，而是正由於他認識到這種影

15 參看本書第七十三頁。

響的深刻。在許多對話裡他時常回到文藝的問題，在《理想國》裡他花了全書四分之一的篇幅反覆討論文藝，對於希臘文藝名著，幾乎是逐章逐句地加以仔細檢查。假如他不看重文藝的社會功用，他就不會這樣認眞耐煩。他的基本態度可以用這樣幾句話來概括：文藝必須對人類社會有用，必須服務於政治，文藝的好壞必須首先從政治標準來衡量，如果從政治標準看，一件文藝作品的影響是壞的，那麼，無論它的藝術性多麼高，對人的引誘力多麼大，哪怕它的作者是古今崇敬的荷馬，也須毫不留情地把它清洗掉。柏拉圖在西方是第一個人明確地把政治教育效果定作文藝的評價標準，對盧梭和托爾斯泰的藝術觀點都起了一些影響。近代許多資產階級、文藝理論家往往特別攻擊柏拉圖的這個政治第一的觀點，其實一切統治階級都是運用這個標準，不過不常明說而已。

三、文藝才能的來源——靈感說

除掉上述兩個主要的問題以外，柏拉圖在對話集裡還時常談到一個問題，就是文藝創作的才能是從哪裡來的？詩人憑借什麼寫出他們的偉大的詩篇？他的答案是靈感說，但是對所謂靈感有兩種不同的解釋。

第一種解釋是神靈憑附到詩人或藝術家身上，使他處在迷狂狀態，把靈感輸送給他，暗中操縱著他去創作。這個解釋是在最早的一篇對話——《伊安》——裡提出來的。伊安是一個以誦詩爲職業的說書人，蘇格拉底追問他誦詩和作詩是否都要憑一種專門技藝知識。反覆討論所得的結論是：無論是荷馬或是伊安本人，儘管在歌詠戰爭，卻沒有軍事的專門知識；儘管在描寫鞋匠，卻沒有鞋匠的專門知識。至於詩歌本身是怎樣一種專門技藝，憑借什麼知識，伊安始終說不出。當時修辭家們雖然也替詩訂了一些規矩，但是學會這套規矩，還是不一定就能作詩，因此柏拉圖就斷定文藝創作並不憑借什麼專門技藝知識而是憑靈感。他說，靈感就像磁石：

> 磁石不僅能吸引鐵環本身，而且把吸引力傳給那些鐵環，使它們也像磁石一樣，能吸引其他鐵環，有時你看到許多個鐵環互相吸引著，掛成一條長鎖鍊，這些全從一塊磁石得到懸在一起的力量。詩神就像這塊磁石，她首先給人靈感，得到這靈感的人們又把它遞傳給旁人，讓旁人接上他們，懸成一條鎖鍊。凡是高明的詩人，無論在史詩或抒情詩方面，都不是憑技藝來作成他們的優美的詩歌，而是因為他們得到靈感，有神力憑附著。16

16 參看本書第九頁。

因此，詩人是神的代言人，正像巫師是神的代言人一樣，詩歌在性質上也和占卜預言相同，都是神憑依人所發的詔令。神輸送給詩人的靈感，又由詩人輾轉輸送給無數的聽眾，正如磁石吸鐵一樣。這樣，柏拉圖就解釋了文藝何以能引起聽眾的欣賞以及文藝的深遠的感染力量。

靈感的第二種解釋是不朽的靈魂從前生帶來的回憶。這個解釋是在《斐德羅篇》裡提出來的。依柏拉圖的神祕的觀點看，靈魂依附肉體，只是暫時現象，而且是罪孽的懲罰。依附了肉體，靈魂就彷彿蒙上一層障，失去它原來的眞純本色，認識眞善美的能力也就因此削弱。但是靈魂在本質上是努力向上的，脫離肉體之後（即死後），它還要飛升到天上神的世界，即眞純靈魂的世界。它飛升所達到的境界高低，就要看它努力的大小和修行的深淺。修行深，達到最高境界，它就能掃去一切塵障，如其本然地觀照眞實本體，即盡善盡美，永恆普遍的「理式」世界。這樣，到了它再度依附肉體，投到人世生活時，人世事物就使它依稀隱約地回憶到它未投生人世以前在最高境界所見到的景象，這就是從摹本回憶到它所根據的藍本（理式）。由摹本回憶到藍本時，它不但隱約見到「理式」世界的美的景象，而且還隱約追憶到生前觀照那美的景象時所起的高度喜悅，對這「理式」的影子（例如美人或美的藝術作品）欣喜若狂，油然起眷戀愛慕的情緒。這是一種「迷狂」狀態，其實也就是「靈感」的徵候。在這種迷狂狀態中，靈魂在像發酵似的滋生發育，向上奮發。愛情如此，文藝的創造和欣賞也是如此，哲學家對智慧的愛慕也是如此。所以柏拉圖的「第一等人」，「愛智慧者、愛美者、詩神和愛神的頂禮者」都是從這同一個根源來的。在柏拉圖的許多對話裡，特別是在《斐德羅篇》和《會飲篇》裡，常拿詩和藝術與愛情相提並論，也就因爲無論是文藝還是愛情，都要達到靈魂見到眞美的影子時所發生的迷狂狀態。

唯心哲學都是和宗教上神的信仰分不開的。柏拉圖的靈感說的最後根據還是希臘神話。按照希臘神話，人的各種技藝如占卜、醫療、耕種、手工業等等都是由神發明，由神傳授的。每種技藝都有一個負專責的護神。詩歌和藝術的總的最高的護神是阿波羅，底下還有九個女神，叫作繆斯。柏拉圖說文藝須憑神力或靈感，正是肯定希臘神話中的古老的傳說。至於靈魂輪迴說本是東方一些宗教中的信仰，大概是由埃及傳到希臘的。除掉這個宗教的根源以外，柏拉圖的靈感說和迷狂說和上文已提到的貴族階級鄙視與生產勞動有關的技藝，以及蘇格拉底派學者鄙視詭辯學派高談技藝規矩兩個事實也是分不開的。

很顯然，靈感說基本上是神祕的反動的。它的反動性特別表現在它強調文藝的無理性。在《伊安篇》裡柏拉圖一再提到這一點：

> 酒神的女信徒們受酒神憑附，可以從河水中汲取乳蜜，這是她們在神志清醒時所不能做的事。抒情詩人的心靈也正像這樣。……不得到靈感，不失去平常理智而陷入迷

狂，就沒有能力創造，就不能作詩或代神說話。[17]

神對於詩人們像對於占卜家和預言家一樣，奪去他們的平常理智，用他們做代言人，正因為要使听眾知道，詩人並非藉自己的力量在無知無覺中說出那些珍貴的詞句，而是由神憑附著來向人說話。[18]（重點是引用者加的）

這種拿文藝與理智相對立的反動觀點，後來在西方發生過長遠的毒害影響。新柏拉圖派的普洛丁（西元二〇五至二七〇）結合柏拉圖的靈感說與東方宗教的一些觀念，又把藝術無理性說推進了一步，成爲中世紀基督教世界文藝思潮中的一個主要的流派。這種反理性的文藝思想到了資本主義末期就與反動的浪漫主義和頽廢主義結合在一起。康德的美不帶概念的形式主義的學說對這種發展也起了推波助瀾的作用。此後尼采的「酒神精神」說、柏格森的直覺說和藝術的催眠狀態說、弗洛伊德的藝術起源於下意識說、克羅齊的直覺表現說以及薩特的存在主義，雖然出發點不同，推理的方式也不同，但是在反理性一點上，都和柏拉圖是一鼻孔出氣的。

17 參看本書第九至十頁。

18 參看本書第十頁。

柏拉圖在提出靈感說時卻也見出一些與文藝創作有關的重要問題。首先是理智在藝術中的作用問題。他也看到單憑理智不能創造文藝，文藝創造活動和抽象的邏輯思考有所不同，他的錯誤在於把理智和靈感完全對立起來，既形而上學地否定理智的作用，又對靈感加以不科學的解釋。這是和他把詩和哲學完全對立起來的那個基本出發點分不開的。其次是藝術才能與技藝修養的問題。他也看出單憑技藝知識不能創造文藝，詩人與詩匠是兩回事，他的錯誤也正在把天才和人力完全對立起來，既把天才和靈感等同起來，又形而上學地否定技藝訓練的作用。這是和他鄙視勞動人民和生產實踐的基本態度分不開的。不過在這問題上他又前後自相矛盾。在《伊安篇》裡他完全否定了技藝知識，而在《斐德羅篇》裡他又說文學家要有三個條件。「第一是生來就有語文的天才，其次是知識，第三是訓練。」但是總的說來，他是輕視技藝訓練而片面地強調天才與靈感的。第三是藝術的感染力問題。他的磁石吸引鐵環的譬喻生動地說明了藝術的感染力既深且廣，而且起團結聽眾的作用。這個思想和托爾斯泰的感染說很有些類似，只是他把感染力的來源擺在靈感上而不擺在人民大眾的實踐生活以及作品內容的眞實性與藝術性上，這也說明了他對藝術本質的認識根本是錯誤的。

四、結束語

柏拉圖的一般哲學思想和美學思想都是從他要在雅典民主勢力上升時代竭力維護貴族統治的基本政治立場出發的。他的客觀唯心主義哲學就是一種藉維護神權而維護貴族統治的哲學。他的永恆的「理式」就是神，所居的地位也正是高高在上的貴族地位。只有貴族階級中文化修養最高的人（「愛智慧者」）才有福分接近這種高不可攀的「理式」，只有根據這種理式，在人身上才能保證理智的絕對控制，意志和情慾的絕對服從；也只有根據這種理式，在國家裡才能保證哲學家和「保衛者們」的絕對統治，其他階級的絕對服從。這樣，才能達到理想人和理想國的目的，即柏拉圖所謂「正義」。從這個基本立場出發，柏拉圖鄙視理式世界以下的感性世界、鄙視與肉體有關的本能、情感和慾望、鄙視哲學家和「保衛者們」以外的勞苦大眾、鄙視哲學家的觀照以外的實踐活動以及和實踐活動有關的技藝。

從這個基本立場出發，柏拉圖對早期希臘思想家所留下來的美學上兩大主要問題提出了極明確的答案。

就文藝對現實世界的關係來說，他歪曲了希臘流行的模仿說，雖然肯定了文藝模仿現實世界。卻否定了現實世界的真實性，因而否定了文藝的真實性，這也就是否定了文藝的認識作用。這是反現實主義的文藝思想。

就文藝的社會功用來說，柏拉圖明確地肯定了文藝要爲社會服務，要用政治標準來評價。他要文藝服務的當然是反動政治。在這問題上他也有兩個極不正確的看法。第一是他因爲要強調政治標準，就抹煞了藝術標準。其次他因爲要使理智處於絕對統治的地位，就不惜壓抑情感，因而他理想中的文藝不是起全面發展的作用，而是起畸形發展的作用，即摧殘情感去片面地發揚理智。

就文藝創作的原動力來說，柏拉圖的靈感說抹煞了文藝的社會源泉。只見出藝術的社會功用而沒有見出藝術的社會源泉，就還不算眞正認識到文藝與社會生活的血肉關係。此外，他的迷狂說宣揚了反理性主義。這種反理性的文藝思想在長期爲基督教所利用以後，又爲頹廢主義種下了種子。

柏拉圖的兩個基本的文藝觀點，文藝不表現眞理和文藝起敗壞道德的作用，都遭到他的弟子亞里斯多德的批判，亞理斯多德在《詩學》裡說明了詩的眞實比歷史的眞實更帶有普遍性，符合可然律與必然律，而且詩起於人類的愛好模仿（即學習）和愛好節奏與和諧的本能。對某些情緒可起淨化作用。從此西方美學思想便沿著柏拉圖和亞里斯多德的兩條對立的路線發展，柏拉圖路線是唯心主義的路線，亞里斯多德路線基本上是唯物主義的路線。如果從文藝創作方法的角度來看，在古代思想家中柏拉圖和朗吉努斯所代表的主要是浪漫主義的傾向，亞里斯多德和賀拉斯所代表的主要是古典主義和現實主義的傾向。就古代文藝思想對後來的影響來說，也是浪漫主義者側重柏拉圖和朗吉努斯，古典主義者和現實主義者側重亞里斯多德和賀拉斯。

對柏拉圖做出恰當的評價並不是一件易事，很有一部分人因爲柏拉圖是唯心主義的祖師和雅典貴族反動統治的維護者，就對他全盤否定，甚至說柏拉圖只能對反動派發生過影響，對進步的人類來說，他是毫無可取的。但是在唯物主義的進步的思想家之中，也有持相反意見的。車爾尼雪夫斯基就是一個例子，這位俄國革命民主主義的美學家說，「柏拉圖的著作比亞里斯多德的具有更多的眞正偉大的思想」；對於模仿說，「柏拉圖比亞里斯多德發揮得更深刻，更多面」；「柏拉圖所想的首先是：人應該是國家公民，……他並不是從學者或貴族的觀點，而是從社會和道德的觀點，來看科學和藝術」，[19]這裡把「貴族觀點」與「社會和道德觀點」看作兩回事，不承認柏拉圖從貴族觀點來看藝術，都是不正確的。但是車爾尼雪夫斯基對柏拉圖做出這樣高的評價，也不是毫無根據，它至少應該提醒我們對柏拉圖不能匆促地下片面的結論。這裡牽涉到文化遺產批判繼承問題。在歷史上像柏拉圖這樣的唯心主義的思想家爲數不少，他們是否就不可能在個別問題上有正確的看法呢？如果沒有，他們早就應該被人忘卻，對進步的人類不會發生絲毫有益的影響。關於這一點，下文還要談。如果有，我們就應該對具體問題做具體分析，把可能有的正確論點肯定下來，儘管它是片面的。

首先來檢查一下柏拉圖的影響。在西方相當長的一個時期內，柏拉圖的影響超過了亞里

19 《美學論文集》，人民文學出版社，一九五七年，第一二九—一三九頁。

斯多德的。在亞歷山大和羅馬時代，很少有文藝理論家提到亞里斯多德，朗吉努斯沒有提到他而對柏拉圖則推崇備至，連古典主義者賀拉斯也沒有提到亞里斯多德。亞里斯多德在中世紀因爲著作稿本喪失，提到他的人大半根據傳說，等到世紀他的部分著作才由阿拉伯文移譯爲拉丁文，此後他才逐漸發生影響。柏拉圖的學園維持到西元六世紀，他的傳統則一直沒有斷過。朗吉努斯在《論崇高風格》裡顯然受到他的影響。通過普洛丁和新柏拉圖派，他的文藝思想壟斷了大部分中世紀。在中世紀柏拉圖的思想和基督教的神學結合起來。這確實可以說明它的思想較容易爲反動派所利用。但是歷史也證明他的思想對進步的人類並非絕對不曾發生有益的影響，在西方近代兩大文藝運動中，柏拉圖都起了不小的作用。一個是文藝復興運動。當時義大利人文主義者研究柏拉圖的風氣很盛，他們在十五世紀在義大利文化中心佛羅倫斯建立了一座柏拉圖學園，研究柏拉圖的思想，定期集會討論文藝問題和哲學問題，參加這種活動的有大藝術家米琪爾·安杰羅，在當時著名的詩論家之中，從斯卡里格到佛拉卡斯托羅，很少有人不受柏拉圖影響。這情形也並不限於義大利，法國人文主義者杜·伯勒在《法蘭西語言的辯護與提高》裡以及英國人文主義者錫德尼在《詩的辯護》裡都是柏拉圖的信徒。另一個是浪漫運動。在這個時期許多詩人和美學家都在不同程度上是柏拉圖主義者或新柏拉圖主義者，赫爾德，席勒，施萊格爾和雪萊是其中最顯著的。歌德本來基本上是一位唯物主義者和現實主義者，但是在他的《關於文藝的格言和感想》裡，我們也發現有些段落簡直是從新柏拉圖主義者普格丁的《九部書》中翻譯過來的。[20]此外，柏拉圖對啓蒙運動也並非毫無影響。當時英國研究美學的風氣是由新柏拉圖主義者夏夫茲博裡開創的，他是法德兩國啓蒙運動領袖們所最推崇的一位英國思想家。美學中美善統一的思想是由夏夫茲博里從新柏拉圖派接受過來，又傳到大陸方面去的。德國啓蒙運動的先驅文克爾曼也是一位新柏拉圖主義者。

這裡所提到的柏拉圖的影響只是一個粗略的梗概，但已足說明過去進步的人類，曾不斷地發現柏拉圖的美學思想中有足資借鑒的地方。究竟足資借鑒的地方是些什麼呢？要回答這個問題，有必要先指出文化遺產批判繼承的歷史過程中一個發人深省的現象。每個時代都按當時的特殊需要去吸收過去文化遺產中有用的部分，把沒有用處的部分揚棄掉，因此所吸收的部分往往就不是原來的眞正的面貌，但也並不是和原來的眞正面貌毫無聯繫。例如柏拉圖在哲學上和美學上的中心思想都是「理式」，這是一個客觀唯心主義的概念，但是也正是這個概念對後來的影響最大。文藝復興時代大半把「理式」概念和亞里斯多德的「普遍性」概念結合起來或混同起來，從而論證典型的客觀性與美的普遍標準。浪漫運動時代大半把「理式」理解爲「理想」，康德、歌德、席勒乃至黑格爾所標榜的「理想」都來自柏拉圖，但是都是一般與特殊的統一、理性與感性的統一，並不像柏拉圖那樣把「理式」理解爲不依存於

20　例如就頑石和雕像的比較來說明形式與材料的關係。

感性與特殊的一般。最高的理式是眞善美的統一，這是絕對不含感性內容的，但是後來論證現象世界眞與美統一或眞與善統一者也往往援柏拉圖爲護身符。再如柏拉圖的靈感說和迷狂說都建立在希臘宗教迷信的基礎上，到了浪漫運動時代，它卻變成「天才」、「情感」和「想像」三大口號的來源，儘管當時人並不再相信阿波羅、繆斯和靈魂輪迴說。

這裡只能舉這幾個突出的事例，足見批判繼承的實際情況是復雜的，柏拉圖產生過深遠的影響也並不是毫無內在原因的。美學史家們一方面要認識到柏拉圖的客觀唯心主義的反動性，另一方面也要追究他在西方既然起了那麼大的影響，他的思想中究竟是否還有什麼值得學習的。對於我們來說，這個工作還僅僅在開始。

* * *

關於本集的選、譯、註——先說選。柏拉圖寫過近四十篇的對話，其中直接或間接關涉到文藝的很多。這裡選的幾篇取其最能代表他的文藝思想。《伊安篇》、《斐德羅篇》和《會飲篇》都譯了全文。《大希庇亞斯篇》只刪去開頭的無關本題的一段。《理想國》裡最有名的關於文藝的兩大部分（卷二至三，卷十）也都全譯了。《斐利布斯篇》只選譯關於美感的一段，《法律篇》只選譯有關文藝教育和檢查制度的段落。從這個選集，讀者可以見出柏拉圖文藝思想的大輪廓和中心觀念。

關於譯，譯者不懂希臘原文，這是本集的基本缺陷，彌補這個缺陷的辦法是多搜比較可靠的英法文譯本，仔細對照著看，來窺探原文的意思。英譯本《柏拉圖對話集》有兩種，都不完全，一是糾微特（Jowett）一手所譯成的，一是《勒布古典叢書》（*Loeb Classical Library*）裡由多人分譯的。糾微特譯本的長處在文字流暢易讀，引論及本文的分析也很詳細；短處在書成於十九世紀八〇年代，比較舊了，對原文常有節略處，許多哲學的名詞譯的也不很精確。《古典叢書》本較忠實，但因不是成於一人之手，各篇好壞不齊。此外零篇英譯本甚多。《人人叢書》（*Everyman's Library*）所搜的林德塞（Lindsay）的《理想國》譯本大體甚好。法譯本以布德學會（Association Guillaume Budé）所印行的《柏拉圖全集》為最好。這是由法國幾個古典學者如羅本（Robin）、克若瓦塞（Croiset）等分工合作而成的，在譯本中時代最近，附有希臘原文對照，每篇有很好的引論，說明寫作年代、背景、來源、全篇結構、對話人物以及討論的主題等等，譯文偶附簡明的註解。從各方面看，這個法譯本都遠勝於各種英譯本。本集主要地依據這個法譯本，參照上述兩種英譯本及林德塞的《理想國》、詩人雪萊譯的《伊安篇》、萊意特（G. Wright）譯的《斐德羅篇》，以及慕尼頁（Meunier）的《會飲篇》法譯本。《法律篇》因沒有找到其他譯本，只根據糾微特的英譯本。譯者所懸的標準只有兩個：第一是對原文忠實，第二是譯文盡量用流暢可讀的口語。

最後說編寫的註。這分兩種：一是書末的每篇題解，說明各篇要義以及了解全篇所必要的一些知識，一是正文註解，說明典故、援引的書籍、譯文有待解釋的地方以及長篇中分段大意。這種註解頗有借助於法譯本和斯密茲（Smith）的《古典字典》的地方。

譯文和註釋有些錯誤或不妥的地方，由羅念生根據希臘文審校，提出很多寶貴的意見，譯者已遵照他的意見做了一些修改，趁此向他表示感謝。翻譯古典是一件艱難的工作，雖經再三校正，錯誤和缺點恐仍難免，希望讀者加以批評和指正。

朱光潛

一九六二年十一月校改於北京大學

這個選譯本被禁錮了十幾年，現在重見天日，我感到很欣喜，因為在這上面獻出了一份暮年心血，我是抱著蒔花植樹的心情來對待它的。但願它在一些讀者心中將開花結果。

朱光潛

一九七九年夏，時年八十有二

人名索引

四畫

巴門尼德（Parmenides），又譯：帕墨尼得斯　261, 285
厄文努斯（Evenus）　184
厄庇克拉特（Epikrates）　120
厄庇俄斯（Epeius）　8
厄里什馬克（Eryximachus）　186, 252, 256, 258, 259, 260, 272, 276, 277, 282, 283, 288, 290, 316, 317, 322, 330, 331

五畫

卡爾米德（Charmides），又譯：卡密德　328
查朗達斯（Charondas），又譯：卡雍達斯　96, 97
代達洛斯（Daedalus），又譯：代達羅斯　8

六畫

伊比庫斯（Ibukus）　142
伊安（Ion）　1, 2, 3, 5, 6, 7, 8, 9, 11, 12, 13, 14, 18, 19, 20, 22, 23, 24, 147
伊索克拉底（Isokrates），又譯：伊索克利特　205, 206, 211
西米亞斯（Simmias），又譯：西密阿斯　142

七畫

伯里克里斯（Perikles），又譯：伯里克理斯　188, 189, 210, 319, 327
克雷尼亞斯（Cleinias），又譯：克勒尼阿斯　346, 361
克瑞俄斐羅（Creophylus）　98
利昆紐斯（Likymnius）　185
希庇亞斯（Hippias），又譯：希庇阿斯　185, 213, 214, 215, 216, 217, 218, 219, 220, 221, 222, 223, 224, 225, 227, 228, 229, 230, 231, 233, 235, 236, 237, 238, 239, 240, 241, 242, 244, 245, 246, 247, 248, 249, 250, 268, 332
希波克拉底（Hippokrates），又譯：希波克利特　190
廷尼科斯（Tynnikhus）　10
西奧多羅斯（Theodorus），又譯：忒俄多洛斯　8, 173, 184
歐西德莫斯－也（Euthydemus），又譯：攸暢謨　328

八畫

阿波羅多洛斯（Apollodorus），又譯：亞波羅多洛　252, 254
阿里斯托革頓（Aristogiton），又譯：亞理斯脫格通　267, 268

阿里斯多德穆斯（Aristodemus），又譯：亞理斯脫頓　252, 253, 254, 255, 256, 257, 258, 260, 264, 290, 292, 322, 330
阿爾西比亞德斯（Alkibiades），又譯：亞爾西巴德　116, 252, 314, 315, 316, 317, 318, 320, 323, 327, 328, 329, 331
帕拉墨得斯（Palamedes）　173, 174
泡路斯（Polys）　185
波呂格諾特（Polugnotus）　8
波勒馬庫斯（Polemarkhus）　164
阿伽頌（Agathon），又譯：阿伽通　252, 253, 254, 255, 256, 257, 258, 260, 273, 282, 283, 284, 289, 290, 291, 292, 293, 294, 295, 296, 313, 314, 315, 316, 322, 328, 329, 330, 331
阿那卡什斯（Anacharsis）　97
阿那克里翁（Anakreon），又譯：阿那克瑞翁　132
阿那克薩哥拉（Anaxagoras）　189
阿里斯托芬（Aristophanes）　252, 258, 260, 272, 273, 276, 277, 283, 303, 313, 315, 322, 326, 327, 330, 331
阿庫西拉烏斯（Acusilaus），又譯：阿庫什勞斯　261
阿庫門（Akumenus）　120, 186, 188, 258, 290, 316
阿爾基羅庫斯（Archilokhus），又譯：阿喀羅庫斯　3, 4, 6
阿狄曼圖（Adeimantus），又譯：阿德曼特　28, 32, 38, 50, 65, 66, 70

九畫

保薩尼亞斯（Pausanias），又譯：泡賽尼阿斯　252, 258, 260, 264, 271, 272, 273, 277, 282, 283, 322, 331
品達（Pindaros）　120
哈爾摩狄奧斯（Harmodius），又譯：哈莫第烏斯　267, 268

十畫

埃斯庫羅斯（Aiskhulus）　35, 42, 59, 188, 264
庫塞勒斯（Kyselus）　133
格勞孔（Glaukon）　3
格羅康（Glaukon）　28, 78, 88, 97, 98, 111, 252, 253, 328
泰利斯（Thales）　97
特剌什馬克（Thrasymakhus）　173, 183, 185, 189, 191
索福克勒斯（Sophokles）　187, 188
高爾吉亞（Gorgias），又譯：高吉阿斯　113, 173, 184, 290

十一畫

梭倫（Solon）　97, 167, 204, 309
畢達哥拉斯（Pythagoras）　97
第俄提瑪（Diotima）　165, 252, 296, 298, 299, 300, 301, 304, 307, 312, 313, 331
荷馬（Homems）　3, 4, 5, 6, 7, 9, 10, 11, 12, 13, 14, 16, 17, 18, 19, 22, 23, 24, 30, 31, 33, 35, 42, 46, 48, 49, 51, 53, 57, 62, 63, 64, 69, 83, 84, 88, 95, 96, 97, 98, 108, 110, 111, 113, 114, 115, 143, 144, 158, 173, 204, 255, 262, 264, 265, 278, 286, 290, 309, 353
莎芙（Sappho），又譯：薩福　132
麥格洛斯（Megillus）　346, 361

十二畫

蒂西亞斯（Tisias），又譯：提西阿斯　184, 195, 196
斐尼克斯（Phoenix）　252, 253
斐德羅（Phaedrus），又譯：斐德若　25, 81, 82, 105, 119, 120, 121, 122, 125, 126, 131, 132, 135, 136, 141, 142, 144, 145, 164, 166, 168, 169, 170, 172, 179, 183, 190, 193, 195, 199, 201, 202, 204, 205, 206, 208, 248, 252, 258, 259, 260, 271, 284, 285, 288, 289, 291, 312, 313, 322, 330, 331, 332
斐謬斯（Phemius）　8
斯特西克魯斯（Stesikhorus），又譯：斯忒西科　143, 145
斯忒新勃羅托斯（Stesimbrotos），又譯：斯忒辛布洛特　3
普若第庫斯（Prodikus）　98, 185, 259, 336
普羅達哥拉斯（Protagoras），又譯：普羅塔哥拉　98, 185
菲迪亞斯（Phidias），又譯：菲狄阿斯　220, 221
呂西亞斯（Lysias），又譯：萊什阿斯　120, 121, 122, 123, 126, 130, 131, 132, 133, 134, 135, 143, 145, 164, 165, 166, 167, 168, 170, 175, 176, 178, 183, 189, 193, 202, 203, 204, 205, 206, 207, 208, 211, 248
來古格士（Lycurgus），又譯：萊科勾　96, 97, 167, 309
雅典客人（Athenaios）　346, 361

十三畫

塔密里斯（Thamuris）　8
奧林巴斯（Olympus），又譯：奧林普斯　8, 120, 318
奧菲斯（Orpheus），又譯：俄耳甫斯　8, 13, 263
達柔斯（Darius）　167
達蒙（Damon，又名Damonides）　75, 76

十四畫

赫西俄德（Hesiodus）　3, 4, 6, 30, 98, 261, 265, 285, 309, 354
赫拉克利特（Heracleitus），又譯：赫剌克立特　219, 273, 274
赫迪庫斯（Herodicus），又譯：赫洛狄庫　121

十五畫

歐里庇得斯（Euripides）　9, 187, 189, 259, 262

十六畫

邁特羅多魯斯（Metrodorus），又譯：墨特洛德　3

十七畫

繆賽俄斯（Musaius）　13

二十畫

蘇格拉底（Socrates）　2, 3, 5, 7, 9, 11, 12, 13, 16, 17, 18, 19, 21, 22, 28, 60, 88, 98, 120, 121, 122, 123, 124, 125, 126, 130, 131, 133, 134, 135, 137, 141, 144, 145, 164, 165, 166, 170, 171, 173, 178, 179, 183, 184, 185, 186, 187, 188, 190, 193, 195, 197, 198, 201, 205, 207, 208, 209, 210, 211, 214, 216, 217, 218, 219, 220, 221, 223, 224, 225, 227, 228, 229, 230, 231, 232, 234, 235, 236, 237, 239, 240, 241, 242, 245, 246, 248, 249, 250, 252, 253, 254, 255, 256, 257, 258, 260, 283, 284, 290, 291, 292, 295, 296, 297, 300, 301, 304, 305, 306, 307, 309, 312, 313, 314, 315, 316, 317, 318, 319, 320, 321, 322, 323, 324, 325, 326, 327, 328, 329, 330, 331, 332, 333, 336, 340, 341

柏拉圖年表

Plato, 429-347 B.C.

西元前四二七年	出生於雅典，父母均為名門望族。原名Aristocles，為「美好」之意。相傳十二歲時體育學校老師見他前額寬廣，身體強壯，給他取綽號叫柏拉圖（Plato，博大精深之意）從此柏拉圖成為他的名字。
西元前四二一年	六歲，據說是《理想國》一書背景的時間。
西元前四二〇年	七歲，上學、識字、聽荷馬等詩作。
西元前四〇七年	二十歲，被蘇格拉底的哲學思想深深吸引住，成為忠實的學生，醉心於哲學研究。此前曾向克拉底魯學習希拉克利特哲學；向赫莫根尼學習巴門尼德哲學。曾想寫戲劇，但遭蘇格拉底否定。
西元前四〇四年	二十三歲，伯羅奔尼撒戰爭結束，雅典三十僭主，柏拉圖一度想從政，最後失望。（僭主，古希臘獨有的統治者稱號，指無視過去的任何政體及其傳承、而憑藉強權奪取統治地位的獨裁者，是西元前七世紀至西元前六世紀，希臘各城邦的政權形式。）
西元前三九九年	二十八歲，蘇格拉底因相信無神論與腐蝕青年人的罪名而被起訴受審，被迫喝下毒藥處死，對柏拉圖造成極大的震撼，對現存的政體完全失望。蘇格拉底的審判是柏拉圖一系列對話錄中明確或間接出現的審判情節。 柏拉圖提出「每個國王都是哲學家，或者哲學家當國王」的哲學王理想，並積極實現他的理想。
西元前三九八年	老師蘇格拉底死後，柏拉圖離開雅典，與其他蘇格拉底的弟子離開雅典到外地，先後到西西里、義大利、埃及等地。
西元前三九二年	三十五歲前後，撰寫對話：《申辯》、《克力同》、《遊敘弗倫》、《拉凱斯》、《呂西斯》、《卡爾米德篇》。伊索克拉底在雅典辦學園，教演講術。
西元前三九〇年	出訪畢達哥拉斯學派掌握的政權等。

西元前三八八年	到西西里島的敘拉古斯拜訪戴奧尼修斯一世，說服統治者建立由哲學家管理的理想國。返回途中他不幸被賣為奴隸，他的朋友花了許多錢才把他贖回來。結識戴奧尼修斯一世女婿狄昂（當時狄昂二十歲），成為至交。
西元前三八七年	四十歲，回到雅典，開始在阿卡德米雅（Akademeia）的體育場聚眾講學，學園門口寫著：「不懂幾何者，不得進入。」 這所學園是歐洲第一所大學，研究領域不僅限於哲學，還包括各種輔助科學，是西方最早的高等學府，後世的高等學術機構（Academy）也因此而得名，它是中世紀時在西方發展起來的大學的前身。 此前後撰寫對話：《普羅泰戈拉》、《美諾》、《歐緒德謨斯篇》。又中期著作：《理想國》、《會飲》、《斐德羅》、《斐多》等最具戲劇性的對話。
西元前三六七年	為了實現「哲學王」的理想，將學園交歐多克索主持，帶弟子和友人第二次來到西西里島的敘拉古斯。當時戴奧尼修斯一世已駕崩，狄昂攝政，柏拉圖應狄昂的邀請前往敘拉古斯，負責教育年約三十歲的戴奧尼修斯二世。
西元前三六六年	戴奧尼修斯二世繼位，又因嫉妒狄昂（戴奧尼修斯二世的姐夫）的聲望，加以放逐。柏拉圖只好回到雅典，嗣後他仍繼續寫信開導二世。狄昂後來到雅典定居，與柏拉圖為伍。
西元前三六一年	戴奧尼修斯二世又邀柏拉圖前往教導哲學，柏拉圖遂有第三次敘拉古斯之旅。
西元前三六〇年	因第三次敘拉古斯之旅，未能挽回狄昂被逐的命運，且這時狄昂的財產又被他的外甥沒收，回到雅典，專心講學、寫作。
西元前三五七年	狄昂打敗戴奧尼修斯二世，成為敘拉古斯國王。但四年後被謀殺。柏拉圖終生夢想的哲學王終於幻滅。 放棄政治活動，全力著述。晚期著有：《智者》、《政治家》、《菲力帕斯》、《蒂邁歐篇》。

西元前三四八年	最後著作：《法律篇》，《伊壁諾米篇續篇》才開篇即去世。
西元前三四七年	春季，柏拉圖在參加學生的婚宴後，於雅典家中長眠未醒。

經典名著文庫038

柏拉圖文藝對話集

Plato's Dialogues on Literature and Arts

作　　者 —— 〔古希臘〕柏拉圖（Plato）
譯　　者 —— 朱光潛
發 行 人 —— 楊榮川
總 經 理 —— 楊士清
總 編 輯 —— 楊秀麗
文庫策劃 —— 楊榮川
副總編輯 —— 蘇美嬌
特約編輯 —— 張碧娟
封面設計 —— 姚孝慈
著者繪像 —— 莊河源
出 版 者 —— **五南圖書出版股份有限公司**
地　　址 —— 台北市大安區 106 和平東路二段 339 號 4 樓
電　　話 —— 02-27055066（代表號）
傳　　眞 —— 02-27066100
劃撥帳號 —— 01068953
戶　　名 —— 五南圖書出版股份有限公司
網　　址 —— https://www.wunan.com.tw
電子郵件 —— wunan@wunan.com.tw
法律顧問 —— 林勝安律師事務所　林勝安律師
出版日期 —— 2018 年 11 月初版一刷
2021 年 7 月初版二刷
定　　價 —— 500 元

版權所有・翻印必究（缺頁或破損請寄回更換）
本書爲譯者後人姚昕先生授權五南圖書出版股份有限公司在台灣地區出版發行
繁體字版本

國家圖書館出版品預行編目資料

柏拉圖文藝對話集 / 柏拉圖原著；朱光潛譯注． -- 初版 -- 臺北市：五南，2018.11
面；公分
譯自：Plato's Dialogues on Literature and Arts
ISBN 978-957-11-9884-2（平裝）

1. 柏拉圖（Plato, 429-347 B.C.）　2. 學術思想　3. 古希臘哲學

141.4　　107013532